PANORAMA

Introducción a la lengua española

Volume 2

FOURTH EDITION

José A. Blanco

Philip Redwine Donley, Late
Austin Community College

VISTA
HIGHER LEARNING

Boston, Massachusetts

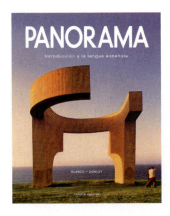

The cover of **PANORAMA, Fourth Edition,** features *Elogio del Horizonte* (In Praise of the Horizon) by the Spanish artist Eduardo Chillida Juantegui. The abstract sculpture overlooks the sea from the northern city of Gijón, in Spain. This is one of many places in the Spanish-speaking world that you will learn about in **PANORAMA.**

Publisher: José A. Blanco
Executive Editors: Deborah Coffey, María Eugenia Corbo
Managing Editor: Paola Ríos Schaaf (Technology)
Senior Consulting Editor: Armando Brito
Project Manager: Lauren Krolick (Technology)
Editors: Darío González (Technology), Egle Gutiérrez (Technology), Adriana Lavergne
Director of Design and Production: Marta Kimball
Design Manager: Susan Prentiss
Design and Production Team: María Eugenia Castaño, Oscar Díez, Mauricio Henao, Jhoany Jiménez, Nick Ventullo

Library of Congress Control Number: 2011937592

2 3 4 5 6 7 8 9 TC 16 15 14 13 12

Printed in Canada

TO THE STUDENT

To Vista Higher Learning's great pride, **PANORAMA** and **VISTAS**, the parent text from which **PANORAMA** is derived, became the best-selling new introductory college Spanish program in more than a decade in its first edition, and its success has only grown over time. It is now our pleasure to welcome you to **PANORAMA**, **Fourth Edition**, your gateway to the Spanish language and to the vibrant cultures of the Spanish-speaking world.

A direct result of extensive reviews and ongoing input from students and instructors, **PANORAMA 4/e** includes both the highly successful, ground-breaking features of the original program, plus many exciting new elements designed to keep **PANORAMA** the most student-friendly program available. Here are just some of the features you will encounter:

Original, hallmark features

- A unique, easy-to-navigate design built around color-coded sections that appear either completely on one page or on spreads of two facing pages
- Integration of an appealing video, up-front in each lesson of the student text
- Practical, high-frequency vocabulary in meaningful contexts
- Clear, comprehensive grammar explanations with high-impact graphics and other special features that make structures easier to learn and use
- Ample guided practice to make you comfortable with the vocabulary and grammar you are learning and to give you a solid foundation for communication
- An emphasis on communicative interactions with a classmate, small groups, the full class, and your instructor
- A process approach to the development of reading, writing, and listening skills
- Coverage of the entire Spanish-speaking world and integration of everyday culture
- Unprecedented learning support through on-the-spot student sidebars and on-page correlations to the print and technology ancillaries for each lesson section
- A complete set of print and technology ancillaries to help you learn Spanish

NEW! to the Fourth Edition

- A dynamic new **Fotonovela** video that presents language and culture in an engaging context
- An improved **En pantalla** section in Lessons 3, 6, 9, 12, and 15, featuring a TV clip and an authentic short film each time
- **VText**, the online, interactive textbook
- New content and features on the **PANORAMA** Supersite, including audio-synced readings, video-related activities, extended grammar diagnostics, audio record-submit activities, a powerful bilingual dictionary, and much more, all designed to help you learn

PANORAMA 4/e has fifteen lessons, each of which is organized exactly the same way. To familiarize yourself with the organization of the text, as well as its original and new features, turn to page xii and take the **at-a-glance** tour.

table of contents

	contextos	**fotonovela**

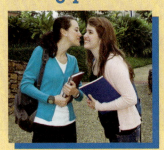

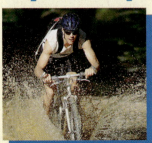

cultura	estructura	adelante

table of contents

	contextos	**fotonovela**

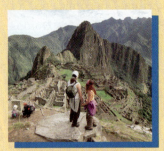

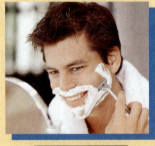

cultura	estructura	adelante

table of contents

	contextos	**fotonovela**

cultura	estructura	adelante

table of contents

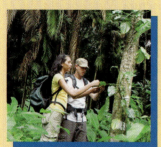

cultura	estructura	adelante

Consulta (Reference)

Volumes 1 & 2

Lesson Openers
outline the content and features of each lesson.

La familia

3

Communicative Goals

You will learn how to:
- Talk about your family and friends
- Describe people and things
- Express possession

pages 70–73
- The family
- Identifying people
- Professions and occupations

contextos

pages 74–77
The Díaz family spends Sunday afternoon in Xochimilco. Marissa meets the extended family and answers questions about her own family. The group has a picnic and takes a boat ride through the canals.

fotonovela

pages 78–79
- Surnames and families in the Spanish-speaking world
- Spain's Royal Family

cultura

pages 80–97
- Descriptive adjectives
- Possessive adjectives
- Present tense of -er and -ir verbs
- Present tense of tener and venir
- Recapitulación

estructura

pages 98–105
Lectura: A brief article about families
Escritura: A letter to a friend
Escuchar: A conversation between friends
En pantalla: Anuncio y cortometraje
Panorama: Ecuador

adelante

A PRIMERA VISTA
- ¿Cuántos chicos hay en la foto?
- ¿Hay una mujer a la izquierda? ¿Y a la derecha?
- ¿Hay una cosa en la mano de la mujer?
- ¿Conversan ellos? ¿Trabajan? ¿Viajan?
- ¿Están lejos de su casa?

A primera vista activities jump-start the lessons, allowing you to use the Spanish you know to talk about the photos.

Communicative goals highlight the real-life tasks you will be able to carry out in Spanish by the end of each lesson.

Contextos
presents vocabulary in meaningful contexts.

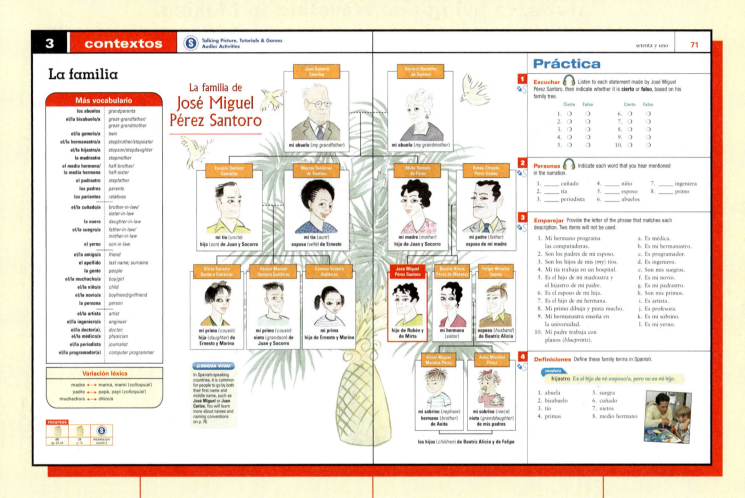

Más vocabulario boxes call out other important theme-related vocabulary in easy-to-reference Spanish-English lists.

Illustrations High-frequency vocabulary is introduced through expansive, full-color illustrations.

Práctica This section always begins with two listening exercises and continues with activities that practice the new vocabulary in meaningful contexts.

Variación léxica presents alternate words and expressions used throughout the Spanish-speaking world.

Recursos The icons in the **Recursos** boxes let you know exactly which print and technology ancillaries you can use to reinforce and expand on every section of every lesson.

Comunicación activities allow you to use the vocabulary creatively in interactions with a partner, a small group, or the entire class.

PANORAMA at-a-glance

Fotonovela
follows the adventures of a group of students living and traveling in Mexico.

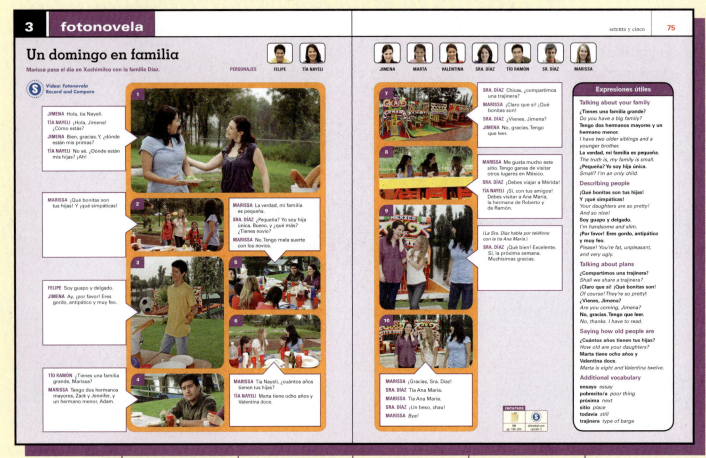

Personajes The photo-based conversations take place among a cast of recurring characters—a Mexican family with two college-age children, and their group of friends.

Fotonovela Video Updated for the Fourth Edition, the **NEW!** video episodes that correspond to this section are available for viewing online. For more information on the **Fotonovela** Video, turn to page xxvi.

Conversations Taken from the **NEW! Fotonovela**, the conversations reinforce vocabulary from **Contextos**. They also preview structures from the upcoming **Estructura** section in context *and* in a comprehensible way.

Icons signal activities by type (pair, group, audio, info gap) and let you know which activities can be completed online. For a legend explaining all icons used in the student text, see page xxix.

Expresiones útiles These expressions organize new, active structures by language function so you can focus on using them for real-life, practical purposes.

Pronunciación & Ortografía
present the rules of Spanish pronunciation and spelling.

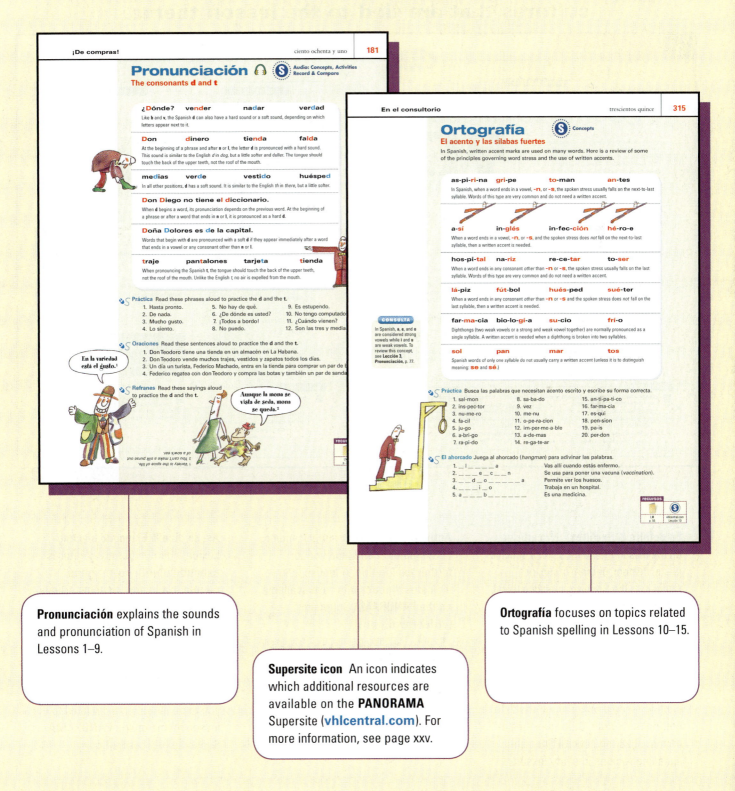

Pronunciación explains the sounds and pronunciation of Spanish in Lessons 1–9.

Supersite icon An icon indicates which additional resources are available on the **PANORAMA** Supersite (**vhlcentral.com**). For more information, see page xxv.

Ortografía focuses on topics related to Spanish spelling in Lessons 10–15.

Cultura
shows different aspects of Hispanic cultures that are tied to the lesson theme.

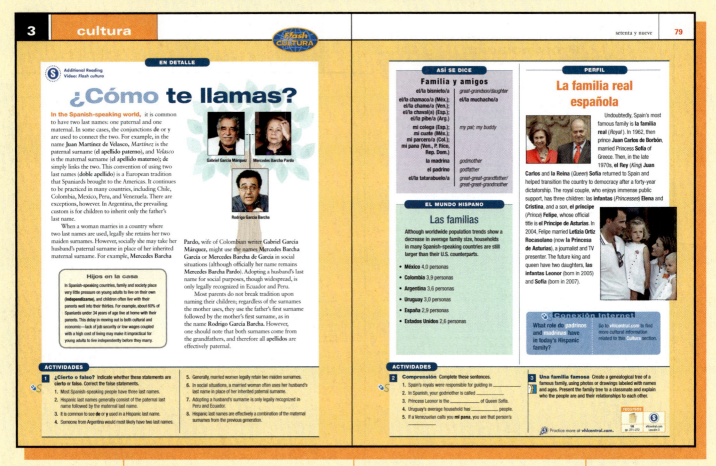

En detalle & Perfil(es) Two articles on the lesson theme focus on a specific place, custom, person, group, or tradition in the Spanish-speaking world. In Spanish starting in Lesson 7, these features also provide reading practice.

Activities check your understanding of the material and lead you to further exploration. A mouse icon indicates that activities are available on the **PANORAMA** Supersite (**vhlcentral.com**).

Así se dice & El mundo hispano Lexical and comparative features expand cultural coverage to people, traditions, customs, trends, and vocabulary throughout the Spanish-speaking world.

Coverage While the **Panorama** section takes a regional approach to cultural coverage, **Cultura** is theme-driven, covering several Spanish-speaking regions in every lesson.

Flash cultura An icon lets you know that the enormously successful **Flash cultura** video offers specially shot content tied to the lesson theme.

Conexión Internet This activity leads you to research a topic related to the lesson theme on the **PANORAMA** Supersite (**vhlcentral.com**).

Estructura
presents Spanish grammar in a graphic-intensive format.

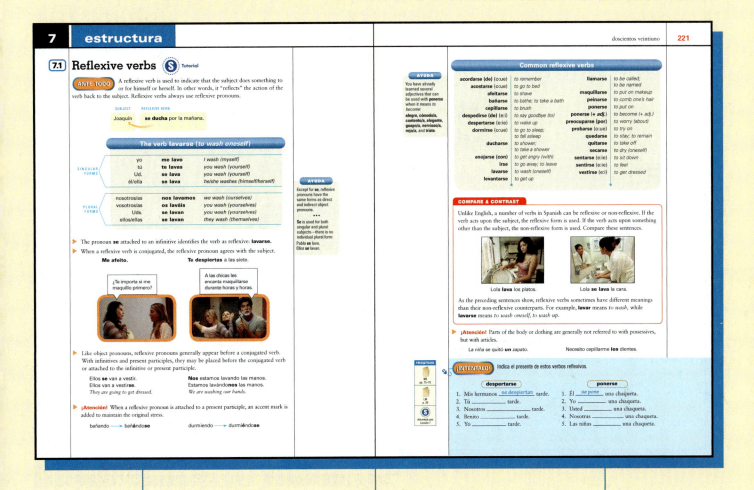

Ante todo This introduction eases you into the grammar with definitions of grammatical terms, reminders about what you already know of English grammar, and Spanish grammar you have learned in earlier lessons.

Compare & Contrast This feature focuses on aspects of grammar that native speakers of English may find difficult, clarifying similarities and differences between Spanish and English.

Diagrams To clarify concepts, clear and easy-to-grasp grammar explanations are reinforced by diagrams that colorfully present sample words, phrases, and sentences.

Charts To help you learn, colorful, easy-to-use charts call out key grammatical structures and forms, as well as important related vocabulary.

Student sidebars provide you with on-the-spot linguistic, cultural, or language-learning information directly related to the materials in front of you.

¡Inténtalo! offers an easy first step into each grammar point. A mouse icon indicates these activities are available with auto-grading on the **PANORAMA** Supersite (**vhlcentral.com**).

PANORAMA at-a-glance

Estructura
provides directed and communicative practice.

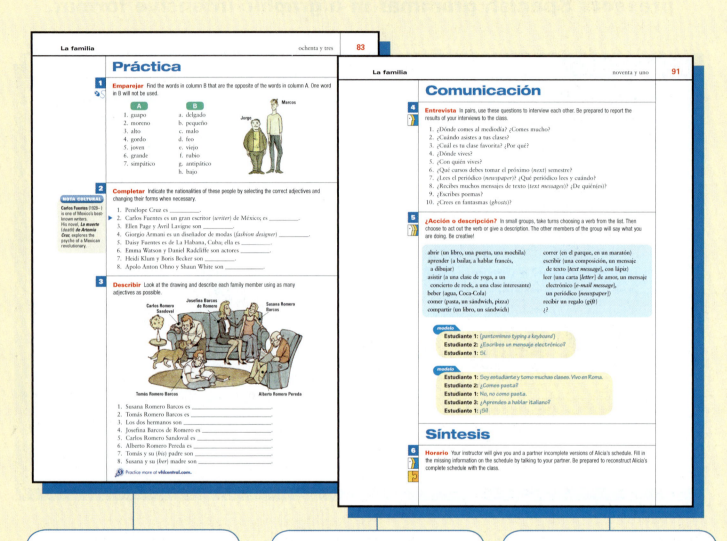

Práctica A wide range of guided, yet meaningful exercises weave current and previously learned vocabulary together with the current grammar point.

Comunicación Opportunities for creative expression use the lesson's grammar and vocabulary. These activities take place with a partner, in small groups, or with the whole class.

Síntesis activities integrate the current grammar point with previously learned points, providing built-in, consistent review and recycling as you progress through the text.

Information Gap activities engage you and a partner in problem-solving and other situations based on handouts your instructor gives you. However, you and your partner each have only half of the information you need, so you must work together to accomplish the task at hand.

Sidebars The **Notas culturales** expand coverage of the cultures of Spanish-speaking peoples and countries, while **Ayuda** sidebars provide on-the-spot language support.

NEW! Additional activities New to the Fourth Edition, the Activity Pack provides additional communicative and discrete practice for every grammar point. Your instructor will distribute these handouts for review and extra practice.

Estructura

Recapitulación reviews the grammar of each lesson and is available with auto-grading on the Supersite.

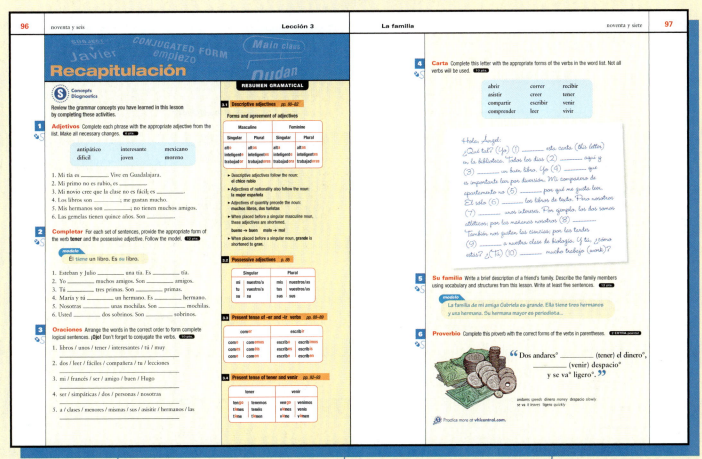

Resumen gramatical This review panel provides you with an easy-to-study summary of the basic concepts of the lesson's grammar, with page references to the full explanations.

Activities A series of activities, moving from directed to open-ended, systematically test your mastery of the lesson's grammar. The section ends with a riddle or puzzle using the grammar from the lesson.

Points Each activity is assigned a point value to help you track your progress. All **Recapitulación** sections add up to fifty points, plus two additional points for successfully completing the bonus activity.

Supersite icon An icon lets you know that **Recapitulación** can be completed online with diagnostics to help you identify where you are strong or where you might need review.

NEW! Extra practice An icon indicates when there is extra practice available online. In this case, after you finish **Recapitulación**, you can complete a set of follow-up activities to compare your results!

PANORAMA at-a-glance

Adelante
Lectura focuses on reading skills and is tied to the lesson theme.

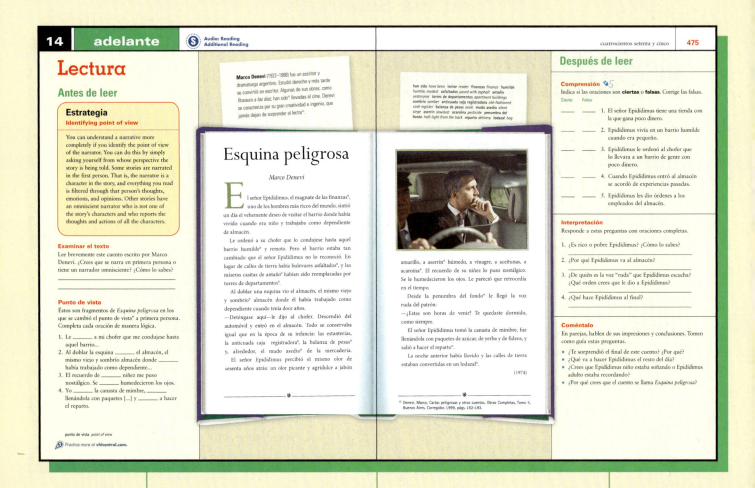

Antes de leer Valuable reading strategies and pre-reading activities strengthen your reading abilities in Spanish.

Readings Selections related to the lesson theme recycle vocabulary and grammar you have learned. The selections in Lessons 1–12 are cultural texts, while those in Lessons 13–15 are literary pieces.

Después de leer Activities include post-reading exercises that review and check your comprehension of the reading as well as expansion activities.

NEW! Selections Three readings are new to this edition. Lessons 1 and 11 now offer authentic comics by Quino and Tute, while lesson 14 now has a short story by Marco Denevi.

Adelante
In Lessons 3, 6, 9, 12, and 15, *Escritura* and *Escuchar* support writing and listening skills.

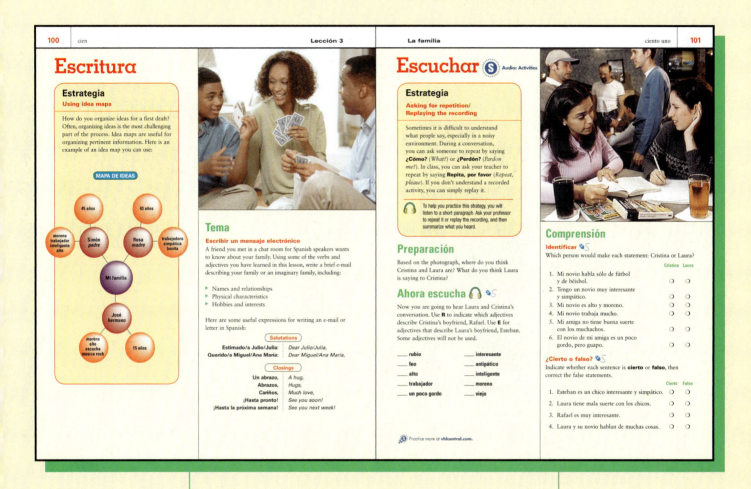

Estrategia Strategies help you prepare for the writing and listening tasks to come.

Escuchar A recorded conversation or narration develops your listening skills in Spanish. **Preparación** prepares you for listening to the recorded passage.

Escritura The **Tema** describes the writing topic and includes suggestions for approaching it.

Ahora escucha walks you through the passage, and **Comprensión** checks your listening comprehension.

PANORAMA at-a-glance

Adelante

In Lessons 3, 6, 9, 12, and 15, *En pantalla* presents authentic TV clips and short films.

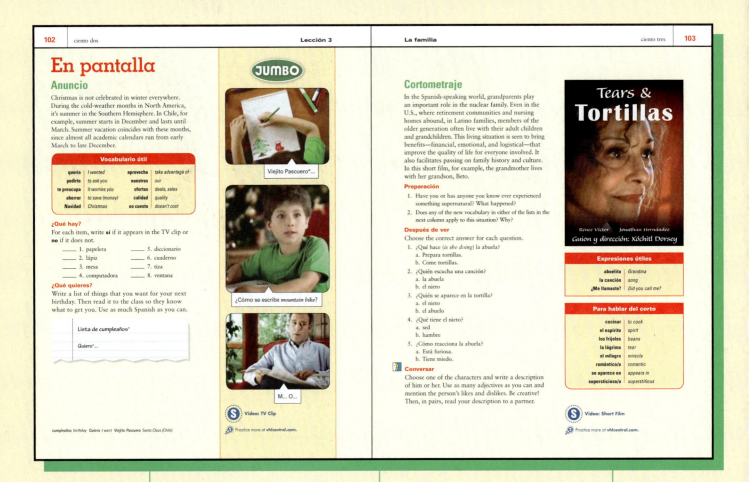

En pantalla: Anuncio TV clips, all **NEW!** to this edition, give you additional exposure to authentic language. The clips include commercials, newscasts, and TV shows.

Presentation Cultural notes, video stills with captions, film posters, and vocabulary support all prepare you to view the clips and short films. Activities check your comprehension and expand on the ideas presented.

NEW! En pantalla: Cortometraje This page features authentic short films from the U.S., Mexico, Colombia, and Spain, including pre- and post-viewing support.

Supersite icon Icons lead you to the Supersite (vhlcentral.com), where you can view the videos and get further practice.

Panorama
presents the nations of the Spanish-speaking world.

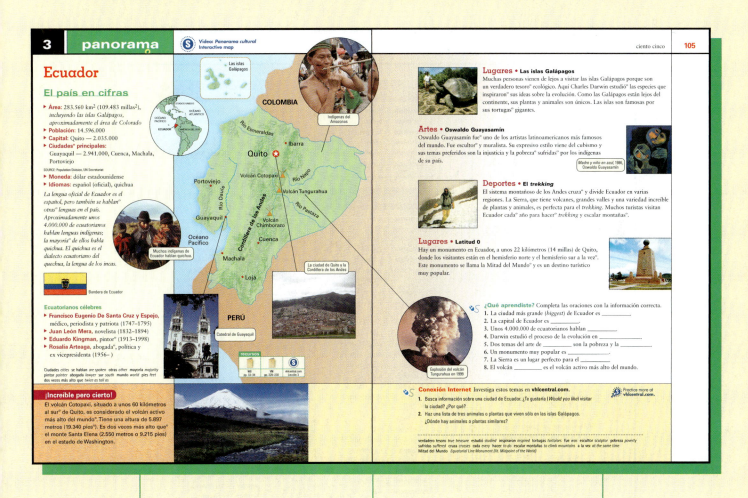

El país en cifras presents interesting key facts about the featured country.

Maps point out major cities, rivers, and geographical features and situate the country in the context of its immediate surroundings and the world.

Readings A series of brief paragraphs explores facets of the country's culture such as history, places, fine arts, literature, and aspects of everyday life.

¡Increíble pero cierto! highlights an intriguing fact about the country or its people.

Conexión Internet offers Internet activities on the **PANORAMA** Supersite (**vhlcentral.com**) for additional avenues of discovery.

Panorama cultural Video This video's authentic footage takes you to the featured Spanish-speaking country, letting you experience the sights and sounds of an aspect of its culture. To learn more about the video, turn to page xxviii.

PANORAMA at-a-glance

Vocabulario
summarizes all the active vocabulary of the lesson.

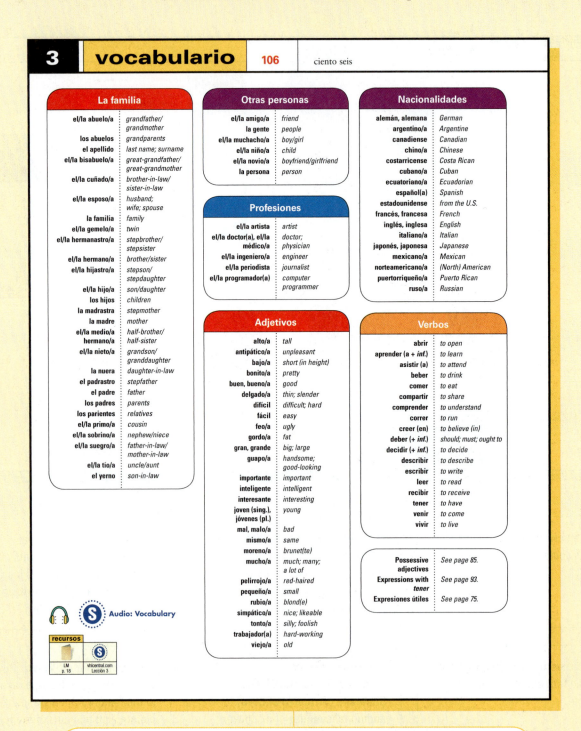

La familia

el/la abuelo/a	grandfather/grandmother
los abuelos	grandparents
el apellido	last name; surname
el/la bisabuelo/a	great-grandfather/great-grandmother
el/la cuñado/a	brother-in-law/sister-in-law
el/la esposo/a	husband; wife; spouse
la familia	family
el/la gemelo/a	twin
el/la hermanastro/a	stepbrother/stepsister
el/la hermano/a	brother/sister
el/la hijastro/a	stepson/stepdaughter
el/la hijo/a	son/daughter
los hijos	children
la madrastra	stepmother
la madre	mother
el/la medio/hermano/a	half-brother/half-sister
el/la nieto/a	grandson/granddaughter
la nuera	daughter-in-law
el padrastro	stepfather
el padre	father
los padres	parents
los parientes	relatives
el/la primo/a	cousin
el/la sobrino/a	nephew/niece
el/la suegro/a	father-in-law/mother-in-law
el/la tío/a	uncle/aunt
el yerno	son-in-law

Otras personas

el/la amigo/a	friend
la gente	people
el/la muchacho/a	boy/girl
el/la niño/a	child
el/la novio/a	boyfriend/girlfriend
la persona	person

Profesiones

el/la artista	artist
el/la doctor(a), el/la médico/a	doctor; physician
el/la ingeniero/a	engineer
el/la periodista	journalist
el/la programador(a)	computer programmer

Adjetivos

alto/a	tall
antipático/a	unpleasant
bajo/a	short (in height)
bonito/a	pretty
buen, bueno/a	good
delgado/a	thin; slender
difícil	difficult; hard
fácil	easy
feo/a	ugly
gordo/a	fat
gran, grande	big; large
guapo/a	handsome; good-looking
importante	important
inteligente	intelligent
interesante	interesting
joven (sing.), jóvenes (pl.)	young
mal, malo/a	bad
mismo/a	same
moreno/a	brunet(te)
mucho/a	much; many; a lot of
pelirrojo/a	red-haired
pequeño/a	small
rubio/a	blond(e)
simpático/a	nice; likeable
tonto/a	silly; foolish
trabajador(a)	hard-working
viejo/a	old

Nacionalidades

alemán, alemana	German
argentino/a	Argentine
canadiense	Canadian
chino/a	Chinese
costarricense	Costa Rican
cubano/a	Cuban
ecuatoriano/a	Ecuadorian
español(a)	Spanish
estadounidense	from the U.S.
francés, francesa	French
inglés, inglesa	English
italiano/a	Italian
japonés, japonesa	Japanese
mexicano/a	Mexican
norteamericano/a	(North) American
puertorriqueño/a	Puerto Rican
ruso/a	Russian

Verbos

abrir	to open
aprender (a + inf.)	to learn
asistir (a)	to attend
beber	to drink
comer	to eat
compartir	to share
comprender	to understand
correr	to run
creer (en)	to believe (in)
deber (+ inf.)	should; must; ought to
decidir (+ inf.)	to decide
describir	to describe
escribir	to write
leer	to read
recibir	to receive
tener	to have
venir	to come
vivir	to live

Possessive adjectives	See page 85.
Expressions with *tener*	See page 93.
Expresiones útiles	See page 75.

Audio: Vocabulary

recursos

LM
p. 18

vhlcentral.com
Lección 3

Recorded vocabulary The headset icon, the Supersite icon, and **Recursos** boxes highlight that the active lesson vocabulary is recorded for convenient study on the **PANORAMA** Supersite (**vhlcentral.com**).

Supersite

The **PANORAMA** Supersite provides a wealth of resources for both students and instructors. Icons indicate exactly which resources are available on the Supersite for each strand of every lesson.

For Students

Student resources, available through a Supersite code, are provided free-of-charge with the purchase of a new student text. Here is an example of what you will find at **vhlcentral.com:**

- Activities from the student text, with auto-grading
- Additional practice for each and every textbook section
- Record and submit oral assessment activities
- Four video programs—**Fotonovela, Flash cultura, En pantalla (Anuncio** and **Cortometraje**), and **Panorama cultural**—in streaming video
- MP3 files for the complete **PANORAMA** Textbook and Lab Programs
- **NEW!** Oxford Spanish Mini Dictionary **OXFORD** UNIVERSITY PRESS
- Improved Flashcards with audio
- Instructor-enabled voiceboards for oral communication and threaded discussions

Practice more at **vhlcentral.com.**

For Instructors

See p. xxx for a complete list of Supersite resources available to instructors.

Supersiteplus

In addition to the resources already listed, Supersite Plus offers:

- **WebSAM** The online, interactive Student Activities Manual includes audio record and submit activities, auto-grading for select activities, and a single gradebook for Supersite and WebSAM activities.
- Instructor-enabled online collaboration via instant messaging, audio and video conferencing, and whiteboard and application sharing

 virtual interactive text

With **vText**, students have everything they need at the click of a mouse: textbook, practice activities, audio, video, and all Supersite resources. Plus, the instructor gradebook links assignments and grades to the **vText**.

FOTONOVELA VIDEO PROGRAM

The cast NEW!

Here are the main characters you will meet in the **Fotonovela** Video:

From Mexico,
Jimena Díaz Velázquez

From Argentina,
Juan Carlos Rossi

From Mexico,
Felipe Díaz Velázquez

From the U.S.,
Marissa Wagner

From Mexico,
María Eugenia (Maru)
Castaño Ricaurte

From Spain,
Miguel Ángel
Lagasca Martínez

Brand-new and fully integrated with your text, the **PANORAMA 4/e Fotonovela** Video is a dynamic and contemporary window into the Spanish language. The new video centers around the Díaz family, whose household includes two college-aged children and a visiting student from the U.S. Over the course of an academic year, Jimena, Felipe, Marissa, and their friends explore **el D.F.** and other parts of Mexico as they make plans for their futures. Their adventures take them through some of the greatest natural and cultural treasures of the Spanish-speaking world, as well as the highs and lows of everyday life.

The **Fotonovela** section in each textbook lesson is actually an abbreviated version of the dramatic episode featured in the video. Therefore, each **Fotonovela** section can be done before you see the corresponding video episode, after it, or as a section that stands alone.

In each dramatic segment, the characters interact using the vocabulary and grammar you are studying. As the storyline unfolds, the episodes combine new vocabulary and grammar with previously taught language, exposing you to a variety of authentic accents along the way. At the end of each episode, the **Resumen** section highlights the grammar and vocabulary you are studying.

We hope you find the new **Fotonovela** video to be an engaging and useful tool for learning Spanish!

EN PANTALLA
VIDEO PROGRAM

The **PANORAMA** Supersite features an authentic TV clip and short film for Lessons 3, 6, 9, 12, and 15. TV clip formats include commercials and news stories. All clips and three of the short films are **NEW!** to the Fourth Edition, were carefully chosen to be comprehensible for students learning Spanish, and are accompanied by activities and vocabulary lists to facilitate understanding. More importantly, though, these clips and short films are a fun and motivating way to improve your Spanish!

Here are the countries represented in **En pantalla:**

Lesson 3 Chile and U.S.	Lesson 9 Chile and Mexico	Lesson 15 Argentina and Spain
Lesson 6 Mexico and Colombia	Lesson 12 Argentina and Spain	

FLASH CULTURA
VIDEO PROGRAM

In the dynamic **Flash cultura** Video, young people from all over the Spanish-speaking world share aspects of life in their countries with you. The similarities and differences among Spanish-speaking countries that come up through their adventures will challenge you to think about your own cultural practices and values. The segments provide valuable cultural insights as well as linguistic input; the episodes will introduce you to a variety of accents and vocabulary as they gradually move into Spanish.

PANORAMA CULTURAL
VIDEO PROGRAM

The **Panorama cultural** Video is integrated with the **Panorama** section in each lesson. Each segment is 2–3 minutes long and consists of documentary footage from each of the countries featured. The images were specially chosen for interest level and visual appeal, while the all-Spanish narrations were carefully written to reflect the vocabulary and grammar covered in the textbook.

ICONS AND *RECURSOS* BOXES

Icons

Familiarize yourself with these icons that appear throughout **PANORAMA, Fourth Edition**.

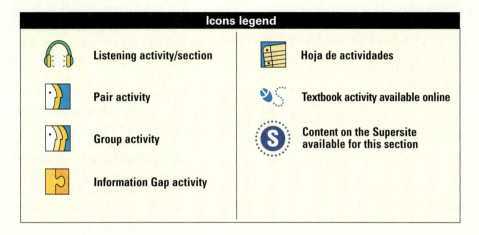

Icons legend	
Listening activity/section	Hoja de actividades
Pair activity	Textbook activity available online
Group activity	Content on the Supersite available for this section
Information Gap activity	

- The Information Gap activities and those involving **Hojas de actividades** (*activity sheets*) require handouts that your instructor will give you.

- You will see the listening icon in **Contextos, Pronunciación, Escuchar,** and **Vocabulario** sections.

- A note next to the Supersite icon will let you know exactly what type of content is available online. See p. xxv for a list of available resources.

- Additional practice on the Supersite, not included in the textbook, is indicated with this icon:

Practice more at vhlcentral.com.

Recursos

Recursos boxes let you know exactly what print and technology ancillaries you can use to reinforce and expand on every section of the lessons in your textbook. They even include page numbers when applicable. See the next page for a description of the ancillaries.

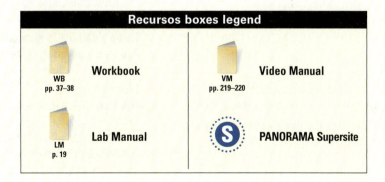

Recursos boxes legend	
WB pp. 37–38 — Workbook	VM pp. 219–220 — Video Manual
LM p. 19 — Lab Manual	PANORAMA Supersite

STUDENT ANCILLARIES

▶ **Supersite**
Student access to the Supersite (**vhlcentral.com**) is free with the purchase of a new student text. The Student Supersite provides:
- Select textbook and extra-practice activities
- All **PANORAMA 4/e** video programs
- Textbook Audio Program MP3s (audio recordings for the listening based textbook activities and recordings of the active vocabulary for each lesson of the student text)
- Lab Audio Program MP3s
- Study resources (online dictionary, tutorials, flashcards)
- Instructor-enabled voiceboards for oral communication and threaded discussions

See page xxv for a complete list of resources.

▶ **Supersite Plus**
The Student Supersite Plus provides:
- The **PANORAMA 4/e** Supersite
- **WebSAM**, the entire Workbook, Video Manual, and Lab Manual online, as well as a robust learning management system that completely integrates with the **PANORAMA 4/e** Supersite
- Instructor-enabled online collaboration via instant messaging, audio and video conferencing, and whiteboard and application sharing

▶ **NEW! vText**
The online virtual interactive student edition provides students with:
- Note-taking and highlighting capabilities
- Easy browsing via table of contents or page number
- Links to textbook mouse-icon activities
- Assignments and grades on the **vText** page
- Direct access to all Supersite resources

▶ **Workbook/Video Manual**
The Workbook/Video Manual contains the workbook activities for each textbook lesson, activities for the **Fotonovela** video, and pre-, while-, and post-viewing activities for the **Flash cultura** and **Panorama cultural** videos.

▶ **Lab Manual**
The Lab Manual contains lab activities for each textbook lesson for use with the Lab Audio Program.

▶ *Fotonovela* **Video DVD**
The **Fotonovela** DVD provides the complete **Fotonovela** video program with subtitles in English and Spanish.

INSTRUCTOR ANCILLARIES

▶ **Instructor's Annotated Edition (IAE)**
The expanded trim size and enhanced design make the annotations easy to reference in the classroom.

▶ **NEW! Activity Pack**
The **PANORAMA** Activity Pack offers discrete and communicative practice for individuals, pairs, and groups. Formats include multiple choice questions, information gap activities, board games, and more.

▶ **Supersite**
The password-protected Instructor Supersite allows instructors to assign and track student progress through its course management system. Instructors have full access to the Student Supersite and seamless integration with the **PANORAMA 4/e WebSAM** and **vText**. The Supersite now features an intuitive, user-friendly interface and tools to enhance course management, gradebook, and reporting, including:
- All-in-one gradebook
- Simple and powerful course and assignment set-up
- Reporting with customized and standard options
- Online assessment including Testing MP3 files, plus editable RTFs, and ready-to-print PDF versions
- Program audio and video with scripts and English video translations
- Voiceboards for oral communication and threaded discussions
- Lesson Plans and Instructor Resources

▶ **Supersite Plus**
Supersite Plus offers:
- The complete **PANORAMA 4/e** Supersite
- The **WebSAM** online Workbook/Lab Manual/Video Manual, with auto-graded and instructor-graded activities, and oral record-submit activities
- Online collaboration via instant messaging, audio and video conferencing, and whiteboard and application sharing

▶ **Instructor's DVD Set**
Three video DVDs (**Fotonovela, Flash cultura,** and **Panorama cultural + Cortometrajes**) are available with subtitles in English and Spanish.

▶ **Testing Program**
The Testing Program is provided in PDF and RTF formats.
- **NEW!** Volume 1 of the Testing Program contains two quizzes for each **Contextos** presentation and each **Estructura** grammar point.
- **NEW!** Volume 2 of the Testing Program contains two additional versions (**Prueba E** and **Prueba F**) of the tests for each textbook lesson.
- Volume 2 also contains quarter exams, semester exams, listening scripts, answer keys, and optional test items for culture, video, and reading sections.

PANORAMA, Fourth Edition, is the direct result of extensive reviews and continuous input from students and instructors using the Third Edition. On behalf of its authors and editors, Vista Higher Learning expresses its sincere appreciation to the many Spanish instructors and professors across the U.S. and Canada who contributed their ideas, suggestions, and recommendations via online reviews: thank you.

We especially thank those instructors who contributed their editing and writing expertise, including Martín Gaspar of the University of Wisconsin, Madison; Mercedes Hussey Pailos of Brevard Community College; and Ronna Feit of Nassau Community College/SUNY.

Reviewers

Tammy Allen
Miami University, Middletown, OH

Rosalind Arthur-Andoh
Clark Atlanta University, GA

Gilbert Bolling
Concord University, WV

Martin Camps
University of the Pacific, CA

Matt Carpenter
Yuba College, Clearlake, CA

Tulio Cedillo
Lynchburg College, VA

Lisa Celona
Tunxis Community College, CT

Richard Clark
Northwestern College, IA

Nathalie Davaut
University of South Carolina, Lancaster, SC

Chris Davison
Westminster College of Salt Lake City, UT

Lorena Delgadillo
Rowan-Cabarrus Community College, NC

Tatevik Gevorgyan
Catholic University of America, Washington, DC

Don Goetz
Northwestern Connecticut Community
Technical College, CT

Julia Guerrero
Highland Community College, IL

Cecilia Herrera
University of Wisconsin, Oshkosh, WI

Josephine Hill
Jackson Community College, MI

Esther Holtermann
American University, Washington, DC

Jacqueline Horn
Loma Linda University, CA

Harriet Hutchinson
Bunker Hill Community
College, Charlestown, MA

Herman Johnson
Xavier University of Louisiana, LA

Robert Lesman
Shippensburg University of Pennsylvania, PA

Lora Looney
University of Portland, OR

Frank Martínez
Nashville State Community College, TN

acknowledgments

María Martínez
  University of Manitoba,
  Winnipeg, MB, Canada

Victoria Mayorga
  Pierce College, Puyallup, WA

Lindsay Naramore
  John Brown University, AR

Michael Nouri
  University of Southern Indiana, IN

Erica Oshier
  Fort Valley State University, GA

Kristin Osowski
  Diablo Valley College, CA

Ruth Owens Supko
  Arkansas State University, Jonesboro, AR

Jessica Perla-Collibee
  Menlo College, CA

Sherrie Ray
  University of Arkansas at Little Rock, AR

Caterina Reitano
  University of Manitoba, Winnipeg, MB, Canada

Gabriel Rico
  Victor Valley College, CA

John Riley
  Greenville Technical College, Greenville, SC

Walter Rojas
  Universidad del Ambiente, Costa Rica

David Salomon
  Russell Sage College for Women, NY

Patricia Scarampi
  Lake Forest College, IL

Nila Serrano-Proulx
  Victor Valley College, CA

Jody Soberon
  Southwestern Oregon Community
  College, Brookings, OR

Susan Spillman
  Xavier University of Louisiana, LA

Nataly Tcherepashenets
  Empire State College, Center for
  Distance Learning, NY

Regina Vera-Quinn
  University of Waterloo, ON, Canada

Antonia Wagner
  Greenville Technical College, Barton, SC

Joy Woolf
  Westminster College of Salt Lake City, UT

Lección de repaso

Communicative Goals

You will review how to:
- **Describe people and things**
- **Discuss pastimes and sports**
- **Talk about daily routines**
- **Talk about the seasons and the weather**
- **Tell what happened in the past**

Práctica

1 Identificar Indica la palabra que no pertenece al grupo. `8 pts.`

1. lluvia • tomar el sol • botas • impermeable
2. traje de baño • bucear • playa • abrigo
3. nadar • nieve • esquiar • invierno
4. matemáticas • mochila • historia • computación
5. estudiar • tomar un examen • viajar • hacer la tarea
6. sandalias • camiseta • guantes • pantalones cortos
7. semana • ayer • mañana • hoy
8. tío • prima • abuelo • dependienta

2 Listas Completa cada lista con las palabras que faltan. `10 pts.`

DÍAS: lunes, (1) _____, miércoles, jueves, (2) _____, sábado, (3) _____

MESES: (4) _____, febrero, marzo, abril, (5) _____, junio, julio, (6) _____, septiembre, (7) _____, noviembre, (8) _____

ESTACIONES: (9) _____, verano, otoño, (10) _____

3 Oraciones Completa cada oración con una palabra de la lista. `8 pts.`

acostarse	levantarse	psicología
biblioteca	matemáticas	reloj
historia	mochila	ventana
lápiz	periodismo	vestido
lenguas extranjeras	pruebas	

1. Para ser reportero, tienes que estudiar _____.
2. Si te gustan los números y las ecuaciones, puedes estudiar _____.
3. Para comunicarte con personas de otros países y culturas, debes estudiar _____.
4. Si la clase empieza a las ocho, tienes que _____ temprano.
5. El profesor les hace _____ a los estudiantes para comprobar (*check*) lo que aprendieron.
6. Cuando los estudiantes están aburridos, miran el _____ esperando el final de la clase.
7. Para estudiar en un lugar tranquilo y tener acceso a muchos libros, puedes ir a la _____.
8. Después de un día largo, es bueno _____ temprano.

This overview presents key vocabulary from **PANORAMA**. For further review, follow the cross-references.

El invierno

diciembre *December*
enero *January*
febrero *February*   **Nieva. (nevar)**

¿Qué tiempo hace? *What's the weather like?*
Hace frío. *It's cold.*

estudiar *to study*
patinar *to skate*
tomar el examen *to take an exam*
trabajar *to work*

el esquí *skiing*
el hockey *hockey*

esquiar

el abrigo *coat*
la bota *boot*
los guantes *gloves*

el año *year*
el día *day*
la semana *week*

lunes *Monday*
martes *Tuesday*
miércoles *Wednesday*
jueves *Thursday*
viernes *Friday*
sábado *Saturday*
domingo *Sunday*

el mes

La primavera

marzo *March*
abril *April*
mayo *May*

Hace mal tiempo. *The weather is bad.*

ir de excursión *to go on a hike*
pasear *to take a walk; to stroll*
pasear en bicicleta *to ride a bicycle*
practicar deportes *to play sports*

la contabilidad *accounting*
el periodismo *journalism*
la prueba *test; quiz*

Llueve. (llover)

la blusa *blouse*
la camisa *shirt*
el impermeable *raincoat*
el traje *suit*
el vestido *dress*

el reloj

El verano

junio *June*
julio *July*
agosto *August*

Hace buen tiempo. *The weather is good.*
Hace sol. *It's sunny.*

bucear *to scuba dive*
nadar *to swim*
tomar el sol *to sunbathe*
viajar *to travel*

el campo *countryside*
el mar *sea*
la playa *beach*
el vóleibol *volleyball*

Hace (mucho) calor.

la camiseta *t-shirt*
las gafas de sol *sunglasses*
los pantalones cortos *shorts*
las sandalias *sandals*
el traje de baño *bathing suit*

El otoño

septiembre *September*
octubre *October*
noviembre *November*

Hace fresco. *It's cool.*

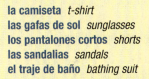

Hace viento.

comenzar las clases *to start classes*
escalar montañas *to climb mountains*
jugar (u:ue) al fútbol americano *to play football*
montar a caballo *to ride a horse*

la biblioteca *library*
la cafetería *cafeteria*
la computación *computer science*
las lenguas extranjeras *foreign languages*
las matemáticas *math*
la mochila *backpack*

la chaqueta *jacket*
los bluejeans *jeans*
el suéter *sweater*

La rutina diaria

acostarse *to go to bed*
bañarse *to bathe, to take a bath*
levantarse *to get up*
ponerse *to put on*
vestirse *to get dressed*

For a complete list of related vocabulary go to **PANORAMA**, pp. 34, 68, 106, 138, 172, 208, and 240.

---

4 **Describir** Describe el tiempo que hace en cada escena y el tipo de actividad que hacen las personas. **12 pts.**

modelo
Hace buen tiempo.
Él pasea en bicicleta.

1. _____

2. _____

3. _____

4. _____

5. _____

6. _____

5 **Preparando un viaje** Escribe una conversación entre dos amigos que hacen las maletas para irse de viaje una semana. Félix va a esquiar en Argentina, donde es invierno, y Rodrigo va a Florida, donde es verano. **12 pts.**

- ¿Qué lugares pueden visitar?
- ¿Qué actividades pueden hacer?
- ¿Qué tiempo va a hacer?
- ¿Qué ropa tienen que llevar?
- ¿Qué medios de transporte van a usar?
- ¿Dónde se van a quedar?

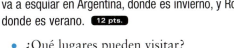

Lección de repaso

Práctica

1 Género y número
Completa las tablas. Cambia las palabras femeninas a masculinas, las singulares a plurales y viceversa. **14 pts.**

Masculino	Femenino
el pintor	
	la cuñada
	la huésped
el turista	
	la dependienta
el pasajero	
	la inspectora

Singular	Plural
una clase	
un autobús	
	unas excursiones
una comunidad	
	unos lápices
	unas revistas
un calcetín	

2 Completar
Completa cada oración con el verbo **ser**. **6 pts.**

1. Maite _____ de España, ¿verdad?

2. ¿Quiénes _____ los huéspedes de la habitación 347?

3. Juan y yo _____ vendedores en aquel centro comercial.

4. ¿De dónde _____ tú?

5. _____ las nueve de la mañana.

6. Yo _____ puertorriqueño pero vivo en Costa Rica.

3 El primer día de clases
Completa la conversación con las formas correctas del verbo **estar**. **5 pts.**

JULIO Hola, Martín. ¿Cómo (1) _____ (tú)?

MARTÍN Bien. Oye, ¿sabes dónde (2) _____ el gimnasio? Mis compañeros del equipo de béisbol (3) _____ allí.

JULIO Pero, hombre, ¡yo también (4) _____ en el equipo! Vamos juntos al gimnasio. (Nosotros) (5) _____ muy cerca.

MARTÍN ¡Pero qué tonto soy! Tú también estás en el equipo. OK, vamos.

R.1 Nouns and articles

PANORAMA
L1 pp. 12-14

Gender of nouns

Nouns that refer to living things

	Masculine			Feminine
-o	el chico		-a	la chica
-or	el profesor		-ora	la profesora
-ista	el turista		-ista	la turista

Nouns that refer to non-living things

	Masculine			Feminine
-o	el libro		-a	la cosa
-ma	el programa		-ción	la lección
-s	el autobús		-dad	la nacionalidad

Plural of nouns

▶ ending in vowels + -s   la chica → las chicas

▶ ending in consonant + -es   el señor → los señores

    (-z → -ces un lápiz → unos lápices)

Definite articles: el, la, los, las

Indefinite articles: un, una, unos, unas

R.2 Present of **ser** and **estar**
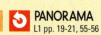
PANORAMA
L1 pp. 19-21, 55-56

¿Y ustedes de dónde son?

Yo soy de Buenos Aires, Argentina. Miguel es de España.

ser			
yo	soy	nosotros/as	somos
tú	eres	vosotros/as	sois
Ud./él/ella	es	Uds./ellos/ellas	son

▶ **Uses of ser:** nationality, origin, profession or occupation, characteristics, generalizations, possession, what something is made of, time and date, time and place of events

Lección de repaso

estar			
yo	**estoy**	nosotros/as	**estamos**
tú	**estás**	vosotros/as	**estáis**
Ud./él/ella	**está**	Uds./ellos/ellas	**están**

▶ Uses of **estar**: location, health, physical states and conditions, emotional states, weather expressions, ongoing actions

▶ **Ser** and **estar** can both be used with many of the same adjectives, but the meaning will change.

> Juan **es** listo.
> *Juan is smart.*

> Juan **está** listo.
> *Juan is ready.*

R.3 Adjectives **⟳ PANORAMA** L3 pp. 80-82, 95

> Eres gordo, antipático y muy feo.

▶ Adjectives are words that describe nouns. In Spanish, adjectives agree with the nouns they modify in both gender and number.

Descriptive adjectives

Masculine		Feminine	
Singular	Plural	Singular	Plural
alt**o**	alt**os**	alt**a**	alt**as**
inteligent**e**	inteligent**es**	inteligent**e**	inteligent**es**
trabajad**or**	trabajad**ores**	trabajad**ora**	trabajad**oras**

▶ To refer to a mixed group, use the masculine plural form.

> Juan y Ana son trabajador**es**.

▶ Descriptive adjectives and adjectives of nationality follow the noun: **el chico rubio, la mujer española**

▶ Adjectives of quantity precede the noun: **muchos libros**

▶ Before a masculine noun, these adjectives are shortened.

> **bueno → buen   malo → mal   grande → gran**

Possessive adjectives

Masculine		Feminine	
mi	nuestro/a	mis	nuestros/as
tu	vuestro/a	tus	vuestros/as
su	su	sus	sus

▶ Possesive adjectives are always placed before the nouns they modify: **nuestros amigos, mi madre**

---

4 **¿Ser o estar?** Completa el texto con **ser** o **estar**. **9 pts.**

Me llamo Julio. Mis padres (1) _____ de México, pero mi familia ahora (2) _____ en Arizona. Mi padre (3) _____ médico en el hospital; el hospital (4) _____ cerca de nuestra casa. Nosotros tres (5) _____ altos y morenos. Yo (6) _____ estudiante de periodismo. Mis clases (7) _____ buenas, pero a veces (yo) (8) _____ demasiado ocupado con las tareas. Todos mis compañeros (9) _____ nerviosos porque hoy empiezan los exámenes finales.

5 **Posesivos** Completa con el adjetivo posesivo correcto. **8 pts.**

1. Él es _____ (*my*) hermano.

2. _____ (*Your*, fam.) familia es muy simpática.

3. _____ (*Our*) sobrino es italiano.

4. ¿Ella es _____ (*his*) profesora?

5. _____ (*Your*, form.) boletos cuestan 60 pesos.

6. _____ (*Her*) amigos son de Colombia.

7. Son _____ (*our*) compañeras de clase.

8. _____ (*My*) padres están en el trabajo.

6 **Opuestos** Escribe oraciones completas con los elementos dados. Usa los adjetivos opuestos a los que están subrayados. ¡Ojo! Recuerda conjugar los verbos. **8 pts.**

> **modelo**
>
> casa / de Silvia / ser / grande / pero / mi casa / ser / <u>grande</u>
> *La casa de Silvia es grande, pero mi casa es pequeña.*

1. habitación / de mi hermana / siempre / estar / sucia / pero / mi habitación / estar / <u>sucia</u>

   _____

   _____

2. (yo) estar / contento / porque / (yo) estar / de vacaciones / pero / mis padres / estar / <u>contento</u> / porque / (ellos) tener / que trabajar

   _____

   _____

3. tu primo / ser / alto y moreno / pero / tú / ser / <u>alto y moreno</u>

   _____

   _____

4. mi amigo Fernando / decir / que las matemáticas / ser / difíciles / pero / yo / creer / que / ser / <u>difíciles</u>

   _____

   _____

Práctica y Comunicación

1 **Correo** Completa el mensaje de correo electrónico con la forma correcta de **ser** o **estar**.

> ¡Hola Carlos!
>
> ¿Cómo estás? Yo (1) _____ muy preocupada porque tenemos un examen mañana en la clase de español y el profesor (2) _____ muy estricto. Mi amiga Ana (3) _____ en la biblioteca ahora y quiero ir a verla para pedir su ayuda. Ella (4) _____ una estudiante muy buena y sus notas (*grades*) (5) _____ excelentes.
>
>   Este fin de semana hay una excursión a las montañas. Mis amigos y yo (6) _____ muy contentos porque el lugar que vamos a visitar (7) _____ muy hermoso. Ana también quiere ir a la excursión, pero (ella) (8) _____ enojada porque tiene que trabajar.
>
>   Bueno, antes de ir a la biblioteca voy a dormir la siesta porque (9) _____ muy cansada.
>
> ¡Hasta pronto!
> Susana

2 **La vida de Marina** Completa cada oración con la forma correcta de los cuatro adjetivos.

1. Marina busca una compañera de cuarto _____.
   (ordenado, honesto, alegre, amable)

2. Se lleva bien con las personas _____.
   (alegre, trabajador, interesante, sensible)

3. Los padres de Marina son _____.
   (simpático, inteligente, alto, feliz)

4. A Marina le gusta la ropa _____.
   (elegante, bueno, bonito, barato)

5. Marina tiene un novio _____.
   (trabajador, simpático, pelirrojo, listo)

Marina

3 **¿Es o no es?** Responde a cada pregunta. Usa el adjetivo opuesto.

> **modelo**
>
> ¿Es alto tu tío? *No, es bajo.*

1. ¿Es viejo el agente de viajes? _____.

2. ¿Son malas las amigas de Glenda? _____.

3. ¿Es antipática la vendedora? _____.

4. ¿Son guapos los primos de Omar? _____.

5. ¿Son morenas las excursionistas? _____.

6. ¿Es feo el yerno de doña Ana? _____.

4 **En el parque** Mira la imagen y contesta las preguntas usando **ser** y **estar**. Puedes inventar las respuestas para algunas preguntas.

1. ¿Quién es cada una de estas personas?

2. ¿Qué hacen?

3. ¿Cómo están?

4. ¿Cómo son?

5. ¿Dónde están?

5 **Entrevista** Escribe tantos (*as many*) adjetivos descriptivos como puedas (*as you can*) sobre ti mismo/a (*yourself*) en tres minutos. Luego, en parejas, usa **ser** o **estar** para preguntarle a tu compañero/a si él/ella tiene las mismas características. Finalmente, comparte con la clase lo que tienen en común.

> **modelo**
>
> **(Yo):** delgada, baja, morena, trabajadora, contenta, simpática
> **(Preguntas):** ¿Tú eres trabajadora? ¿Estás contenta?
> **(Oración):** Somos morenas, estamos contentas y somos trabajadoras.

¡AL RESCATE!

To review vocabulary related to family and friends, go to **PANORAMA**, **Lesson 3, Contextos**, pp. 70-71

6 **Mi familia y mis amigos** Escribe una breve descripción de tu familia, tus parientes y tus amigos. Usa adjetivos posesivos para identificar a la(s) persona(s) que describes.

7 **Una cita (*date*)** Mañana tienes una cita con un(a) muchacho/a maravilloso/a. Quieres contarle a tu mejor amigo y pedirle consejos. Tu amigo/a es muy curioso y te va a hacer muchas preguntas. En parejas, representen la conversación. Éstos son algunos aspectos que pueden incluir.

Tu amigo/a quiere saber:
- cómo te sientes (*you feel*) antes de la cita
- qué crees que va a pasar
- cómo es el lugar adonde van a ir
- cómo es la persona con quien vas a tener la cita

Tú quieres consejos sobre:
- qué ropa ponerte
- temas de los que pueden hablar
- adónde ir
- quién debe pagar la cuenta (*bill*)

EN DETALLE

Unas vacaciones de **voluntario**

voluntarios también viven experiencias que no podrían° obtener en el salón de clases: en Buenos Aires, un grupo de jóvenes de los colegios más exclusivos ayuda con las tareas en centros comunitarios; en una escuela de Resistencia, en Argentina, los chicos de barrios marginales° les enseñan computación a los adultos desocupados° de su propia comunidad.

En 2001, la Secretaría de Educación de Argentina creó el Programa Nacional de Escuela y Comunidad para los proyectos de aprendizaje-servicio por todo el país. Y tú, ¿alguna vez has participado en servicio comunitario?

¿Qué hiciste durante las vacaciones de verano? Muchos estudiantes contestarían° esta pregunta con historias de cómo disfrutaron° de su tiempo libre. Pero hay otra actividad que ha recibido° atención recientemente: el trabajo voluntario durante las vacaciones.

En Latinoamérica, se le llama **aprendizaje-servicio**°, una combinación de educación formal y voluntariado°. En países como México, Argentina y Chile, los estudiantes reciben crédito académico mientras° usan su creatividad y su talento en beneficio de los demás°. Así se promueve° la participación activa de los estudiantes en la sociedad. Los

Otras vacaciones de voluntarios

En León, Nicaragua, 16 estudiantes costarricenses construyeron casas para familias nicaragüenses como parte del programa Hábitat para la Humanidad. Adrián, un voluntario, dijo: "Fue una experiencia increíble. Pude° divertirme y al mismo tiempo hacer algo útil° y beneficiar a otras personas durante mis vacaciones".

Los estudiantes de la escuela técnica de Junín de los Andes, Argentina, adaptaron molinos de viento° a las necesidades de las poblaciones mapuches°. Por este proyecto ganaron un premio° en la Feria Mundial de Ciencias de 1999.

contestarían *would answer* disfrutaron *they enjoyed* ha recibido *has received* aprendizaje-servicio *service learning* voluntariado *volunteerism* mientras *while* los demás *others* Así se promueve *Thus it promotes* no podrían *they could not* barrios marginales *disadvantaged neighborhoods* desocupados *unemployed* Pude *I was able to* útil *useful* molinos de viento *windmills* mapuches *indigenous people of Central and Southern Chile and Southern Argentina* premio *prize*

ACTIVIDADES

1 **¿Cierto o falso?** Indica si la oración es **cierta** o **falsa**. Corrige la información falsa.

1. El aprendizaje-servicio es ir a cursos de verano.

2. En este programa, los jóvenes voluntarios aprenden cosas que no se aprenden en el salón de clases.

3. Los estudiantes de Resistencia, Argentina les enseñan computación a los chicos de los colegios más exclusivos.

4. En 2001, la Secretaría de Educación de Argentina creó un programa nacional de aprendizaje-servicio.

5. De su experiencia como voluntario en Nicaragua, el joven Adrián dijo: "Fue una experiencia horrible".

6. Los estudiantes de una escuela técnica adaptaron molinos de viento a las necesidades de las poblaciones indígenas de su país.

ASÍ SE DICE

el buceo	*diving*
la carrera de autos	*car race*
el ciclismo	*cycling*
la lucha libre	*freestyle wrestling*
la ola	*[ocean] wave*
los países hispanohablantes	**los países donde se habla español**
surfear, hacer surf	*to surf*
el/la surfista, el/ la surfero/a, el/la surfo/a, el/la tablista	*surfer*

EL MUNDO HISPANO

Deportes importantes

No cabe duda° que el fútbol es el deporte más popular en Latinoamérica. Sin embargo°, también se practican otros deportes en el mundo hispano.

Deporte	Lugar(es)
el béisbol	Puerto Rico, República Dominicana, Cuba, México, Venezuela
el ciclismo	Colombia, España y otras regiones montañosas
el rugby	Argentina, Chile
el baloncesto (básquetbol)	España, Puerto Rico, Colombia, Centroamérica
el jai-alai	Originado en el País Vasco (España), también es popular en México y los EE.UU.
la equitación (montar a caballo)	México, Argentina, España
el surf	las Islas Canarias (España), México, Chile, Perú, Colombia

No cabe duda *there is no doubt* **Sin embargo** *nevertheless*

Surfistas hispanos

Se dice que para hacer surf hay que "sentir" la ola°, pararse° en la tabla y "agarrarla°". La frase "agarrar la ola" tiene un significado que sólo entienden realmente los que practican el surf. Originado en Hawai, es popular en muchas partes del mundo. Sólo necesitas una tabla y una costa marina. Dos de los surfistas hispanos más reconocidos son **Gabriel Villarán** y **Ornella Pellizzari**.

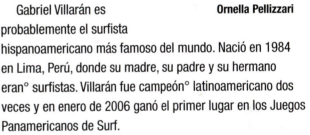

Ornella Pellizzari

Gabriel Villarán es probablemente el surfista hispanoamericano más famoso del mundo. Nació en 1984 en Lima, Perú, donde su madre, su padre y su hermano eran° surfistas. Villarán fue campeón° latinoamericano dos veces y en enero de 2006 ganó el primer lugar en los Juegos Panamericanos de Surf.

A los once años, la argentina Ornella Pellizzari se compró una tabla con el dinero que había ahorrado°. A los dieciocho años, ganó el Campeonato Latinoamericano de Surf Profesional femenino. Dice Pellizzari: "Una vez que empecé a surfear, no salí más del agua".

ola *wave* **pararse** *to stand* **te paras** *you stand* **agarrarla** *to grab it* **eran** *were* **el campeón** *champion* **había ahorrado** *she had saved*

ACTIVIDADES

2 **Comprensión** Completa las oraciones.

1. El deporte del surf se originó en _____.
2. Gabriel Villarán nació en _____.
3. Los países donde se habla español son conocidos como países _____.
4. A los dieciocho años, Pellizzari ganó el Campeonato Latinoamericano de Surf Profesional para _____.
5. El deporte del _____ tiene su origen en el País Vasco.

3 **¿Qué vamos a hacer?** Your class has the opportunity to go on a week's vacation. Working in a small group, decide whether **el aprendizaje-servicio** or **los deportes** best suits the group's talents and interests. Plan activities you can agree on, including where you might go. Present your vacation plans to the class.

Práctica

1 **Verbos** Completa la tabla con las formas de los verbos. **8 pts.**

Infinitive	yo	nosotros/as	ellos/as
comprar			compran
	puedo		
comenzar		comenzamos	
		hacemos	hacen
oír			
	juego		
repetir			repiten
		estudiamos	

2 **Ir** Completa el párrafo con las formas de **ir**. **8 pts.**

El sábado yo (1) _____ al Museo de Bellas Artes porque mi artista favorito (2) _____ a presentar una exposición. Mis amigos no (3) _____ al museo conmigo porque todos (4) _____ a jugar al fútbol, pero yo voy a (5) _____ porque yo (6) _____ a ser artista. ¿(7) _____ (tú) al museo también? ¿Por qué no (8) _____ juntos?

3 **Conversación** Completa la conversación con las formas de los verbos. Puedes usar algunos verbos más de una vez. **7 pts.**

empezar	poder
jugar	querer
pensar	recordar
perder	volver

PABLO Óscar, voy al centro ahora. Necesito hacer varias diligencias (*errands*).

ÓSCAR ¿A qué hora (1) _____? El partido de fútbol (2) _____ a las dos.

PABLO Regreso a la una. (3) _____ ver el partido. ¡Va a estar muy reñido (*hard-fought*)!

ÓSCAR ¿(4) _____ (tú) que nuestro equipo ganó los tres partidos anteriores (*previous*)? Es muy bueno. ¡Estoy seguro de que vamos a ganar!

PABLO No, yo (5) _____ que vamos a (6) _____. Los jugadores de Guadalajara son salvajes (*wild*) cuando (7) _____.

R.4 **Present of regular verbs**  **PANORAMA** L2 pp. 46-48, L3 pp. 88-89

► To create the present-tense forms of most regular verbs, drop the infinitive endings (**-ar, -er, -ir**) and add the endings that correspond to the different subject pronouns.

	habl**ar**	com**er**	escrib**ir**
yo	habl**o**	com**o**	escrib**o**
tú	habl**as**	com**es**	escrib**es**
él	habl**a**	com**e**	escrib**e**
nos.	habl**amos**	com**emos**	escrib**imos**
vos.	habl**áis**	com**éis**	escrib**ís**
ellas	habl**an**	com**en**	escrib**en**

R.5 **Present of tener and venir**  **PANORAMA** L3 pp. 92-93

tener		venir	
ten**go**	tenemos	ven**go**	venimos
tienes	tenéis	**vie**nes	venís
tiene	**tie**nen	**vie**ne	**vie**nen

► **Tener** is used in many common phrases.

tener... años *to be... (years old)*	**tener prisa** *to be in a hurry*
tener calor *to be hot*	**tener que** [*+ inf.*] *to have*
tener frío *to be cold* a	*to do something*
tener ganas de [*+ inf.*] *to feel*	**tener razón** *to be right*
like doing something	**tener sed** *to be thirsty*
tener hambre *to be hungry*	

R.6 **Verbs like gustar** **PANORAMA** L7 pp. 230-231

► Verbs like **gustar** do not have a direct equivalent in English. The literal meaning of **me gusta** is *it is pleasing to me.*

► In Spanish, the object being liked is the subject of the sentence. The person who likes the object is the indirect object because it answers the question: *To whom is this pleasing?*

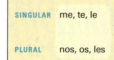

SINGULAR	me, te, le	aburre	la película
		interesa	el concierto
PLURAL	nos, os, les	importan	las vacaciones
		encantan	los museos de Lima

R.7 Present of **ir** ↻ PANORAMA L4 p.118

▶ The present tense of **ir** is: **voy, vas, va, vamos, vais, van**

▶ **Ir** has many everyday uses, including expressing future plans: **ir a** + [infinitivo] = *to be going to* + [*infinitive*]
vamos a + [infinitivo] = *let's* [*do something*]

R.8 Present of irregular verbs ↻ PANORAMA L4 pp. 121-122, 125, 128-129

e:ie, o:ue, u:ue stem-changing verbs

	empezar	volver	jugar
yo	emp**ie**zo	v**ue**lvo	j**ue**go
tú	emp**ie**zas	v**ue**lves	j**ue**gas
él	emp**ie**za	v**ue**lve	j**ue**ga
nos.	empezamos	volvemos	jugamos
vos.	empezáis	volvéis	jugáis
ellas	emp**ie**zan	v**ue**lven	j**ue**gan

▶ Other **e:ie** verbs: **comenzar, entender, pensar, querer**

▶ Other **o:ue** verbs: **almorzar, dormir, encontrar, mostrar**

e:i stem-changing verbs

pedir			
yo	p**i**do	nosotros/as	p**e**dimos
tú	p**i**des	vosotros/as	p**e**dís
el	p**i**de	ellas	p**i**den

▶ Other **e:i** verbs: **conseguir, decir, repetir, seguir**

Verbs with irregular yo forms

hacer	poner	salir	suponer	traer
hago	pongo	salgo	supongo	traigo

▶ **ver: veo,** ves, ve, vemos, veis, ven

▶ **oír: oigo,** o**y**es, o**y**e, oímos, oís, o**y**en

R.9 Reflexive verbs ↻ PANORAMA L7 pp. 220-221

▶ A reflexive verb is used to indicate that the subject does something to or for himself or herself.

▶ When a reflexive verb is conjugated, the reflexive pronoun agrees with the subject.

empezar			
yo	**me** levanto	nosotros/as	**nos** levantamos
tú	**te** levantas	vosotros/as	**os** levantáis
Ud./él/ella	**se** levanta	Uds./ellos/ellas	**se** levantan

▶ Some reflexive verbs are: **acostarse, bañarse, ducharse, levantarse, maquillarse, ponerse, vestirse**

---

4 Oraciones Escribe oraciones completas con estos elementos. ¡Ojo! Recuerda conjugar los verbos. Cuidado con los verbos como **gustar.** **12 pts.**

1. tú / tener / unos amigos / muy interesante

   _____

2. yo / venir / en autobús / de / el centro comercial

   _____

3. ellos / no / tener / mucho / dinero / hoy

   _____

4. a mí / aburrir / ir / a / el cine

   _____

5. los estudiantes / de español / ir / a / leer / una revista

   _____

6. a ellas / encantar / los deportes

   _____

5 Tener Usa expresiones con **tener** y sigue el modelo para describir a las personas. **15 pts.**

Él tiene (mucha) prisa. 1. _____

2. _____ 3. _____

4. _____ 5. _____

↻ For a complete list of verb conjugations, go to Apéndice D at the end of this book.

Práctica y Comunicación

1 **Completar** Completa las oraciones con las formas apropiadas de los verbos de la lista.

aprender	correr	jugar	pedir	salir	vivir
bailar	hablar	oír	recibir	ver	volver

1. Rosa _____ un tango en el teatro.
2. Mis amigos _____ francés muy bien.
3. Yo no _____ de casa cuando hace demasiado calor.
4. Mi hermano y yo _____ a nadar en la piscina.
5. Nosotros _____ en la residencia estudiantil.
6. ¿Tú _____ regalos en el día de tu cumpleaños?
7. Los estudiantes _____ a casa por la tarde.
8. Yo _____ una película.
9. Usted nunca _____ ayuda, ¿verdad?
10. Mis hermanos _____ al fútbol después de las clases.
11. Ustedes siempre _____ ese programa de radio.
12. ¿Mañana _____ tus padres de Roma?

2 **Contestar** Trabaja con un(a) compañero/a para formar preguntas completas. Luego, túrnense para hacerse las preguntas que crearon.

> **modelo**
>
> pedir / en la cafetería
> **Estudiante 1:** ¿Qué pides en la cafetería?
> **Estudiante 2:** En la cafetería, yo pido pizza.

1. horas / dormir cada noche
2. preferir / hacer la tarea de matemáticas
3. ir / cuando salir con amigos/as
4. empezar / tus clases los miércoles
5. tipo de música / preferir
6. pensar / ir a / ser / esta clase

¡AL RESCATE!

Here are some interrogative words.

¿A qué hora? *At what time?*

¿Adónde? *Where to?*

¿Cómo? *How?*

¿Cuál(es)? *Which?; Which one(s)?*

¿Cuándo? *When?*

¿Cuántos/as? *How many?*

¿Dónde? *Where?*

¿Qué? *What?*

To review more about forming questions in Spanish, go to **PANORAMA**, L2 pp. 51-52

3 **Combinar** En parejas, túrnense para combinar elementos de las dos columnas y crear oraciones completas.

A	B
yo	hacer la tarea todas las tardes
mis compañeros/as de clase	levantarse a las doce del día
mi mejor amigo/a	ir al cine todos los viernes
tú	conseguir gangas en Internet
mi familia	ducharse por la mañana
mis amigos/as y yo	almorzar en casa los domingos

4

Frecuencia Indica qué actividades haces **todos los días**, cuáles haces **una vez al mes**, cuáles haces **una vez al año**, cuáles estás haciendo **ahora mismo** (*right now*) y cuáles no haces **nunca** (*never*). Escribe por lo menos (*at least*) dos oraciones para cada categoría. Intercambia tus oraciones con las de un(a) compañero/a.

> **modelo**
>
> **Estudiante 1:** Yo juego al baloncesto todos los días.
> **Estudiante 2:** Ahora mismo estoy leyendo un libro.

aburrirse	jugar
decir	leer
dormir	maquillarse
encontrar	pedir
hablar	perder
hacer	trabajar
¿?	¿?

¡AL RESCATE!

The present progressive indicates what someone is doing *right now*. It consists of the present tense of **estar** and the present participle of another verb.

Estamos hablando.

To review the present progressive, go to **PANORAMA**, L5 pp. 154-155

5

Encuesta Circula por la clase preguntándoles a tus compañeros si hacen estas actividades con frecuencia (*frequently*). Trata de encontrar personas que respondan **sí** o **no** a cada pregunta y escribe sus nombres en la columna correcta. Prepárate para compartir tus conclusiones con la clase.

> **modelo**
>
> **Tú:** ¿Escribes tarjetas postales con frecuencia?
> **Ana:** Sí, las escribo con frecuencia.
> **Luis:** No, no las escribo con frecuencia.

¡AL RESCATE!

Use direct object pronouns to keep your writing concise and clear by avoiding repeating nouns already mentioned.

El domingo voy a visitar a mi abuela. La voy a ver a las nueve para desayunar.

To read more about direct object nouns and pronouns go to **PANORAMA**, L5 pp. 162-163

Actividades

	Sí	No
1. escribir tarjetas postales		
2. jugar al béisbol	Ana	Luis
3. ver películas de horror		
4. enojarse con los amigos		
5. decir mentiras		
6. oír música en español		

6

Escribir Escribe lo que haces en un día típico y tus planes para el fin de semana.

¡AL RESCATE!

To review time words go to **PANORAMA**, L7 p. 210

antes (de)	*before*
entonces	*then*
más tarde	*later*
por la mañana	*in the morning*
por la tarde	*in the afternoon*
por la noche	*in the evening*

Un día típico

Hola, me llamo Julia y vivo en Vancouver, Canadá. Por la mañana, me levanto temprano. Entonces...

¡Nuevos amigos en México!

Los amigos se presentan y vemos lo que pasó en los ocho primeros episodios.

PERSONAJES **MARISSA** **FELIPE**

MARISSA Hola, me llamo Marissa y soy de Wisconsin, en los Estados Unidos. Este año estoy en México para estudiar. Tomo cuatro clases: español, historia, literatura y geografía. Mi especialización es la arqueología. Me gusta mucho la cultura mexicana. Espero sacar buenas notas y viajar por todo el país.

FELIPE ¿Qué tal? Yo soy Felipe y vivo en la Ciudad de México. Como ves, soy muy atlético y guapo. Estudio administración de empresas. Me gusta mucho jugar al fútbol y comer. Tengo una hermana que se llama Jimena, pero somos muy diferentes.

JIMENA Buenos días. Mi nombre es Jimena. Vivo con mis padres y mi hermano Felipe en la Ciudad de México. Estudio mucho porque quiero ser una excelente doctora. La biología es mi clase favorita. Además, me gusta ir de compras y estar con mi familia y amigos.

JUAN CARLOS ¿Cómo estás? Yo me llamo Juan Carlos y vengo de Argentina. Estudio ciencias ambientales en una universidad de la Ciudad de México, donde también van mis amigos Felipe y Miguel. Me gusta viajar y salir con mis amigos.

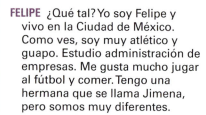

MARU Buenas, soy Maru. Soy de México y estudio antropología. Miguel y yo somos novios.

MIGUEL Hola, soy Miguel. Maru es mi novia. La conocí en la playa. Muchas veces estudiamos juntos en la biblioteca de la universidad.

La familia Díaz pasa el día en Xochimilco. Allí almuerzan juntos, hablan y juegan. Marissa sube a una trajinera con Carolina y Nayeli, la mamá y la tía de Felipe y Jimena. Allí deciden que Marissa y sus amigos van a ir a Mérida.

ACTIVIDADES

1 **¿Se te olvidó?** Indica si lo que dice cada oración sobre los primeros ocho episodios es **cierto** o **falso**. Corrige la información falsa.

1. Juan Carlos es de Buenos Aires, Argentina.
2. Felipe y Jimena hacen windsurf.
3. Maru sabe regatear muy bien en el mercado.
4. Miguel le compra un vestido a Maru.
5. La reservación del hotel está a nombre de Pablo López.
6. Marissa escribe un ensayo sobre los xochimilcas.
7. Felipe y Juan Carlos trabajan de camareros.
8. Maru conoció a Miguel en la playa.
9. Marissa no conocía los cenotes.

JIMENA   **JUAN CARLOS**   **MARU**   **MIGUEL**

7

Marissa y sus amigos van de viaje a Mérida. Se quedan en casa de la tía Ana María y los primos de Jimena y Felipe. Además de visitar la ciudad, los amigos van a nadar a un cenote.

8

Los amigos están de vacaciones en Yucatán. Antes de salir para la playa, hablan del tiempo que hace normalmente en sus países. Después de dejar sus cosas en el hotel, van a tomar el sol y practicar windsurf. Miguel está enojado con Felipe, pero por poco tiempo.

9

Marissa y sus amigos van de compras a un mercado de Mérida. Para ver quién sabe comprar mejor, hacen dos equipos: el de las chicas y el de los chicos. Aprenden a regatear y pasan un buen rato juntos.

10

Miguel y Maru celebran su aniversario con una cena romántica. Van a uno de los mejores restaurantes de la ciudad. Felipe y Juan Carlos los ven y deciden hacer algo divertido.

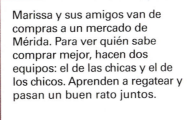

¿Cuánto recuerdas?

Contesta el cuestionario para ver cuánto recuerdas sobre los primeros ocho episodios de **Fotonovela**.

1. Marissa llega a su nueva casa en el carro de _____.
   a. la tía de Felipe y Jimena
   b. la mamá de Felipe y Jimena
   c. Jimena

2. A Marissa le gusta mucho _____.
   a. la cultura mexicana
   b. Argentina
   c. la mochila de Juan Carlos

3. Las trajineras son _____.
   a. unas galletas típicas mexicanas
   b. unos barcos
   c. unos vestidos de colores

4. Los amigos quieren ir a comer _____ en un restaurante de Mérida.
   a. pizza
   b. mole
   c. pollo

5. Felipe _____ pero es _____. ¡Qué raro!
   a. come mucho; delgado
   b. juega al fútbol; malo
   c. tiene muchos amigos; antipático

6. Miguel le echa (*throws*) _____ a Felipe en la playa.
   a. comida
   b. un balde de agua
   c. una pelota

7. Don Guillermo cree que las chicas no saben _____.
   a. regatear
   b. ir de compras
   c. ir a restaurantes

ACTIVIDADES

2 **Relacionar** Indica qué elemento de la segunda columna está relacionado con cada personaje.

1. _____ Marissa
2. _____ Felipe
3. _____ Jimena
4. _____ Juan Carlos
5. _____ Maru y Miguel

   a. fútbol
   b. calculadora
   c. doctora
   d. arqueología
   e. ciencias ambientales
   f. aniversario

3 **Predicciones** En grupos pequeños, escriban qué piensan que va a pasar en los próximos episodios con cada uno de los personajes. Escriban sobre qué nuevas personas van a conocer, qué lugares interesantes van a visitar y qué aventuras les esperan a los estudiantes. Después, compartan sus ideas con la clase.

Práctica

1 **Verbos** Completa la tabla con las formas correctas de los verbos. `10 pts.`

Infinitive	yo	él/ella/usted	ellos/as
buscar			buscaron
	cerré		
ir			fueron
		jugó	
	leí		
lavarse			se lavaron
		salió	
volver			volvieron

2 **El sábado** Completa el mensaje con el pretérito de los verbos. `11 pts.`

De:	cecilia@webmail.es
Para:	julián@todomail.com
Asunto:	El sábado
Fecha:	24 de noviembre

¡Hola, Julián!

¿Cómo estás? Yo estoy muy bien. El sábado mi amiga Matilde me (1) _____ (invitar) a ir con ella al cine. Nosotras (2) _____ (ir) al Cine Real. La película (3) _____ (empezar) a las siete y media, pero nosotras (4) _____ (llegar) un poco tarde. Sólo perdimos los primeros diez minutos.

Yo (5) _____ (pensar) que la película (6) _____ (ser) un poco larga, pero de todas maneras (7) _____ (yo, divertirse). Se llama *Un día en el centro comercial*, te la recomiendo. Después de salir del cine, (8) _____ (nosotras, tomar) un taxi a Mama Pizza con más amigos. Las pizzas (9) _____ (resultar) (*turned out*) deliciosas. Yo pedí la de salami, ¡qué ricura!

Y tú, ¿cómo (10) _____ (pasar) la noche del sábado? ¿(tú) (11) _____ (ir) a la fiesta de Antonio? María Luisa me dijo que te vio (*saw you*) en la fiesta de Antonio y que estabas (*you were*) muy bien acompañado. ¿Nos vemos el miércoles por la tarde y me cuentas los detalles?

Un abrazo,
Cecilia

Resumen gramatical

This overview presents key grammatical concepts from **PANORAMA**. For further review, follow the cross-references.

R.10 Preterite of regular verbs **PANORAMA** L6 p.190

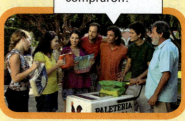

Y ustedes, ¿qué compraron?

▶ To form the preterite of most regular verbs, attach the appropriate ending to the infinitive stem.

comprar	vender	escribir
compré	vendí	escribí
compraste	vendiste	escribiste
compró	vendió	escribió
compramos	vendimos	escribimos
comprasteis	vendisteis	escribisteis
compraron	vendieron	escribieron

▶ **-Ar** and **-er** verbs that have a stem change in the present tense are regular in the preterite. They do *not* have a stem change.

Infinitive	Present	Preterite
cerrar (e:ie)	La tienda cierra a las seis.	La tienda cerró a las seis.
volver (o:ue)	Carlitos vuelve tarde.	Carlitos volvió tarde.
jugar (u:ue)	Él juega al fútbol.	Él jugó al fútbol.

▶ **¡Atención!** **-Ir** verbs that have a stem change in the present tense also have a stem change in the preterite.

	dormirse	conseguir
yo	me dormí	conseguí
tú	te dormiste	conseguiste
él/ella/Ud.	se durmió	consiguió
nosotros/as	nos dormimos	conseguimos
vosotros/as	os dormisteis	conseguisteis
ellos/ellas	se durmieron	consiguieron

▶ Note that reflexive verbs in the preterite appear with their pronouns.

R.11 Some irregular preterites   PANORAMA
L6 p. 191

▸ There are many verbs with irregularities in the preterite. Here are some of them. You will learn more in **Lecciones 1, 2,** and **3**.

▸ Verbs that end in **-car**, **-gar**, and **-zar** have a spelling change in the first person singular (**yo** form).

buscar	busc-	qu-	yo bus**qué**
llegar	lleg-	gu-	yo lle**gué**
empezar	empez-	c-	yo empe**cé**

> No te preocupes, Marissa. Llegaste primero.

▸ Except for the **yo** form, all other forms of **-car**, **-gar**, and **-zar** verbs are regular in the preterite.

▸ Three other verbs—**creer**, **leer**, and **oír**—have spelling changes in the preterite.

creer	cre-	cre**í**, cre**í**ste, cre**yó**, cre**í**mos, cre**í**steis, cre**yeron**
leer	le-	le**í**, le**í**ste, le**yó**, le**í**mos, le**í**steis, le**yeron**
oír	o-	o**í**, o**í**ste, o**yó**, o**í**mos, o**í**steis, o**yeron**

▸ **Ver** is regular in the preterite, but none of its forms has an accent.

> **ver → vi, viste, vio, vimos, visteis, vieron**
> —¿A quiénes **vieron** en su viaje a Costa Rica?
> —**Vimos** a nuestra prima Mariana y a nuestros amigos Leonardo y Teresa.

> Pues, yo no vi a nadie aquí.

▸ Since the preterite forms of **ser** and **ir** are identical, context clarifies which one of the two verbs is being used.

> **ser, ir → fui, fuiste fue, fuimos, fuisteis, fueron**

▸ Note these patterns for verbs like **gustar**.

> **Me interesó el comentario.**
> **Nos gustó el restaurante.**
> **Te molestaron las preguntas.**
> **Les fascinaron el viaje.**

---

3 **Preguntas** Completa la conversación con el pretérito de los verbos de la lista. **7 pts.**

atacar	olvidar
correr	robar
leer	sufrir (*to suffer, to undergo*)
ocurrir	

SANDRA ¿Cuándo (1) _____ en el parque por última vez?

MARCOS Corrí en el parque el domingo por la mañana. ¿Por qué?

SANDRA ¿(2) _____ las noticias (*news*) de ayer?

MARCOS No, (3) _____ comprar el periódico ¿Qué (4) _____?

SANDRA Unos ladrones (*thieves*) (5) _____ a un corredor.

MARCOS ¿En serio?

SANDRA Sí, y le (6) _____ el reproductor de MP3.

MARCOS ¿Y resultó herido (*harmed*)?

SANDRA No, sólo (7) _____ rasguños (*scratches*).

MARCOS ¡Qué fuerte! Mejor vamos a correr juntos. Es más seguro.

---

4 **Oraciones** Escribe oraciones completas con estos elementos, conjugando los verbos en el pretérito. **10 pts.**

1. tú / esperar / quince minutos / en / la puerta de / el cine
   _____

2. nosotros / tomar / café / ayer / por la noche
   _____

3. los jugadores / no / perder / la esperanza / de ganar / el partido
   _____

4. yo / llegar / tarde / a / la cita / de anoche
   _____

5. ustedes / encantar / el artículo / en el periódico
   _____

---

5 **La semana pasada** Escribe un mensaje electrónico de al menos cinco oraciones donde les cuentas a tus padres adónde fuiste y qué hiciste durante la semana. Usa al menos cinco verbos diferentes en el pretérito. **12 pts.**

> **modelo**
> ¡Hola, papá y mamá! ¿Cómo están? Esta semana fui a la librería y por fin compré el libro de Esmeralda Santiago que me recomendaron...

Práctica y Comunicación

1   **Completar y contestar**   Completa las preguntas con las formas apropiadas de los verbos de la lista y luego hazle las preguntas a un(a) compañero/a.

acompañar	estudiar	leer	oír	perder	ver
aprender	ir	llamar	pasar	recibir	volver

¿Cuándo fue la última vez que...

1. (tú) _____ un espectáculo de baile?
2. tus padres te _____ por teléfono?
3. (tú) _____ las llaves de tu casa?
4. tu mejor amigo/a te _____ a ir de compras?
5. nosotros _____ juntos para un examen?
6. (tú) _____ una mala nota?
7. tus amigos _____ a casa más temprano que tú?
8. (tú) _____ una novela?
9. tu familia y tú _____ el fin de semana juntos?
10. el/la profesor(a) _____ tarde a clase?

2   **Contestar**   Trabaja con un(a) compañero/a para formar preguntas completas. Luego, túrnense para hacerse las preguntas que crearon.

> **modelo**
>
> desayunar / esta mañana
>
> **Estudiante 1:** *¿Qué desayunaste esta mañana?*
> **Estudiante 2:** *Esta mañana desayuné cereales.*

1. comprar / la ropa que llevas hoy
2. llegar / a clase hoy
3. salir a divertirte / el fin de semana pasado
4. jugar / tu último partido
5. sentirse triste / por última vez
6. ir / en tus últimas vacaciones

3   **Completar y combinar**   En parejas, túrnense para completar las frases con el pretérito de los verbos. Luego inventen un complemento para crear oraciones lógicas.

> **modelo**
>
> cuando los estudiantes / sentarse / comenzar / la lección
> *Cuando los estudiantes se sentaron, comenzó la lección.*

1. cuando yo / cumplir / dieciocho años
2. el/la estudiante / abrir / el libro
3. yo / sentirse / decepcionado/a (*disappointed*)
4. cuando / mis padres / visitarme / por última vez
5. cuando nosotros / salir / de casa
6. mis hermanos/as / regalarme / un perrito
7. los muchachos / ser / amable

4   **En el parque** En parejas, túrnense para describir lo que hicieron (*did*) estas personas en el parque el sábado pasado.

1. _____   2. _____

3. _____   4. _____

5. _____   6. _____

5   **Encuesta** Circula por la clase preguntando a tus compañeros si hicieron estas actividades la semana pasada. Trata de encontrar personas que respondan **sí** o **no** a cada pregunta y escribe sus nombres en la columna correcta. Prepárate para compartir tus conclusiones con la clase.

> **modelo**
>
> **Tú:** ¿Hablaste por teléfono con tus padres la semana pasada?
> **Pepe:** Sí, hablé por teléfono con mis padres el sábado.
> **Victoria:** No, no hablé por teléfono con mis padres la semana pasada.

Actividades	Sí	No
1. hablar por teléfono con sus padres	Pepe	Victoria
2. leer las noticias por Internet		
3. comer en un restaurante elegante		
4. ver deportes en la televisión		
5. practicar español		
6. reunirse con los amigos en el parque		

6   **Escribir** Escribe una entrada en tu diario contando adónde fuiste y qué hiciste (*you did*) durante el verano pasado. Usa por lo menos (*at least*) seis verbos de las páginas 16 y 17.

La clase y la universidad

el/la compañero/a de clase	classmate
el/la compañero/a de cuarto	roommate
el/la estudiante	student
el/la profesor(a)	teacher
el borrador	eraser
la calculadora	calculator
el escritorio	desk
el libro	book
el mapa	map
la mesa	table
la mochila	backpack
el papel	paper
la papelera	wastebasket
la pizarra	blackboard
la pluma	pen
la puerta	door
el reloj	clock; watch
la silla	seat, chair
la tiza	chalk
la ventana	window
la biblioteca	library
la cafetería	cafeteria
la casa	house; home
el estadio	stadium
el laboratorio	laboratory
la librería	bookstore
la residencia estudiantil	dormitory
la universidad	university; college
la clase	class
el curso, la materia	course
la especialización	major
el examen	test; exam
el horario	schedule
la prueba	test; quiz
el semestre	semester
la tarea	homework
el trimestre	trimester; quarter

Palabras indefinidas y negativas

algo	something; anything
alguien	somebody; anyone
alguno/a(s), algún	some; any
o... o	either... or
siempre	always
también	also; too
nada	nothing; not anything
nadie	no one; nobody
ninguno/a, ningún	no; none, not any
ni... ni	neither... nor
nunca, jamás	never, not ever
tampoco	neither; not either

Las materias

la administración de empresas	business administration
la arqueología	archaeology
el arte	art
la biología	biology
las ciencias	sciences
la computación	computer science
la contabilidad	accounting
la economía	economics
el español	Spanish
la física	physics
la geografía	geography
la historia	history
las humanidades	humanities
el inglés	English
las lenguas extranjeras	foreign languages
la literatura	literature
las matemáticas	mathematics
la música	music
el periodismo	journalism
la psicología	psychology
la química	chemistry
la sociología	sociology

Preposiciones

al lado de	next to; beside
a la derecha de	to the right of
a la izquierda de	to the left of
en	in; on
cerca de	near
con	with
debajo de	below; under
delante de	in front of
detrás de	behind
encima de	on top of
entre	between; among
lejos de	far from
sin	without
sobre	on; over

Lugares

el café	café
el centro	downtown
el cine	movie theater
el gimnasio	gymnasium
la iglesia	church
el lugar	place
el museo	museum
el parque	park
la piscina	swimming pool
la plaza	city or town square
el restaurante	restaurant

Pasatiempos

andar en patineta	to skateboard
bucear	to scuba dive
escalar montañas (f. pl.)	to climb mountains
escribir una carta	to write a letter
escribir un mensaje electrónico	to write an e-mail message
esquiar	to ski
ganar	to win
hacer (wind)surf	to (wind)surf
ir de excursión	to go on a hike
leer correo electrónico	to read e-mail
leer un periódico	to read a newspaper
leer una revista	to read a magazine
nadar	to swim
pasear	to take a walk
pasear en bicicleta	to ride a bicycle
patinar (en línea)	to (in-line) skate
practicar deportes (m. pl.)	to play sports
tomar el sol	to sunbathe
ver películas (f. pl.)	to see movies
visitar monumentos (m. pl.)	to visit monuments
la diversión	fun activity; entertainment; recreation
el fin de semana	weekend
el pasatiempo	pastime; hobby
los ratos libres	spare (free) time
el videojuego	video game

Deportes

el baloncesto	basketball
el béisbol	baseball
el ciclismo	cycling
el equipo	team
el esquí (acuático)	(water) skiing
el fútbol	soccer
el fútbol americano	football
el golf	golf
el hockey	hockey
el/la jugador(a)	player
la natación	swimming
el partido	game; match
la pelota	ball
el tenis	tennis
el vóleibol	volleyball

For a complete list of related vocabulary go to **PANORAMA**, pp. 34, 68, 106, 138, 172, 208, 240

La comida

8

Communicative Goals

You will learn how to:
- Order food in a restaurant
- Talk about and describe food

A PRIMERA VISTA
- ¿Dónde está ella?
- ¿Qué hace?
- ¿Es parte de su rutina diaria?
- ¿Qué colores hay en la foto?

La comida

Más vocabulario

el/la camarero/a	waiter/waitress
la comida	food; meal
la cuenta	bill
el/la dueño/a	owner; landlord
los entremeses	hors d'oeuvres; appetizers
el menú	menu
el plato (principal)	(main) dish
la propina	tip
la sección de (no) fumar	(non) smoking section
el agua (mineral)	(mineral) water
la bebida	drink
la cerveza	beer
la leche	milk
el refresco	soft drink; soda
el ajo	garlic
las arvejas	peas
los cereales	cereal; grains
los frijoles	beans
el melocotón	peach
el pollo (asado)	(roast) chicken
el queso	cheese
el sándwich	sandwich
el yogur	yogurt
el aceite	oil
la margarina	margarine
la mayonesa	mayonnaise
el vinagre	vinegar
delicioso/a	delicious
sabroso/a	tasty; delicious
saber	to taste; to know
saber a	to taste like

Variación léxica

camarones ←→ gambas (Esp.)

camarero ←→ mesero (Amér. L.), mesonero (Ven.), mozo (Arg., Chile, Urug., Perú)

refresco ←→ gaseosa (Amér. C., Amér. S.)

Las frutas

la pera

la banana

las uvas

la naranja

el limón

el maíz

Las verduras

la lechuga

la cebolla

el champiñón

la zanahoria

el tomate

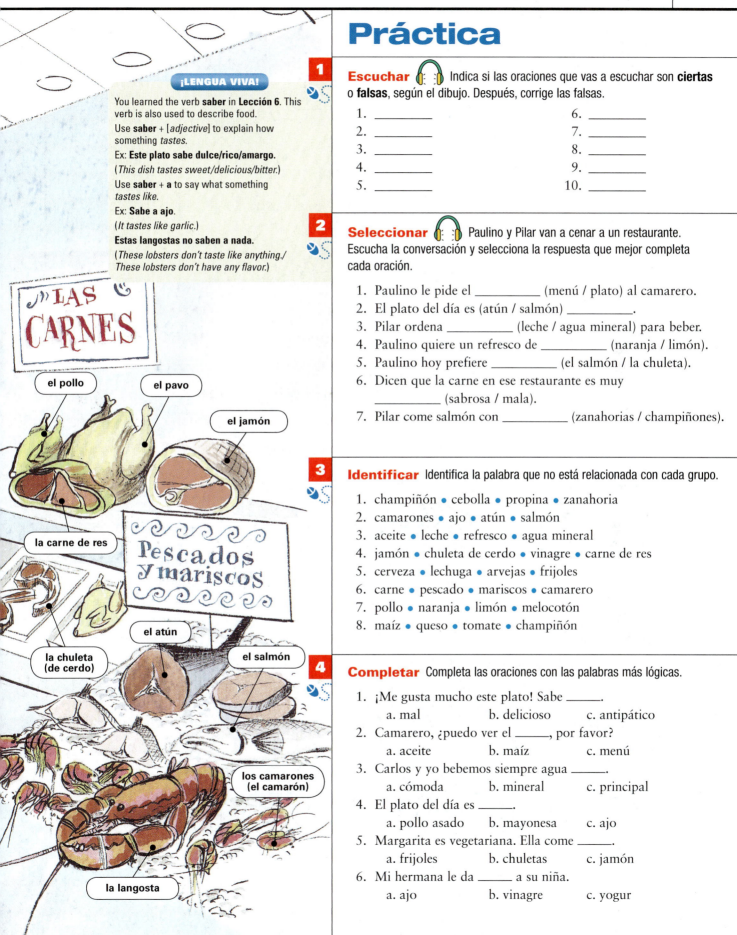

¡LENGUA VIVA!

You learned the verb **saber** in **Lección 6**. This verb is also used to describe food.

Use **saber** + [*adjective*] to explain how something *tastes*.

Ex: **Este plato sabe dulce/rico/amargo.**
(*This dish tastes sweet/delicious/bitter.*)

Use **saber** + **a** to say what something *tastes like*.

Ex: **Sabe a ajo.**
(*It tastes like garlic.*)

Estas langostas no saben a nada.
(*These lobsters don't taste like anything./ These lobsters don't have any flavor.*)

Práctica

1 Escuchar Indica si las oraciones que vas a escuchar son **ciertas** o **falsas**, según el dibujo. Después, corrige las falsas.

1. _____   6. _____
2. _____   7. _____
3. _____   8. _____
4. _____   9. _____
5. _____   10. _____

2 Seleccionar Paulino y Pilar van a cenar a un restaurante. Escucha la conversación y selecciona la respuesta que mejor completa cada oración.

1. Paulino le pide el _____ (menú / plato) al camarero.
2. El plato del día es (atún / salmón) _____.
3. Pilar ordena _____ (leche / agua mineral) para beber.
4. Paulino quiere un refresco de _____ (naranja / limón).
5. Paulino hoy prefiere _____ (el salmón / la chuleta).
6. Dicen que la carne en ese restaurante es muy _____ (sabrosa / mala).
7. Pilar come salmón con _____ (zanahorias / champiñones).

3 Identificar Identifica la palabra que no está relacionada con cada grupo.

1. champiñón • cebolla • propina • zanahoria
2. camarones • ajo • atún • salmón
3. aceite • leche • refresco • agua mineral
4. jamón • chuleta de cerdo • vinagre • carne de res
5. cerveza • lechuga • arvejas • frijoles
6. carne • pescado • mariscos • camarero
7. pollo • naranja • limón • melocotón
8. maíz • queso • tomate • champiñón

4 Completar Completa las oraciones con las palabras más lógicas.

1. ¡Me gusta mucho este plato! Sabe _____.
   a. mal   b. delicioso   c. antipático
2. Camarero, ¿puedo ver el _____, por favor?
   a. aceite   b. maíz   c. menú
3. Carlos y yo bebemos siempre agua _____.
   a. cómoda   b. mineral   c. principal
4. El plato del día es _____.
   a. pollo asado   b. mayonesa   c. ajo
5. Margarita es vegetariana. Ella come _____.
   a. frijoles   b. chuletas   c. jamón
6. Mi hermana le da _____ a su niña.
   a. ajo   b. vinagre   c. yogur

LAS CARNES

el pollo

el pavo

el jamón

la carne de res

Pescados y mariscos

la chuleta (de cerdo)

el atún

el salmón

los camarones (el camarón)

la langosta

el desayuno

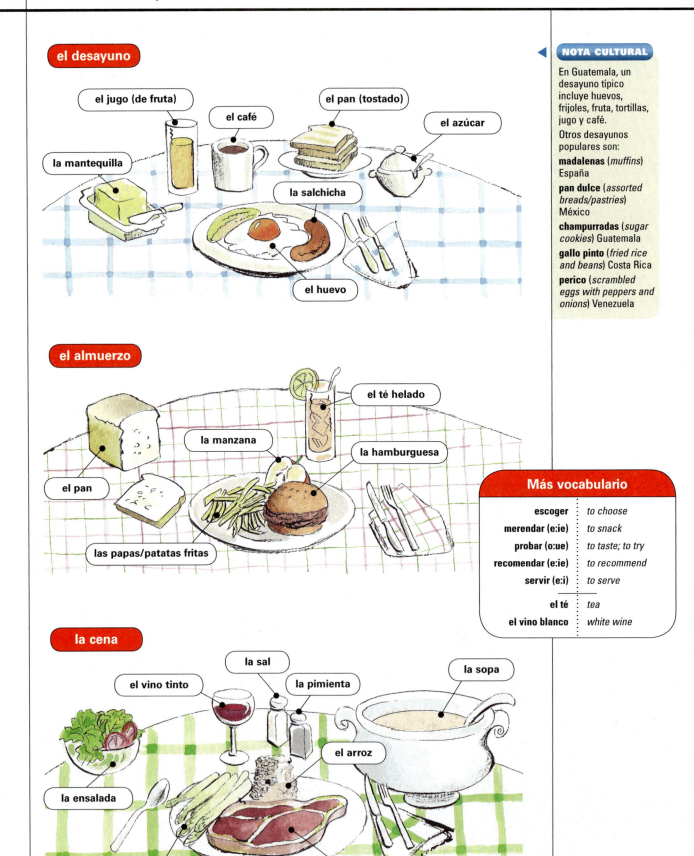

el jugo (de fruta)

el café

el pan (tostado)

el azúcar

la mantequilla

la salchicha

el huevo

NOTA CULTURAL

En Guatemala, un desayuno típico incluye huevos, frijoles, fruta, tortillas, jugo y café.

Otros desayunos populares son:

madalenas (*muffins*) España

pan dulce (*assorted breads/pastries*) México

champurradas (*sugar cookies*) Guatemala

gallo pinto (*fried rice and beans*) Costa Rica

perico (*scrambled eggs with peppers and onions*) Venezuela

el almuerzo

el té helado

la manzana

la hamburguesa

el pan

las papas/patatas fritas

Más vocabulario

escoger	*to choose*
merendar (e:ie)	*to snack*
probar (o:ue)	*to taste; to try*
recomendar (e:ie)	*to recommend*
servir (e:i)	*to serve*
el té	*tea*
el vino blanco	*white wine*

la cena

la sal

el vino tinto

la pimienta

la sopa

el arroz

la ensalada

los espárragos

el bistec

5

Completar Trabaja con un(a) compañero/a de clase para relacionar cada producto con el grupo alimenticio (*food group*) correcto.

> **modelo**
>
> _La carne_ es del grupo uno.

el aceite	las bananas	los cereales	la leche
el arroz	el café	los espárragos	el pescado
el azúcar	la carne	los frijoles	el vino

1. _____ y el queso son del grupo cuatro.
2. _____ son del grupo ocho.
3. _____ y el pollo son del grupo tres.
4. _____ es del grupo cinco.
5. _____ es del grupo dos.
6. Las manzanas y _____ son del grupo siete.
7. _____ es del grupo seis.
8. _____ son del grupo diez.
9. _____ y los tomates son del grupo nueve.
10. El pan y _____ son del grupo diez.

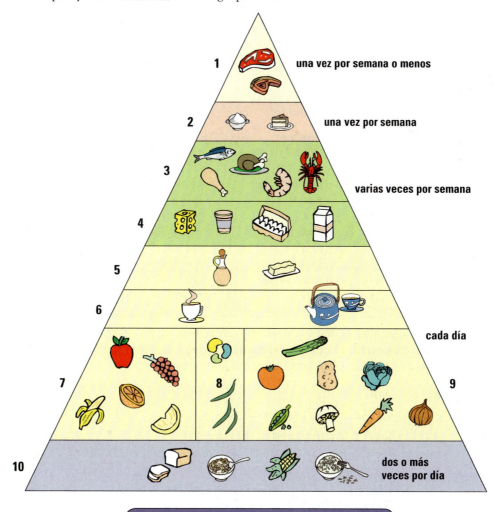

La Pirámide Alimenticia Latinoamericana

6 **¿Cierto o falso?** Consulta la Pirámide Alimenticia Latinoamericana de la página 245 e indica si lo que dice cada oración es **cierto** o **falso**. Si la oración es falsa, escribe las comidas que sí están en el grupo indicado.

> **modelo**
>
> El queso está en el grupo diez.
> *Falso. En ese grupo están el maíz, el pan, los cereales y el arroz.*

1. La manzana, la banana, el limón y las arvejas están en el grupo siete.

2. En el grupo cuatro están los huevos, la leche y el aceite.

3. El azúcar está en el grupo dos.

4. En el grupo diez están el pan, el arroz y el maíz.

5. El pollo está en el grupo uno.

6. En el grupo nueve están la lechuga, el tomate, las arvejas, la naranja, la papa, los espárragos y la cebolla.

7. El café y el té están en el mismo grupo.

8. En el grupo cinco está el arroz.

9. El pescado, el yogur y el bistec están en el grupo tres.

7 **Combinar** Combina palabras de cada columna, en cualquier (*any*) orden, para formar diez oraciones lógicas sobre las comidas. Añade otras palabras si es necesario.

> **modelo**
>
> La camarera nos sirve la ensalada.

A	B	C
el/la camarero/a	almorzar	la sección de no fumar
el/la dueño/a	escoger	el desayuno
mi familia	gustar	la ensalada
mi novio/a	merendar	las uvas
mis amigos y yo	pedir	el restaurante
mis padres	preferir	el jugo de naranja
mi hermano/a	probar	el refresco
el/la médico/a	recomendar	el plato
yo	servir	el arroz

NOTA CULTURAL

El arroz es un alimento básico en el Caribe, Centroamérica y México, entre otros países. Aparece frecuentemente como acompañamiento del plato principal y muchas veces se sirve con frijoles. Un plato muy popular en varios países es **el arroz con pollo** (*chicken and rice casserole*).

8 **Un menú** En parejas, usen la Pirámide Alimenticia Latinoamericana de la página 245 para crear un menú para una cena especial. Incluyan alimentos de los diez grupos para los entremeses, los platos principales y las bebidas. Luego presenten el menú a la clase.

> **modelo**
>
> *La cena especial que vamos a preparar es deliciosa. Primero, hay dos entremeses: ensalada César y sopa de langosta. El plato principal es salmón con salsa de ajo y espárragos. También vamos a servir arroz…*

Comunicación

9   **Conversación**   En parejas, túrnense para hacerse estas preguntas.

1. ¿Meriendas mucho durante el día? ¿Qué comes? ¿A qué hora?
2. ¿Qué te gusta cenar?
3. ¿A qué hora, dónde y con quién almuerzas?
4. ¿Cuáles son las comidas más (*most*) típicas de tu almuerzo?
5. ¿Desayunas? ¿Qué comes y bebes por la mañana?
6. ¿Qué comida te gusta más? ¿Qué comida no conoces y quieres probar?
7. ¿Comes cada día alimentos de los diferentes grupos de la pirámide alimenticia? ¿Cuáles son las comidas y bebidas más frecuentes en tu dieta?
8. ¿Qué comida recomiendas a tus amigos? ¿Por qué?
9. ¿Eres vegetariano/a? ¿Crees que ser vegetariano/a es una buena idea? ¿Por qué?
10. ¿Te gusta cocinar (*to cook*)? ¿Qué comidas preparas para tus amigos? ¿Para tu familia?

10   **Describir**   Con dos compañeros/as de clase, describe las dos fotos, contestando estas preguntas.

▶ ¿Quiénes están en las fotos?

▶ ¿Dónde están?

▶ ¿Qué hora es?

▶ ¿Qué comen y qué beben?

11   **Crucigrama**   Tu profesor(a) les va a dar a ti y a tu compañero/a un crucigrama (*crossword puzzle*) incompleto. Tú tienes las palabras que necesita tu compañero/a y él/ella tiene las palabras que tú necesitas. Tienen que darse pistas (*clues*) para completarlo. No pueden decir la palabra; deben utilizar definiciones, ejemplos y frases.

> **modelo**
>
> **6 vertical:** Es un condimento que normalmente viene con la sal.
>
> **12 horizontal:** Es una fruta amarilla.

Una cena... romántica

Maru y Miguel quieren tener una cena romántica, pero les espera una sorpresa.

PERSONAJES   MARU   MIGUEL

MARU No sé qué pedir. ¿Qué me recomiendas?

MIGUEL No estoy seguro. Las chuletas de cerdo se ven muy buenas.

MARU ¿Vas a pedirlas?

MIGUEL No sé.

MIGUEL ¡Qué bonitos! ¿Quién te los dio?

MARU Me los compró un chico muy guapo e inteligente.

MIGUEL ¿Es tan guapo como yo?

MARU Sí, como tú, guapísimo.

MIGUEL Por nosotros.

MARU Dos años.

(El camarero llega a la mesa.)

CAMARERO ¿Les gustaría saber nuestras especialidades del día?

MARU Sí, por favor.

CAMARERO Para el entremés, tenemos ceviche de camarón. De plato principal ofrecemos bistec con verduras a la plancha.

MARU Voy a probar el jamón.

CAMARERO Perfecto. ¿Y para usted, caballero?

MIGUEL Pollo asado con champiñones y papas, por favor.

CAMARERO Excelente.

(en otra parte del restaurante)

JUAN CARLOS Disculpe. ¿Qué me puede contar del pollo? ¿Dónde lo consiguió el chef?

CAMARERO ¡Oiga! ¿Qué está haciendo?

CAMARERO   **JUAN CARLOS**   **FELIPE**   **GERENTE**

7

FELIPE Los espárragos están sabrosísimos esta noche. Usted pidió el pollo, señor. Estos champiñones saben a mantequilla.

8

GERENTE ¿Qué pasa aquí, Esteban?

CAMARERO Lo siento señor. Me quitaron la comida.

GERENTE (*a Felipe*) Señor, ¿quién es usted? ¿Qué cree que está haciendo?

9

JUAN CARLOS Felipe y yo les servimos la comida a nuestros amigos. Pero desafortunadamente, salió todo mal.

FELIPE Soy el peor camarero del mundo. ¡Lo siento! Nosotros vamos a pagar la comida.

JUAN CARLOS ¿Nosotros?

10

FELIPE Todo esto fue idea tuya, Juan Carlos.

JUAN CARLOS ¿Mi idea? ¡Felipe! (*al gerente*) Señor, él es más responsable que yo.

GERENTE Tú y tú, vamos.

Expresiones útiles

Ordering food

¿Qué me recomiendas?
What do you recommend?
Las chuletas de cerdo se ven muy buenas.
The pork chops look good.
¿Les gustaría saber nuestras especialidades del día?
Would you like to hear our specials?
Para el entremés, tenemos ceviche de camarón.
For an appetizer, we have shrimp ceviche.
De plato principal ofrecemos bistec con verduras a la plancha.
For a main course, we have beef with grilled vegetables.
Voy a probar el jamón.
I am going to try the ham.

Describing people and things

¡Qué bonitos! ¿Quién te los dio?
How pretty! Who gave them to you?
Me los compró un chico muy guapo e inteligente.
A really handsome, intelligent guy bought them for me.
¿Es tan guapo como yo?
Is he as handsome as I am?
Sí, como tú, guapísimo.
Yes, like you, gorgeous.
Soy el peor camarero del mundo.
I am the worst waiter in the world.
Él es más responsable que yo.
He is more responsible than I am.

Additional vocabulary

el/la gerente *manager*
caballero *gentleman, sir*

recursos

VM
pp. 209–210

vhlcentral.com
Lección 8

¿Qué pasó?

1

Escoger Escoge la respuesta que completa mejor cada oración.

1. Miguel lleva a Maru a un restaurante para _____.
   a. almorzar   b. desayunar   c. cenar
2. El camarero les ofrece _____ como plato principal.
   a. ceviche de camarón   b. bistec con verduras a la plancha
   c. pescado, arroz y ensalada
3. Miguel va a pedir _____.
   a. pollo asado con champiñones y papas
   b. langosta al horno   c. pescado con verduras a la mantequilla
4. Felipe les lleva la comida a sus amigos y prueba _____.
   a. el jamón y los vinos   b. el atún y la lechuga
   c. los espárragos y los champiñones

NOTA CULTURAL

El **ceviche** es un plato típico de varios países hispanos como México, Perú y Costa Rica. En México, se prepara con pescado o mariscos frescos, jugo de limón, jitomate, cebolla, chile y cilantro. Se puede comer como plato fuerte, pero también como entremés o botana (*snack*). Casi siempre se sirve con tostadas (*fried tortillas*) o galletas saladas (*crackers*).

2

Identificar Indica quién puede decir estas oraciones.

1. Qué desastre. Soy un camarero muy malo.
2. Les recomiendo el bistec con verduras a la plancha.
3. Tal vez escoja las chuletas de cerdo, creo que son muy sabrosas.
4. ¿Qué pasa aquí?
5. Dígame las especialidades del día, por favor.
6. No fue mi idea. Felipe es más responsable que yo.

MARU
FELIPE   **JUAN CARLOS**

MIGUEL
CAMARERO   **GERENTE**

3

Preguntas Contesta estas preguntas sobre la **Fotonovela**.

1. ¿Por qué fueron Maru y Miguel a un restaurante?
2. ¿Qué entremés es una de las especialidades del día?
3. ¿Qué pidió Maru?
4. ¿Quiénes van a pagar la cuenta?

4

En el restaurante

1. Prepara con un(a) compañero/a una conversación en la que le preguntas si conoce algún buen restaurante en tu comunidad. Tu compañero/a responde que él/ella sí conoce un restaurante que sirve una comida deliciosa. Lo/La invitas a cenar y tu compañero/a acepta. Determinan la hora para verse en el restaurante y se despiden.

2. Trabaja con un(a) compañero/a para representar los papeles de un(a) cliente/a y un(a) camarero/a en un restaurante. El/La camarero/a te pregunta qué te puede servir y tú preguntas cuál es la especialidad de la casa. El/La camarero/a te dice cuál es la especialidad y te recomienda algunos platos del menú. Tú pides entremeses, un plato principal y escoges una bebida. El/La camarero/a te sirve la comida y tú le das las gracias.

CONSULTA

To review indefinite words like **algún**, see **Estructura 7.2**, p. 224.

 Practice more at **vhlcentral.com**.

Pronunciación

**Audio: Concepts, Activities
Record & Compare**

ll, ñ, c, and **z**

| **po**ll**o** | **ll**ave | e**ll**a | cebo**ll**a |

Most Spanish speakers pronounce the letter **ll** like the *y* in *yes*.

| ma**ñ**ana | se**ñ**or | ba**ñ**o | ni**ñ**a |

The letter **ñ** is pronounced much like the *ny* in *canyon*.

| **c**afé | **c**olombiano | **c**uando | ri**c**o |

Before **a**, **o**, or **u**, the Spanish **c** is pronounced like the *c* in *car*.

| **c**er**e**ales | deli**c**ioso | **c**ondu**c**ir | **c**ono**c**er |

Before **e** or **i**, the Spanish **c** is pronounced like the *s* in *sit*. (In parts of Spain, **c** before **e** or **i** is pronounced like the *th* in *think*.)

| **z**eta | **z**anahoria | almuer**z**o | cerve**z**a |

The Spanish **z** is pronounced like the *s* in *sit*. (In parts of Spain, **z** is pronounced like the *th* in *think*.)

 Práctica Lee las palabras en voz alta.

1. mantequilla
2. cuñada
3. aceite
4. manzana
5. español
6. cepillo
7. zapato
8. azúcar
9. quince
10. compañera
11. almorzar
12. calle

 Oraciones Lee las oraciones en voz alta.

1. Mi compañero de cuarto se llama Toño Núñez. Su familia es de la ciudad de Guatemala y de Quetzaltenango.
2. Dice que la comida de su mamá es deliciosa, especialmente su pollo al champiñón y sus tortillas de maíz.
3. Creo que Toño tiene razón porque hoy cené en su casa y quiero volver mañana para cenar allí otra vez.

Refranes Lee los refranes en voz alta.

*Panza llena,
corazón contento.*[2]

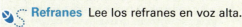

*Las apariencias
engañan.*[1]

[1] *Looks can be deceiving.*
[2] *A full belly makes a happy heart.*

recursos

LM
p. 44

vhlcentral.com
Lección 8

Additional Reading
Video: *Flash cultura*

Frutas y verduras de América

Imagínate una pizza sin salsa° de tomate o una hamburguesa sin papas fritas. Ahora piensa que quieres ver una película, pero las palomitas de maíz° y el chocolate no existen. ¡Qué mundo° tan insípido°! Muchas de las comidas más populares del mundo tienen ingredientes esenciales que son originarios del continente llamado Nuevo Mundo. Estas frutas y verduras no fueron introducidas en Europa sino hasta° el siglo° XVI.

El tomate, por ejemplo, era° usado como planta ornamental cuando llegó por primera vez a Europa porque pensaron que era venenoso°. El maíz, por su parte, era ya la base de la comida de muchos países latinoamericanos muchos siglos antes de la llegada de los españoles.

La papa fue un alimento° básico para los incas. Incluso consiguieron deshidratarla para almacenarla° por largos períodos de tiempo. El cacao (planta con la que se hace el chocolate) fue muy importante para los aztecas y los mayas. Ellos usaban sus semillas° como moneda° y como ingrediente de diversas salsas. También las molían° para preparar una bebida, mezclándolas° con agua ¡y con chile! El aguacate°, la guayaba°, la papaya, la piña y el maracuyá (o fruta de la pasión) son otros ejemplos de frutas originarias de América que son hoy día conocidas en todo el mundo.

Mole

¿En qué alimentos encontramos estas frutas y verduras?

Tomate: pizza, ketchup, salsa de tomate, sopa de tomate

Maíz: palomitas de maíz, tamales, tortillas, arepas (Colombia y Venezuela), pan

Papa: papas fritas, frituras de papa°, puré de papas°, sopa de papas, tortilla de patatas (España)

Cacao: mole (México), chocolatinas°, cereales, helados°, tartas°

Aguacate: guacamole (México), coctel de camarones, sopa de aguacate, nachos, enchiladas hondureñas

salsa *sauce* palomitas de maíz *popcorn* mundo *world* insípido *flavorless* hasta *until* siglo *century* era *was* venenoso *poisonous* alimento *food* almacenarla *to store it* semillas *seeds* moneda *currency* las molían *they used to grind them* mezclándolas *mixing them* aguacate *avocado* guayaba *guava* frituras de papa *chips* puré de papas *mashed potatoes* chocolatinas *chocolate bars* helados *ice cream* tartas *cakes*

ACTIVIDADES

1 **¿Cierto o falso?** Indica si lo que dicen las oraciones es **cierto** o **falso**. Corrige la información falsa.

1. El tomate se introdujo a Europa como planta ornamental.

2. Los incas sólo consiguieron almacenar las papas por poco tiempo.

3. Los aztecas y los mayas usaron las papas como moneda.

4. El maíz era una comida poco popular en Latinoamérica.

5. El aguacate era el alimento básico de los incas.

6. En México se hace una salsa con chocolate.

7. El aguacate, la guayaba, la papaya, la piña y el maracuyá son originarios de América.

8. Las arepas se hacen con cacao.

9. El aguacate es un ingrediente del cóctel de camarones.

10. En España hacen una tortilla con papas.

La comida

el banano (Col.), el cambur (Ven.), el guineo (Nic.), el plátano (Amér. L., Esp.)	la banana
el choclo (Amér. S.), el elote (Méx.), el jojoto (Ven.), la mazorca (Esp.)	*corncob*
las caraotas (Ven.), los porotos (Amér. S.), las habichuelas (P. R.)	los frijoles
el durazno (Méx.)	el melocotón
el jitomate (Méx.)	el tomate

Algunos platos típicos

- **Ceviche peruano:** Es un plato de pescado crudo° que se marina° en jugo de limón, con sal, pimienta, cebolla y ají°. Se sirve con lechuga, maíz, camote° y papa amarilla.

- **Gazpacho andaluz:** Es una sopa fría típica del sur de España. Se hace con verduras crudas y molidas°: tomate, ají, pepino° y ajo. También lleva pan, sal, aceite y vinagre.

- **Sancocho colombiano:** Es una sopa de pollo, pescado o carne con plátano, maíz, zanahoria, yuca, papas, cebolla, cilantro y ajo. Se sirve con arroz blanco.

crudo *raw* **se marina** *gets marinated* **ají** *pepper*
camote *sweet potato* **molidas** *mashed* **pepino** *cucumber*

Ferran Adrià: arte en la cocina°

¿Qué haces si un amigo te invita a comer croquetas líquidas o paella de *Kellogg's*? ¿Piensas que es una broma°? ¡Cuidado! Puedes estar perdiendo la oportunidad de probar los platos de uno de los chefs más innovadores del mundo°: **Ferran Adrià**.

Este artista de la cocina basa su éxito° en la creatividad y en la química. Adrià modifica combinaciones de ingredientes y juega con contrastes de gustos y sensaciones: frío-caliente, crudo-cocido°, dulce°-salado°...

Aire de zanahorias

A partir de nuevas técnicas, altera° la textura° de los alimentos sin alterar su sabor°. Sus platos sorprendentes° y divertidos atraen a muchos nuevos chefs a su academia de cocina experimental. Quizás un día compraremos° en el supermercado té esférico°, carne líquida y espuma° de tomate.

cocina *kitchen* **broma** *joke* **mundo** *world* **éxito** *success* **cocido** *cooked*
dulce *sweet* **salado** *savory* **sabor** *taste* **sorprendentes** *surprising*
compraremos *we will buy* **esférico** *spheric* **espuma** *foam*

Conexión Internet

¿Qué platos comen los hispanos en los Estados Unidos?

Go to **vhlcentral.com** to find more cultural information related to this **Cultura** section.

2 **Comprensión** Empareja cada palabra con su definición.

1. fruta amarilla
2. sopa típica de Colombia
3. ingrediente del ceviche
4. chef español

a. gazpacho
b. Ferran Adrià
c. sancocho
d. guineo
e. pescado

3 **¿Qué plato especial hay en tu región?** Escribe cuatro oraciones sobre un plato típico de tu región. Explica los ingredientes que contiene y cómo se sirve.

8.1 Preterite of stem-changing verbs

 **Tutorial**

ANTE TODO As you learned in **Lección 6**, **–ar** and **–er** stem-changing verbs have no stem change in the preterite. **–Ir** stem-changing verbs, however, do have a stem change. Study the following chart and observe where the stem changes occur.

CONSULTA

There are a few high-frequency irregular verbs in the preterite. You will learn more about them in **Estructura 9.1**, p. 286.

Preterite of –ir stem-changing verbs

		servir (to serve)	**dormir** (to sleep)
SINGULAR FORMS	yo	serví	dormí
	tú	serviste	dormiste
	Ud./él/ella	si**rvió**	du**rmió**
PLURAL FORMS	nosotros/as	servimos	dormimos
	vosotros/as	servisteis	dormisteis
	Uds./ellos/ellas	si**rvieron**	du**rmieron**

▶ Stem-changing **–ir** verbs, in the preterite only, have a stem change in the third-person singular and plural forms. The stem change consists of either **e** to **i** or **o** to **u**.

(e → i) pedir: p**i**dió, p**i**dieron   (o → u) morir (*to die*): m**u**rió, m**u**rieron

¿Quién pidió el jamón?

Yo lo pedí.

¡INTÉNTALO! Cambia cada infinitivo al pretérito.

1. Yo _serví, dormí, pedí..._ . (servir, dormir, pedir, preferir, repetir, seguir)

2. Usted _____. (morir, conseguir, pedir, sentirse, despedirse, vestirse)

3. Tú _____. (conseguir, servir, morir, pedir, dormir, repetir)

4. Ellas _____. (repetir, dormir, seguir, preferir, morir, servir)

5. Nosotros _____. (seguir, preferir, servir, vestirse, despedirse, dormirse)

6. Ustedes _____. (sentirse, vestirse, conseguir, pedir, despedirse, dormirse)

7. Él _____. (dormir, morir, preferir, repetir, seguir, pedir)

recursos

WB pp. 87–88

LM p. 45

vhlcentral.com Lección 8

Práctica

Completar Completa estas oraciones para describir lo que pasó anoche en el restaurante El Famoso.

1. Paula y Humberto Suárez llegaron al restaurante El Famoso a las ocho y _____ (seguir) al camarero a una mesa en la sección de no fumar.
2. El señor Suárez _____ (pedir) una chuleta de cerdo.
3. La señora Suárez _____ (preferir) probar los camarones.
4. De tomar, los dos _____ (pedir) vino tinto.
5. El camarero _____ (repetir) el pedido (*the order*) para confirmarlo.
6. La comida tardó mucho (*took a long time*) en llegar y los señores Suárez _____ (dormirse) esperando la comida.
7. A las nueve y media el camarero les _____ (servir) la comida.
8. Después de comer la chuleta, el señor Suárez _____ (sentirse) muy mal.
9. Pobre señor Suárez... ¿por qué no _____ (pedir) los camarones?

El camarero loco En el restaurante La Hermosa trabaja un camarero muy distraído que siempre comete muchos errores. Indica lo que los clientes pidieron y lo que el camarero les sirvió.

> **modelo**
> Armando / papas fritas
> *Armando pidió papas fritas, pero el camarero le sirvió maíz.*

1. nosotros / jugo de naranja

2. Beatriz / queso

3. tú / arroz

4. Elena y Alejandro / atún

5. usted / agua mineral

6. yo / hamburguesa

 Practice more at **vhlcentral.com.**

Comunicación

3

El almuerzo Trabajen en parejas. Túrnense para completar las oraciones de César de una manera lógica.

> **modelo**
>
> Mi compañero de cuarto se despertó temprano, pero yo…
>
> *Mi compañero de cuarto se despertó temprano, pero yo me desperté tarde.*

1. Yo llegué al restaurante a tiempo, pero mis amigos…
2. Beatriz pidió la ensalada de frutas, pero yo…
3. Yolanda les recomendó el bistec, pero Eva y Paco…
4. Nosotros preferimos las papas fritas, pero Yolanda…
5. El camarero sirvió la carne, pero yo…
6. Beatriz y yo pedimos café, pero Yolanda y Paco…
7. Eva se sintió enferma, pero Paco y yo…
8. Nosotros repetimos postre (*dessert*), pero Eva…
9. Ellos salieron tarde, pero yo…
10. Yo me dormí temprano, pero mi compañero de cuarto…

¡LENGUA VIVA!

In Spanish, the verb **repetir** is used to express *to have a second helping* (*of something*).

Cuando mi mamá prepara sopa de champiñones, yo siempre repito.

When my mom makes mushroom soup, I always have a second helping.

4

Entrevista Trabajen en parejas y túrnense para entrevistar a su compañero/a.

1. ¿Te acostaste tarde o temprano anoche? ¿A qué hora te dormiste? ¿Dormiste bien?
2. ¿A qué hora te despertaste esta mañana? Y, ¿a qué hora te levantaste?
3. ¿A qué hora vas a acostarte esta noche?
4. ¿Qué almorzaste ayer? ¿Quién te sirvió el almuerzo?
5. ¿Qué cenaste ayer?
6. ¿Cenaste en un restaurante recientemente? ¿Con quién(es)?
7. ¿Qué pediste en el restaurante? ¿Qué pidieron los demás?
8. ¿Se durmió alguien en alguna de tus clases la semana pasada? ¿En qué clase?

Síntesis

5

Describir En grupos, estudien la foto y las preguntas. Luego, describan la primera (¿y la última?) cita de César y Libertad.

▶ ¿Adónde salieron a cenar?

▶ ¿Qué pidieron?

▶ ¿Les gustó la comida?

▶ ¿Quién prefirió una cena vegetariana? ¿Por qué?

▶ ¿Cómo se vistieron?

▶ ¿De qué hablaron? ¿Les gustó la conversación?

▶ ¿Van a volver a verse? ¿Por qué?

CONSULTA

To review words commonly associated with the preterite, such as **anoche**, see **Estructura 6.3**, p. 191.

8.2 Double object pronouns Tutorial

ANTE TODO In **Lecciones 5** and **6**, you learned that direct and indirect object pronouns replace nouns and that they often refer to nouns that have already been referenced. You will now learn how to use direct and indirect object pronouns together. Observe the following diagram.

Indirect Object Pronouns			**Direct Object Pronouns**	
me	nos	**+**	lo	los
te	os		la	las
le (se)	les (se)			

▶ When direct and indirect object pronouns are used together, the indirect object pronoun always precedes the direct object pronoun.

     I.O.   D.O.   **DOUBLE OBJECT PRONOUNS**
La camarera **me** muestra **el menú**. → La camarera **me lo** muestra.
The waitress shows me the menu.   *The waitress shows it to me.*

   I.O.   D.O.   **DOUBLE OBJECT PRONOUNS**
Nos sirven **los platos**. → **Nos los** sirven.
They serve us the dishes.   *They serve them to us.*

     I.O.   D.O.   **DOUBLE OBJECT PRONOUNS**
Maribel **te** pidió **una hamburguesa**. → Maribel **te la** pidió.
Maribel ordered a hamburger for you.   *Maribel ordered it for you.*

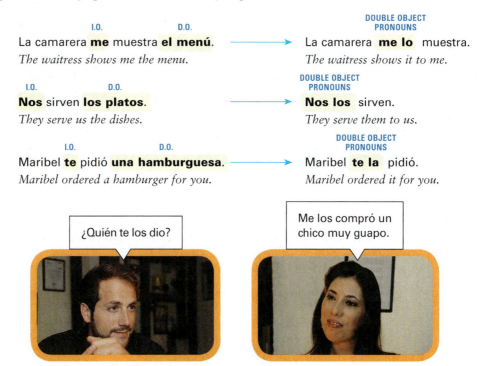

¿Quién te los dio?

Me los compró un chico muy guapo.

▶ In Spanish, two pronouns that begin with the letter **l** cannot be used together. Therefore, the indirect object pronouns **le** and **les** always change to **se** when they are used with **lo, los, la,** and **las**.

   I.O.   D.O.   **DOUBLE OBJECT PRONOUNS**
Le escribí **la carta**. → **Se la** escribí.
I wrote him the letter.   *I wrote it to him.*

   I.O.   D.O.   **DOUBLE OBJECT PRONOUNS**
Les sirvió **los sándwiches**. → **Se los** sirvió.
He served them the sandwiches.   *He served them to them.*

▶ Because **se** has multiple meanings, Spanish speakers often clarify to whom the pronoun refers by adding **a usted, a él, a ella, a ustedes, a ellos,** or **a ellas.**

> ¿El sombrero? Carlos **se** lo
> vendió **a ella.**
> *The hat? Carlos sold it to her.*

> ¿Las verduras? Ellos **se** las
> compran **a usted.**
> *The vegetables? They are buying them for you.*

▶ Double object pronouns are placed before a conjugated verb. With infinitives and present participles, they may be placed before the conjugated verb or attached to the end of the infinitive or present participle.

DOUBLE OBJECT
PRONOUNS
Te lo voy a mostrar.

DOUBLE OBJECT
PRONOUNS
Voy a mostrár**telo**.

DOUBLE OBJECT
PRONOUNS
Nos las están comprando.

DOUBLE OBJECT
PRONOUNS
Están comprándo**noslas**.

Mi abuelo **me lo** está leyendo.
Mi abuelo está leyéndo**melo**.

El camarero **se los** va a servir.
El camarero va a servír**selos**.

▶ As you can see above, when double object pronouns are attached to an infinitive or a present participle, an accent mark is added to maintain the original stress.

¡INTÉNTALO!   Escribe el pronombre de objeto directo o indirecto que falta en cada oración.

Objeto directo

1. ¿La ensalada? El camarero nos ___*la*___ sirvió.
2. ¿El salmón? La dueña me _____ recomienda.
3. ¿La comida? Voy a preparárte_____.
4. ¿Las bebidas? Estamos pidiéndose_____.
5. ¿Los refrescos? Te _____ puedo traer ahora.
6. ¿Los platos de arroz? Van a servírnos_____ después.

Objeto indirecto

1. ¿Puedes traerme tu plato? No, no ___*te*___ lo puedo traer.
2. ¿Quieres mostrarle la carta? Sí, voy a mostrár_____la ahora.
3. ¿Les serviste la carne? No, no _____ la serví.
4. ¿Vas a leerle el menú? No, no _____ lo voy a leer.
5. ¿Me recomiendas la langosta? Sí, _____ la recomiendo.
6. ¿Cuándo vas a prepararnos la cena? _____ la voy a preparar en una hora.

Práctica

1

Responder Imagínate que trabajas de camarero/a en un restaurante. Responde a los pedidos (*requests*) de estos clientes usando pronombres.

> **modelo**
>
> Sra. Gómez: Una ensalada, por favor.
> Sí, señora. Enseguida *(Right away)* se la traigo.

AYUDA

Here are some other useful expressions:

ahora mismo
right now

inmediatamente
immediately

¡A la orden!
At your service!

¡Ya voy!
I'm on my way!

1. Sres. López: La mantequilla, por favor.
2. Srta. Rivas: Los camarones, por favor.
3. Sra. Lugones: El pollo asado, por favor.
4. Tus compañeros/as de cuarto: Café, por favor.
5. Tu profesor(a) de español: Papas fritas, por favor.
6. Dra. González: La chuleta de cerdo, por favor.
7. Tu padre: Los champiñones, por favor.
8. Dr. Torres: La cuenta, por favor.

2

¿Quién? La señora Cevallos está planeando una cena. Se pregunta cómo va a resolver ciertas situaciones. En parejas, túrnense para decir lo que ella está pensando. Cambien los sustantivos subrayados por pronombres de objeto directo y hagan los otros cambios necesarios.

> **modelo**
>
> ¡No tengo carne! ¿Quién va a traerme <u>la carne</u> del supermercado? (mi esposo)
> Mi *esposo va a traérmela./Mi esposo me la va a traer.*

NOTA CULTURAL

Los vinos de Chile son conocidos internacionalmente. **Concha y Toro** es el productor y exportador más grande de vinos de Chile. Las zonas más productivas de vino están al norte de Santiago, en el Valle Central.

1. ¡Las invitaciones! ¿Quién les manda <u>las invitaciones</u> a los invitados (*guests*)? (mi hija)
2. No tengo tiempo de ir a la bodega. ¿Quién me puede comprar <u>el vino</u>? (mi hijo)
3. ¡Ay! No tengo suficientes platos (*plates*). ¿Quién puede prestarme <u>los platos</u> que necesito? (mi mamá)
4. Nos falta mantequilla. ¿Quién nos trae <u>la mantequilla</u>? (mi cuñada)
5. ¡Los entremeses! ¿Quién está preparándonos <u>los entremeses</u>? (Silvia y Renata)
6. No hay suficientes sillas. ¿Quién nos trae <u>las sillas</u> que faltan? (Héctor y Lorena)
7. No tengo tiempo de pedirle el aceite a Mónica. ¿Quién puede pedirle <u>el aceite</u>? (mi hijo)
8. ¿Quién va a servirles <u>la cena</u> a los invitados? (mis hijos)
9. Quiero poner buena música de fondo (*background*). ¿Quién me va a recomendar <u>la música</u>? (mi esposo)
10. ¡Los postres! ¿Quién va a preparar <u>los postres</u> para los invitados? (Sra. Villalba)

Comunicación

3

Contestar Trabajen en parejas. Túrnense para hacer preguntas, usando las palabras interrogativas **¿Quién?** o **¿Cuándo?**, y para responderlas. Sigan el modelo.

> **modelo**
>
> nos enseña español
> **Estudiante 1:** ¿Quién nos enseña español?
> **Estudiante 2:** La profesora Camacho nos lo enseña.

1. te puede explicar (*explain*) la tarea cuando no la entiendes
2. les vende el almuerzo a los estudiantes
3. vas a comprarme boletos (*tickets*) para un concierto
4. te escribe mensajes de texto
5. nos prepara los entremeses
6. me vas a prestar tu computadora
7. te compró esa bebida
8. nos va a recomendar el menú de la cafetería
9. le enseñó español al/a la profesor(a)
10. me vas a mostrar tu casa o apartamento

4

Preguntas En parejas, túrnense para hacerse estas preguntas.

> **modelo**
>
> **Estudiante 1:** ¿Les prestas tu casa a tus amigos? ¿Por qué?
> **Estudiante 2:** No, no se la presto a mis amigos porque no son muy responsables.

1. ¿Me prestas tu auto? ¿Ya le prestaste tu auto a otro/a amigo/a?
2. ¿Quién te presta dinero cuando lo necesitas?
3. ¿Les prestas dinero a tus amigos? ¿Por qué?
4. ¿Nos compras el almuerzo a mí y a los otros compañeros de clase?
5. ¿Les mandas correo electrónico a tus amigos? ¿Y a tu familia?
6. ¿Les das regalos a tus amigos? ¿Cuándo?
7. ¿Quién te va a preparar la cena esta noche?
8. ¿Quién te va a preparar el desayuno mañana?

Síntesis

5

Regalos de Navidad Tu profesor(a) te va a dar a ti y a un(a) compañero/a una parte de la lista de los regalos de Navidad (*Christmas gifts*) que Berta pidió y los regalos que sus parientes le compraron. Conversen para completar sus listas.

> **modelo**
>
> **Estudiante 1:** ¿Qué le pidió Berta a su mamá?
> **Estudiante 2:** Le pidió una computadora. ¿Se la compró?
> **Estudiante 1:** Sí, se la compró.

8.3 # Comparisons **Tutorial**

ANTE TODO
Both Spanish and English use comparisons to indicate which of two people or things has a lesser, equal, or greater degree of a quality.

Comparisons

menos interesante
less interesting

más grande
bigger

tan sabroso como
as delicious as

Comparisons of inequality

▶ Comparisons of inequality are formed by placing **más** (*more*) or **menos** (*less*) before adjectives, adverbs, and nouns and **que** (*than*) after them.

$$\text{más/menos} + \begin{bmatrix} adjective \\ adverb \\ noun \end{bmatrix} + \text{que}$$

▶ **¡Atención!** Note that while English has a comparative form for short adjectives (*taller*), such forms do not exist in Spanish (**más** alto).

adjectives

Los bistecs son **más caros que** el pollo.
Steaks are more expensive than chicken.

Estas uvas son **menos ricas que** esa pera.
These grapes are less tasty than that pear.

adverbs

Me acuesto **más tarde que** tú.
I go to bed later than you (do).

Luis se despierta **menos temprano que** yo.
Luis wakes up less early than I (do).

nouns

Juan prepara **más platos que** José.
Juan prepares more dishes than José (does).

Susana come **menos carne que** Enrique.
Susana eats less meat than Enrique (does).

La ensalada es menos cara que la sopa.

¿El pollo es más rico que el jamón?

▶ When the comparison involves a numerical expression, **de** is used before the number instead of **que**.

Hay más **de** cincuenta naranjas.
There are more than fifty oranges.

Llego en menos **de** diez minutos.
I'll be there in less than ten minutes.

▶ With verbs, this construction is used to make comparisons of inequality.

$$\begin{bmatrix} verb \end{bmatrix} + \text{más/menos que}$$

Mis hermanos **comen más que** yo.
My brothers eat more than I (do).

Arturo **duerme menos que** su padre.
Arturo sleeps less than his father (does).

Comparisons of equality

▶ This construction is used to make comparisons of equality.

tan + [*adjective* / *adverb*] + **como**   **tanto/a(s)** + [*singular noun* / *plural noun*] + **como**

> ¿Es tan guapo como yo?

> ¿Aquí vienen tantos mexicanos como extranjeros?

▶ **¡Atención!** Note that unlike **tan**, **tanto** acts as an adjective and therefore agrees in number and gender with the noun it modifies.

Estas uvas son **tan ricas como** aquéllas.	Yo probé **tantos platos como** él.
These grapes are as tasty as those ones (are).	*I tried as many dishes as he did.*

▶ **Tan** and **tanto** can also be used for emphasis, rather than to compare, with these meanings: **tan** *so*, **tanto** *so much*, **tantos/as** *so many*.

¡Tu almuerzo es **tan** grande!	¡Comes **tantas** manzanas!
Your lunch is so big!	*You eat so many apples!*
¡Comes **tanto**!	¡Preparan **tantos** platos!
You eat so much!	*They prepare so many dishes!*

▶ Comparisons of equality with verbs are formed by placing **tanto como** after the verb. Note that in this construction **tanto** does not change in number or gender.

[*verb*] + **tanto como**

Tú viajas **tanto como** mi tía.	Ellos hablan **tanto como** mis hermanas.
You travel as much as my aunt (does).	*They talk as much as my sisters.*

Sabemos **tanto como** ustedes.	No estudio **tanto como** Felipe.
We know as much as you (do).	*I don't study as much as Felipe (does).*

Irregular comparisons

▶ Some adjectives have irregular comparative forms.

Irregular comparative forms			
Adjective		**Comparative form**	
bueno/a	*good*	**mejor**	*better*
malo/a	*bad*	**peor**	*worse*
grande	*big*	**mayor**	*bigger*
pequeño/a	*small*	**menor**	*smaller*
joven	*young*	**menor**	*younger*
viejo/a	*old*	**mayor**	*older*

CONSULTA

To review how descriptive adjectives like **bueno**, **malo**, and **grande** shorten before nouns, see **Estructura 3.1**, p. 82.

▶ When **grande** and **pequeño/a** refer to age, the irregular comparative forms, **mayor** and **menor**, are used. However, when these adjectives refer to size, the regular forms, **más grande** and **más pequeño/a**, are used.

Yo soy **menor** que tú.
I'm younger than you.

Pedí un plato **más pequeño**.
I ordered a smaller dish.

Nuestro hijo es **mayor** que
el hijo de los Andrade.
Our son is older than the Andrades' son.

La ensalada de Isabel es **más grande**
que ésa.
Isabel's salad is bigger than that one.

▶ The adverbs **bien** and **mal** have the same irregular comparative forms as the adjectives **bueno/a** and **malo/a**.

Julio nada **mejor** que los otros chicos.
Julio swims better than the other boys.

Ellas cantan **peor** que las otras chicas.
They sing worse than the other girls.

¡INTÉNTALO!   Escribe el equivalente de las palabras en inglés.

recursos

WB
pp. 91–92

LM
p. 47

S
vhlcentral.com
Lección 8

1. Ernesto mira más televisión ___que___ (*than*) Alberto.
2. Tú eres _____ (*less*) simpático que Federico.
3. La camarera sirve _____ (*as much*) carne como pescado.
4. Recibo _____ (*more*) propinas que tú.
5. No estudio _____ (*as much as*) tú.
6. ¿Sabes jugar al tenis tan bien _____ (*as*) tu hermana?
7. ¿Puedes beber _____ (*as many*) refrescos como yo?
8. Mis amigos parecen _____ (*as*) simpáticos como ustedes.

Práctica

1 **Escoger** Escoge la palabra correcta para comparar a dos hermanas muy diferentes. Haz los cambios necesarios.

1. Lucila es más alta y más bonita _____ Tita. (de, más, menos, que)
2. Tita es más delgada porque come _____ verduras que su hermana. (de, más, menos, que)
3. Lucila es más _____ que Tita porque es alegre. (listo, simpático, bajo)
4. A Tita le gusta comer en casa. Va a _____ restaurantes que su hermana. (más, menos, que) Es tímida, pero activa. Hace _____ ejercicio (*exercise*) que su hermana. (más, tanto, menos) Todos los días toma más _____ cinco vasos (*glasses*) de agua mineral. (que, tan, de)
5. Lucila come muchas papas fritas y se preocupa _____ que Tita por comer frutas. (de, más, menos) ¡Son _____ diferentes! Pero se llevan (*they get along*) muy bien. (como, tan, tanto)

2 **Emparejar** Compara a Mario y a Luis, los novios de Lucila y Tita, completando las oraciones de la columna A con las palabras o frases de la columna B.

A	**B**
1. Mario es _____ como Luis.	tantas
2. Mario viaja tanto _____ Luis.	diferencia
3. Luis toma _____ clases de cocina (*cooking*) como Mario.	tan interesante
4. Luis habla _____ tan bien como Mario.	amigos extranjeros
5. Mario tiene tantos _____ como Luis.	como
6. ¡Qué casualidad (*coincidence*)! Mario y Luis también son hermanos, pero no hay tanta _____ entre ellos como entre Lucila y Tita.	francés

3 **Oraciones** Combina elementos de las columnas A, B y C para hacer comparaciones. Escribe oraciones completas.

> **modelo**
>
> Arnold Schwarzenegger tiene tantos autos como Jennifer Aniston.
> Jennifer Aniston es menos musculosa que Arnold Schwarzenegger.

A	**B**	**C**
la comida japonesa	costar	la gente de Montreal
el fútbol	saber	la música *country*
Arnold Schwarzenegger	ser	el brócoli
el pollo	tener	el presidente de los EE.UU.
la gente de Vancouver	¿?	la comida italiana
la primera dama (*lady*) de los EE.UU.		el hockey
las universidades privadas		Jennifer Aniston
las espinacas		las universidades públicas
la música rap		la carne de res

Practice more at **vhlcentral.com.**

Comunicación

4

Intercambiar En parejas, hagan comparaciones sobre diferentes cosas. Pueden usar las sugerencias de la lista u otras ideas.

▶ **modelo**

Estudiante 1: *Los pollos de Pollitos del Corral son muy ricos.*

Estudiante 2: *Pues yo creo que los pollos de Rostipollos son tan buenos como los pollos de Pollitos del Corral.*

Estudiante 1: *Ummm... no tienen tanta mantequilla como los pollos de Pollitos del Corral. Tienes razón. Son muy sabrosos.*

restaurantes en tu ciudad/pueblo
cafés en tu comunidad
tiendas en tu ciudad/pueblo

periódicos en tu ciudad/pueblo
revistas favoritas
libros favoritos

comidas favoritas
los profesores
los cursos que toman

5

Conversar En grupos, túrnense para hacer comparaciones entre ustedes mismos (*yourselves*) y una persona de cada categoría de la lista.

▶ una persona de tu familia

▶ un(a) amigo/a especial

▶ una persona famosa

Síntesis

6

La familia López En grupos, túrnense para hablar de Sara, Sabrina, Cristina, Ricardo y David y hacer comparaciones entre ellos.

modelo

Estudiante 1: *Sara es tan alta como Sabrina.*

Estudiante 2: *Sí, pero David es más alto que ellas.*

Estudiante 3: *En mi opinión, él es guapo también.*

8.4 Superlatives Tutorial

ANTE TODO Both English and Spanish use superlatives to express the highest or lowest degree of a quality.

el/la mejor	**el/la peor**	**el/la más alto/a**
the best	*the worst*	*the tallest*

▶ This construction is used to form superlatives. Note that the noun is always preceded by a definite article and that **de** is equivalent to the English *in* or *of*.

$$\text{el/la/los/las} + \boxed{noun} + \text{más/menos} + \boxed{adjective} + \text{de}$$

▶ The noun can be omitted if the person, place, or thing referred to is clear.

¿El restaurante Las Delicias?
 Es **el más elegante** de la ciudad.
 The restaurant Las Delicias?
  It's the most elegant (one) in the city.

Recomiendo el pollo asado.
 Es **el más sabroso** del menú.
 I recommend the roast chicken.
  It's the most delicious on the menu.

▶ Here are some irregular superlative forms.

Irregular superlatives

Adjective		Superlative form	
bueno/a	*good*	**el/la mejor**	*(the) best*
malo/a	*bad*	**el/la peor**	*(the) worst*
grande	*big*	**el/la mayor**	*(the) biggest*
pequeño/a	*small*	**el/la menor**	*(the) smallest*
joven	*young*	**el/la menor**	*(the) youngest*
viejo/a	*old*	**el/la mayor**	*(the) eldest*

▶ The absolute superlative is equivalent to *extremely, super,* or *very*. To form the absolute superlative of most adjectives and adverbs, drop the final vowel, if there is one, and add **-ísimo/a(s)**.

malo ⟶ mal- ⟶ **malísimo**

mucho ⟶ much- ⟶ **muchísimo**

¡El bistec está **malísimo**!

Comes **muchísimo**.

▶ Note these spelling changes.

rico ⟶ **riquísimo**   largo ⟶ **larguísimo**   feliz ⟶ **felicísimo**

fácil ⟶ **facilísimo**   joven ⟶ **jovencísimo**   trabajador ⟶ **trabajadorcísimo**

¡ATENCIÓN!

While **más** alone means *more*, after **el, la, los** or **las**, it means *most*. Likewise, **menos** can mean *less* or *least*.

Es **el café más rico del** país.

It's the most delicious coffee in the country.

Es **el menú menos caro de** todos éstos.

It is the least expensive menu of all of these.

CONSULTA

The rule you learned in **Estructura 8.3** (p. 263) regarding the use of **mayor/menor** with age, but not with size, is also true with superlative forms.

¡INTÉNTALO! Escribe el equivalente de las palabras en inglés.

1. Marisa es <u>la más inteligente</u> (*the most intelligent*) de todas.
2. Ricardo y Tomás son _____ (*the least boring*) de la fiesta.
3. Miguel y Antonio son _____ (*the worst*) estudiantes de la clase.
4. Mi profesor de biología es _____ (*the oldest*) de la universidad.

recursos

WB
pp. 93–94

LM
p. 48

vhlcentral.com
Lección 8

Práctica y Comunicación

1 **El más...** Responde a las preguntas afirmativamente. Usa las palabras entre paréntesis.

> **modelo**
>
> El cuarto está sucísimo, ¿no? (residencia)
> *Sí, es el más sucio de la residencia.*

1. El almacén Velasco es buenísimo, ¿no? (centro comercial)
2. La silla de tu madre es comodísima, ¿no? (casa)
3. Ángela y Julia están nerviosísimas por el examen, ¿no? (clase)
4. Jorge es jovencísimo, ¿no? (mis amigos)

2 **Completar** Tu profesor(a) te va a dar una hoja de actividades con descripciones de José Valenzuela Carranza y Ana Orozco Hoffman. Completa las oraciones con las palabras de la lista.

altísima	del	mayor	peor
atlética	guapísimo	mejor	periodista
bajo	la	menor	trabajadorcísimo
de	más	Orozco	Valenzuela

1. José tiene 22 años; es el _____ y el más _____ de su familia. Es _____ y _____. Es el mejor _____ de la ciudad y el _____ jugador de baloncesto.
2. Ana es la más _____ y _____ mejor jugadora de baloncesto del estado. Es la _____ de sus hermanos (tiene 28 años) y es _____. Estudió la profesión _____ difícil _____ todas: medicina.
3. Jorge es el _____ jugador de videojuegos de su familia.
4. Mauricio es el menor de la familia _____.
5. El abuelo es el _____ de todos los miembros de la familia Valenzuela.
6. Fifí es la perra más antipática _____ mundo.

3 **Superlativos** Trabajen en parejas para hacer comparaciones. Usen los superlativos.

> **modelo**
>
> Angelina Jolie, Bill Gates, Jimmy Carter
> **Estudiante 1:** *Bill Gates es el más rico de los tres.*
> **Estudiante 2:** *Sí, ¡es riquísimo! Y Jimmy Carter es el mayor de los tres.*

1. Guatemala, Argentina, España
2. Jaguar, Prius, Smart
3. la comida mexicana, la comida francesa, la comida árabe
4. Paris Hilton, Meryl Streep, Katie Holmes
5. Ciudad de México, Buenos Aires, Nueva York
6. *Don Quijote de la Mancha, Cien años de soledad, Como agua para chocolate*
7. el fútbol americano, el golf, el béisbol
8. las películas románticas, las películas de acción, las películas cómicas

 Practice more at **vhlcentral.com.**

Recapitulación

S Concepts Diagnostics

Completa estas actividades para repasar los conceptos de gramática que aprendiste en esta lección.

1 **Completar** Completa la tabla con la forma correcta del pretérito. **9 pts.**

Infinitive	yo	usted	ellos
dormir			
servir			
vestirse			

2 **La cena** Completa la conversación con el pretérito de los verbos. **7 pts.**

PAULA ¡Hola, Daniel! ¿Qué tal el fin de semana?

DANIEL Muy bien. Marta y yo (1) _____ (conseguir) hacer muchas cosas, pero lo mejor fue la cena del sábado.

PAULA Ah, ¿sí? ¿Adónde fueron?

DANIEL Al restaurante Vistahermosa. Es elegante, así que (nosotros) (2) _____ (vestirse) bien.

PAULA Y, ¿qué platos (3) _____ (pedir, ustedes)?

DANIEL Yo (4) _____ (pedir) camarones y Marta (5) _____ (preferir) el pollo. Y al final, el camarero nos (6) _____ (servir) flan.

PAULA ¡Qué rico!

DANIEL Sí. Pero después de la cena Marta no (7) _____ (sentirse) bien.

3 **Camareros** Genaro y Úrsula son camareros en un restaurante. Completa la conversación que tienen con su jefe usando pronombres. **8 pts.**

JEFE Úrsula, ¿le ofreciste agua fría al cliente de la mesa 22?

ÚRSULA Sí, (1) _____ de inmediato.

JEFE Genaro, ¿los clientes de la mesa 5 te pidieron ensaladas?

GENARO Sí, (2) _____.

ÚRSULA Genaro, ¿recuerdas si ya me mostraste los vinos nuevos?

GENARO Sí, ya (3) _____.

JEFE Genaro, ¿van a pagarte la cuenta los clientes de la mesa 5?

GENARO Sí, (4) _____ ahora mismo.

RESUMEN GRAMATICAL

8.1 **Preterite of stem-changing verbs** *p. 254*

servir	dormir
serví	dormí
serviste	dormiste
sirvió	durmió
servimos	dormimos
servisteis	dormisteis
sirvieron	durmieron

8.2 **Double object pronouns** *pp. 257–258*

Indirect Object Pronouns: me, te, le (se), nos, os, les (se)

Direct Object Pronouns: lo, la, los, las

Le escribí **la carta.** → **Se la** escribí.

Nos van a servir **los platos.** → **Nos los** van a servir./ Van a servír**noslos**.

8.3 **Comparisons** *pp. 261–263*

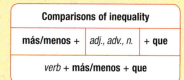

Comparisons of inequality		
más/menos +	*adj., adv., n.*	+ que
verb + **más/menos** + que		

Comparisons of equality		
tan +	*adj., adv.*	+ **como**
tanto/a(s) +	*noun*	+ **como**
verb + **tanto como**		

Irregular comparative forms	
bueno/a	mejor
malo/a	peor
grande	mayor
pequeño/a	menor
joven	menor
viejo/a	mayor

8.4 Superlatives   *p. 266*

el/la/ los/las +	*noun*	+ más/ menos +	*adjective*	+ de

▶ Irregular superlatives follow the same pattern as irregular comparatives.

4   **El menú** Observa el menú y sus características. Completa las oraciones basándote en los elementos dados. Usa comparativos y superlativos. **14 pts.**

Ensaladas	*Precio*	*Calorías*
Ensalada de tomates	$9.00	170
Ensalada de mariscos	$12.99	325
Ensalada de zanahorias	$9.00	200

Platos principales		
Pollo con champiñones	$13.00	495
Cerdo con papas	$10.50	725
Atún con espárragos	$18.95	495

1. ensalada de mariscos / otras ensaladas / costar
   La ensalada de mariscos _____ las otras ensaladas.
2. pollo con champiñones / cerdo con papas / calorías
   El pollo con champiñones tiene _____ el cerdo con papas.
3. atún con espárragos / pollo con champiñones / calorías
   El atún con espárragos tiene _____ el pollo con champiñones.
4. ensalada de tomates / ensalada de zanahorias / caro
   La ensalada de tomates es _____ la ensalada de zanahorias.
5. cerdo con papas / platos principales / caro
   El cerdo con papas es _____ los platos principales.
6. ensalada de zanahorias / ensalada de tomates / costar
   La ensalada de zanahorias _____ la ensalada de tomates.
7. ensalada de mariscos / ensaladas / caro
   La ensalada de mariscos es _____ las ensaladas.

5   **Dos restaurantes** ¿Cuál es el mejor restaurante que conoces? ¿Y el peor? Escribe un párrafo de por lo menos (*at least*) seis oraciones donde expliques por qué piensas así. Puedes hablar de la calidad de la comida, el ambiente, los precios, el servicio, etc. **12 pts.**

6 **Adivinanza** Completa la adivinanza y adivina la respuesta. **¡2 puntos EXTRA!**

" En el campo yo nací°,
mis hermanos son
los _____ (*garlic, pl.*),
y aquél que llora° por mí
me está partiendo°
en pedazos°. **"**
¿Quién soy? _____

nací *was born* llora *cries* partiendo *cutting* pedazos *pieces*

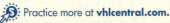 Practice more at **vhlcentral.com**.

Lectura

Antes de leer

Estrategia

Reading for the main idea

As you know, you can learn a great deal about a reading selection by looking at the format and looking for cognates, titles, and subtitles. You can skim to get the gist of the reading selection and scan it for specific information. Reading for the main idea is another useful strategy; it involves locating the topic sentences of each paragraph to determine the author's purpose for writing a particular piece. Topic sentences can provide clues about the content of each paragraph, as well as the general organization of the reading. Your choice of which reading strategies to use will depend on the style and format of each reading selection.

Examinar el texto

En esta sección tenemos dos textos diferentes. ¿Qué estrategias puedes usar para leer la crítica culinaria°? ¿Cuáles son las apropiadas para familiarizarte con el menú? Utiliza las estrategias más eficaces° para cada texto. ¿Qué tienen en común? ¿Qué tipo de comida sirven en el restaurante?

Identificar la idea principal

Lee la primera frase de cada párrafo de la crítica culinaria del restaurante **La feria del maíz.** Apunta° el tema principal de cada párrafo. Luego lee todo el primer párrafo. ¿Crees que el restaurante le gustó al autor de la crítica culinaria? ¿Por qué? Ahora lee la crítica entera. En tu opinión, ¿cuál es la idea principal de la crítica? ¿Por qué la escribió el autor? Compara tus opiniones con las de un(a) compañero/a.

crítica culinaria *restaurant review* eficaces *efficient*
Apunta *Jot down*

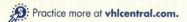
MENÚ

Entremeses

Tortilla servida con
• Ajiaceite (chile, aceite) • Ajicomino (chile, comino)

Pan tostado servido con
• Queso frito a la pimienta • Salsa de ajo y mayonesa

Sopas
• Tomate • Cebolla • Verduras • Pollo y huevo
• Carne de res • Mariscos

Entradas

Tomaticán
(tomate, papas, maíz, chile, arvejas y zanahorias)

Tamales
(maíz, azúcar, ajo, cebolla)

Frijoles enchilados
(frijoles negros, carne de cerdo o de res, arroz, chile)

Chilaquil
(tortilla de maíz, queso, hierbas y chile)

Tacos
(tortillas, pollo, verduras y salsa)

Cóctel de mariscos
(camarones, langosta, vinagre, sal, pimienta, aceite)

Postres°
• Plátanos caribeños • Cóctel de frutas al ron°
• Uvate (uvas, azúcar de caña y ron) • Flan napolitano
• Helado° de piña y naranja • Pastel° de yogur

Después de leer

Preguntas

En parejas, contesten estas preguntas sobre la crítica culinaria de **La feria del maíz.**

1. ¿Quién es el dueño y chef de **La feria del maíz**?

2. ¿Qué tipo de comida se sirve en el restaurante?

3. ¿Cuál es el problema con el servicio?

4. ¿Cómo es el ambiente del restaurante?

5. ¿Qué comidas probó el autor?

6. ¿Quieren ir ustedes al restaurante **La feria del maíz**? ¿Por qué?

23F

Gastronomía   Por Eduardo Fernández

La feria del maíz

Sobresaliente°. En el nuevo restaurante **La feria del maíz** va a encontrar la perfecta combinación entre la comida tradicional y el encanto° de la vieja ciudad de Antigua. Ernesto Sandoval, antiguo jefe de cocina° del famoso restaurante **El fogón**, está teniendo mucho éxito° en su nueva aventura culinaria.

El gerente°, el experimentado José Sierra, controla a la perfección la calidad del servicio. El camarero que me atendió esa noche fue muy amable en todo momento. Sólo hay que comentar que,

La feria del maíz
13 calle 4-41 Zona 1
La Antigua, Guatemala
2329912

lunes a sábado
10:30am-11:30pm
domingo 10:00am-10:00pm

Comida ⍿⍿⍿⍿⍿

Servicio ⍿⍿⍿

Ambiente ⍿⍿⍿⍿

Precio ⍿⍿⍿

debido al éxito inmediato de **La feria del maíz**, se necesitan más camareros para atender a los clientes de una forma más eficaz. En esta ocasión, el mesero se

tomó unos veinte minutos en traerme la bebida.

Afortunadamente, no me importó mucho la espera entre plato y plato, pues el ambiente es tan agradable que me sentí como en casa. El restaurante mantiene el estilo colonial de Antigua. Por dentro°, es elegante y rústico a la vez. Cuando el tiempo lo permite, se puede comer también en el patio, donde hay muchas flores.

El servicio de camareros y el ambiente agradable del local pasan a un segundo plano cuando llega la comida, de una calidad extraordinaria. Las tortillas de casa se sirven con un ajiaceite delicioso. La sopa

de mariscos es excelente y los tamales, pues, tengo que confesar que son mejores que los de mi abuelita. También recomiendo los tacos de pollo, servidos con un mole buenísimo. De postre, don Ernesto me preparó su especialidad, unos plátanos caribeños sabrosísimos.

Los precios pueden parecer altos° para una comida tradicional, pero la calidad de los productos con que se cocinan los platos y el exquisito ambiente de **La feria del maíz** garantizan° una experiencia inolvidable°.

Bebidas
- Cerveza negra   • Chilate (bebida de maíz, chile y cacao)
- Jugos de fruta   • Agua mineral   • Té helado
- Vino tinto/blanco   • Ron

Postres *Desserts* ron *rum* Helado *Ice cream* Pastel *Cake* Sobresaliente *Outstanding* encanto *charm* jefe de cocina *head chef* éxito *success* gerente *manager* Por dentro *Inside* altos *high* garantizan *guarantee* inolvidable *unforgettable*

Un(a) guía turístico/a 🔵🔷

Tú eres un(a) guía turístico/a en Guatemala. Estás en el restaurante **La feria del maíz** con un grupo de turistas norteamericanos. Ellos no hablan español y quieren pedir de comer, pero necesitan tu ayuda. Lee nuevamente el menú e indica qué error comete cada turista.

1. La señora Johnson es diabética y no puede comer azúcar. Pide sopa de verduras y tamales. No pide nada de postre.

2. Los señores Petit son vegeterianos y piden sopa de tomate, frijoles enchilados y plátanos caribeños.

3. El señor Smith, que es alérgico al chocolate, pide tortilla servida con ajiaceite, chilaquil y chilate para beber.

4. La adorable hija del señor Smith tiene sólo cuatro años y le gustan mucho las verduras y las frutas naturales. Su papá le pide tomaticán y un cóctel de frutas.

5. La señorita Jackson está a dieta y pide uvate, flan napolitano y helado.

Guatemala

El país en cifras

▶ **Área**: 108.890 km² (42.042 millas²),
un poco más pequeño que Tennessee

▶ **Población:** 16.227.000

▶ **Capital:** Ciudad de Guatemala—1.281.000

▶ **Ciudades principales:** Quetzaltenango,
Escuintla, Mazatenango, Puerto Barrios

SOURCE: Population Division, UN Secretariat

▶ **Moneda:** quetzal

▶ **Idiomas:** español (oficial),
lenguas mayas, xinca, garífuna
*El español es la lengua de un
60 por ciento° de la población;
el otro 40 por ciento tiene como
lengua materna el xinca, el
garífuna o, en su mayoría°, una
de las lenguas mayas (cakchiquel,
quiché y kekchícomo, entre
otras). Una palabra que las
lenguas mayas tienen en común
es ixim, que significa 'maíz', un
cultivo° de mucha importancia
en estas culturas.*

Bandera de Guatemala

Guatemaltecos célebres

▶ **Carlos Mérida,** pintor (1891–1984)

▶ **Miguel Ángel Asturias,** escritor (1899–1974)

▶ **Margarita Carrera,** poeta y ensayista (1929–)

▶ **Rigoberta Menchú Tum,** activista (1959–),
premio Nobel de la Paz° en 1992

por ciento *percent* en su mayoría *most of them* cultivo *crop*
Paz *Peace* telas *fabrics* tinte *dye* aplastados *crushed*
hace... destiñan *keeps the colors from running*

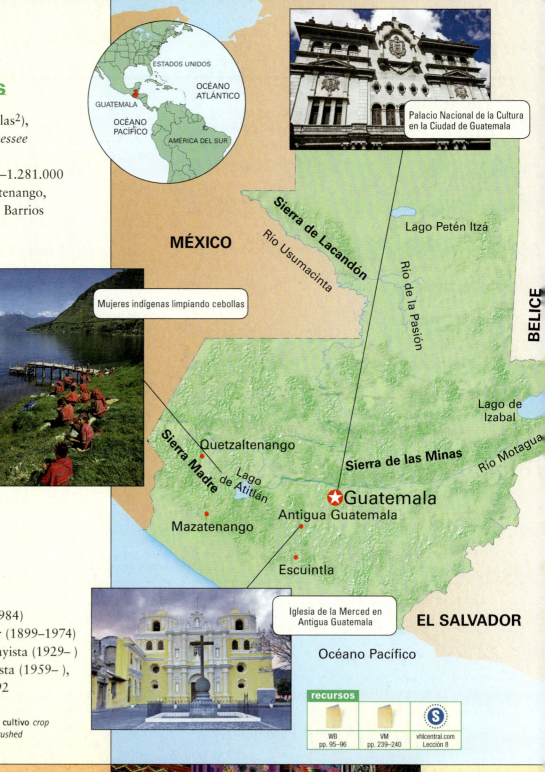

Palacio Nacional de la Cultura
en la Ciudad de Guatemala

ESTADOS UNIDOS

OCÉANO
ATLÁNTICO

GUATEMALA

OCÉANO
PACÍFICO

AMÉRICA DEL SUR

MÉXICO

Sierra de Lacandón

Río Usumacinta

Lago Petén Itzá

Río de la Pasión

BELICE

Mujeres indígenas limpiando cebollas

Lago de
Izabal

Sierra de las Minas

Río Motagua

Sierra Madre

Quetzaltenango

Lago
de Atitlán

★ Guatemala

Antigua Guatemala

Mazatenango

Escuintla

Iglesia de la Merced en
Antigua Guatemala

EL SALVADOR

Océano Pacífico

recursos

| WB
pp. 95–96 | VM
pp. 239–240 | vhlcentral.com
Lección 8 |

¡Increíble pero cierto!

¿Qué "ingrediente" secreto se encuentra en las
telas° tradicionales de Guatemala? ¡El mosquito! El
excepcional tinte° de estas telas es producto de una
combinación de flores y de mosquitos aplastados°.
El insecto hace que los colores no se destiñan°.
Quizás es por esto que los artesanos representan
la figura del mosquito en muchas de sus telas.

Ciudades • **Antigua Guatemala**

Antigua Guatemala fue fundada en 1543. Fue una capital de gran importancia hasta 1773, cuando un terremoto° la destruyó. Sin embargo, conserva el carácter original de su arquitectura y hoy es uno de los centros turísticos del país. Su celebración de la Semana Santa° es, para muchas personas, la más importante del hemisferio.

Naturaleza • **El quetzal**

El quetzal simbolizó la libertad para los antiguos° mayas porque creían° que este pájaro° no podía° vivir en cautiverio°. Hoy el quetzal es el símbolo nacional. El pájaro da su nombre a la moneda nacional y aparece también en los billetes° del país. Desafortunadamente, está en peligro° de extinción. Para su protección, el gobierno mantiene una reserva ecológica especial.

Historia • **Los mayas**

Desde 1500 a.C. hasta 900 d.C., los mayas habitaron gran parte de lo que ahora es Guatemala. Su civilización fue muy avanzada. Los mayas fueron arquitectos y constructores de pirámides, templos y observatorios. También descubrieron° y usaron el cero antes que los europeos, e inventaron un calendario complejo° y preciso.

Artesanía • **La ropa tradicional**

La ropa tradicional de los guatemaltecos se llama *huipil* y muestra el amor° de la cultura maya por la naturaleza. Ellos se inspiran en las flores°, plantas y animales para crear sus diseños° de colores vivos° y formas geométricas. El diseño y los colores de cada *huipil* indican el pueblo de origen y a veces también el sexo y la edad° de la persona que lo lleva.

¿Qué aprendiste? Responde a cada pregunta con una oración completa.

1. ¿Qué significa la palabra *ixim*?
2. ¿Quién es Rigoberta Menchú?
3. ¿Qué pájaro representa a Guatemala?
4. ¿Qué simbolizó el quetzal para los mayas?
5. ¿Cuál es la moneda nacional de Guatemala?
6. ¿De qué fueron arquitectos los mayas?
7. ¿Qué celebración de la Antigua Guatemala es la más importante del hemisferio para muchas personas?
8. ¿Qué descubrieron los mayas antes que los europeos?
9. ¿Qué muestra la ropa tradicional de los guatemaltecos?
10. ¿Qué indica un *huipil* con su diseño y sus colores?

Conexión Internet Investiga estos temas en **vhlcentral.com.**

1. Busca información sobre Rigoberta Menchú. ¿De dónde es? ¿Qué libros publicó? ¿Por qué es famosa?
2. Estudia un sitio arqueológico de Guatemala para aprender más sobre los mayas y prepara un breve informe para tu clase.

Practice more at **vhlcentral.com.**

terremoto *earthquake* Semana Santa *Holy Week* antiguos *ancient* creían *they believed* pájaro *bird* no podía *couldn't*
cautiverio *captivity* los billetes *bills* peligro *danger* descubrieron *they discovered* complejo *complex* amor *love* flores *flowers*
diseños *designs* vivos *bright* edad *age*

Mar Caribe

Golfo de Honduras

uerto arrios

NDURAS

Las comidas

el/la camarero/a	waiter/waitress
la comida	food; meal
la cuenta	bill
el/la dueño/a	owner; landlord
el menú	menu
la propina	tip
la sección de (no) fumar	(non) smoking section
el almuerzo	lunch
la cena	dinner
el desayuno	breakfast
los entremeses	hors d'oeuvres; appetizers
el plato (principal)	(main) dish
delicioso/a	delicious
rico/a	tasty; delicious
sabroso/a	tasty; delicious

Las frutas

la banana	banana
las frutas	fruits
el limón	lemon
la manzana	apple
el melocotón	peach
la naranja	orange
la pera	pear
la uva	grape

Las verduras

las arvejas	peas
la cebolla	onion
el champiñón	mushroom
la ensalada	salad
los espárragos	asparagus
los frijoles	beans
la lechuga	lettuce
el maíz	corn
las papas/patatas (fritas)	(fried) potatoes; French fries
el tomate	tomato
las verduras	vegetables
la zanahoria	carrot

La carne y el pescado

el atún	tuna
el bistec	steak
los camarones	shrimp
la carne	meat
la carne de res	beef
la chuleta (de cerdo)	(pork) chop
la hamburguesa	hamburger
el jamón	ham
la langosta	lobster
los mariscos	shellfish
el pavo	turkey
el pescado	fish
el pollo (asado)	(roast) chicken
la salchicha	sausage
el salmón	salmon

Otras comidas

el aceite	oil
el ajo	garlic
el arroz	rice
el azúcar	sugar
los cereales	cereal; grains
el huevo	egg
la mantequilla	butter
la margarina	margarine
la mayonesa	mayonnaise
el pan (tostado)	(toasted) bread
la pimienta	black pepper
el queso	cheese
la sal	salt
el sándwich	sandwich
la sopa	soup
el vinagre	vinegar
el yogur	yogurt

Las bebidas

el agua (mineral)	(mineral) water
la bebida	drink
el café	coffee
la cerveza	beer
el jugo (de fruta)	(fruit) juice
la leche	milk
el refresco	soft drink; soda
el té (helado)	(iced) tea
el vino (blanco/tinto)	(white/red) wine

Verbos

escoger	to choose
merendar (e:ie)	to snack
morir (o:ue)	to die
pedir (e:i)	to order (food)
probar (o:ue)	to taste; to try
recomendar (e:ie)	to recommend
saber	to taste; to know
saber a	to taste like
servir (e:i)	to serve

Las comparaciones

como	like; as
más de (+ number)	more than
más... que	more... than
menos de (+ number)	fewer than
menos... que	less... than
tan... como	as... as
tantos/as... como	as many... as
tanto... como	as much... as
el/la mayor	the eldest
el/la mejor	the best
el/la menor	the youngest
el/la peor	the worst
mejor	better
peor	worse

Expresiones útiles	See page 249.

  Audio: Vocabulary

Las fiestas

9

Communicative Goals

You will learn how to:

- **Express congratulations**
- **Express gratitude**
- **Ask for and pay the bill at a restaurant**

A PRIMERA VISTA

- ¿Se conocen ellos?
- ¿Cómo se sienten, alegres o tristes?
- ¿Está el hombre más contento que la mujer?
- ¿De qué color es su ropa?

Las fiestas

Más vocabulario

la alegría	happiness
la amistad	friendship
el amor	love
el beso	kiss
la sorpresa	surprise
el aniversario (de bodas)	(wedding) anniversary
la boda	wedding
el cumpleaños	birthday
el día de fiesta	holiday
el divorcio	divorce
el matrimonio	marriage
la Navidad	Christmas
la quinceañera	young woman celebrating her fifteenth birthday
el/la recién casado/a	newlywed
cambiar (de)	to change
celebrar	to celebrate
divertirse (e:ie)	to have fun
graduarse (de/en)	to graduate (from/in)
invitar	to invite
jubilarse	to retire (from work)
nacer	to be born
odiar	to hate
pasarlo bien/mal	to have a good/bad time
reírse (e:i)	to laugh
relajarse	to relax
sonreír (e:i)	to smile
sorprender	to surprise
juntos/as	together
¡Felicidades!/ ¡Felicitaciones!	Congratulations!

Variación léxica

pastel ⟷ torta (*Arg., Col., Venez.*)
comprometerse ⟷ prometerse (*Esp.*)

recursos

WB pp. 97–98 | LM p. 49 | vhlcentral.com Lección 9

la pareja

el pastel (de chocolate)

la botella de vino

el flan de caramelo

las galletas

los postres

el champán

los dulces

Práctica

FELIZ CUMPLEAÑOS

brindar

el invitado

regalar

el helado

Relaciones personales

casarse (con)	to get married (to)
comprometerse (con)	to get engaged (to)
divorciarse (de)	to get divorced (from)
enamorarse (de)	to fall in love (with)
llevarse bien/mal (con)	to get along well/ badly (with)
romper (con)	to break up (with)
salir (con)	to go out (with); to date
separarse (de)	to separate (from)
tener una cita	to have a date; to have an appointment

1 **Escuchar** Escucha la conversación e indica si las oraciones son **ciertas** o **falsas**.

1. A Silvia no le gusta mucho el chocolate.
2. Silvia sabe que sus amigos le van a hacer una fiesta.
3. Los amigos de Silvia le compraron un pastel de chocolate.
4. Los amigos brindan por Silvia con refrescos.
5. Silvia y sus amigos van a comer helado.
6. Los amigos de Silvia le van a servir flan y galletas.

2 **Ordenar** Escucha la narración y ordena las oraciones de acuerdo con los eventos de la vida de Beatriz.

____ a. Beatriz se compromete con Roberto.

____ b. Beatriz se gradúa.

____ c. Beatriz sale con Emilio.

____ d. Sus padres le hacen una gran fiesta.

____ e. La pareja se casa.

____ f. Beatriz nace en Montevideo.

3 **Emparejar** Indica la letra de la frase que mejor completa cada oración.

a. **cambió de**	d. **nos divertimos**	g. **se llevan bien**
b. **lo pasaron mal**	e. **se casaron**	h. **sonrió**
c. **nació**	f. **se jubiló**	i. **tenemos una cita**

1. María y sus compañeras de cuarto ____. Son buenas amigas.
2. Pablo y yo ____ en la fiesta. Bailamos y comimos mucho.
3. Manuel y Felipe ____ en el cine. La película fue muy mala.
4. ¡Tengo una nueva sobrina! Ella ____ ayer por la mañana.
5. Mi madre ____ profesión. Ahora es artista.
6. Mi padre ____ el año pasado. Ahora no trabaja.
7. Jorge y yo ____ esta noche. Vamos a ir a un restaurante muy elegante.
8. Jaime y Laura ____ el septiembre pasado. La boda fue maravillosa.

4 **Definiciones** En parejas, definan las palabras y escriban una oración para cada ejemplo.

modelo

romper (con) una pareja termina la relación
Marta rompió con su novio.

1. regalar
2. helado
3. pareja
4. invitado
5. casarse
6. pasarlo bien
7. sorpresa
8. amistad

Las etapas de la vida de Sergio

el nacimiento

la niñez

la adolescencia

la juventud

la madurez

la vejez

Más vocabulario

la edad	*age*
el estado civil	*marital status*
las etapas de la vida	*the stages of life*
la muerte	*death*
casado/a	*married*
divorciado/a	*divorced*
separado/a	*separated*
soltero/a	*single*
viudo/a	*widower/widow*

NOTA CULTURAL

Viña del Mar es una ciudad en la costa de Chile, situada al oeste de Santiago. Tiene playas hermosas, excelentes hoteles, casinos y buenos restaurantes. El poeta Pablo Neruda pasó muchos años allí.

¡LENGUA VIVA!

The term **quinceañera** refers to a girl who is celebrating her 15th birthday. The party is called **la fiesta de quince años**.

---

5 **Las etapas de la vida** Identifica las etapas de la vida que se describen en estas oraciones.

1. Mi abuela se jubiló y se mudó (*moved*) a Viña del Mar. ◀
2. Mi padre trabaja para una compañía grande en Santiago.
3. ¿Viste a mi nuevo sobrino en el hospital? Es precioso y ¡tan pequeño!
4. Mi abuelo murió este año.
5. Mi hermana celebró su fiesta de quince años. ◀
6. Mi hermana pequeña juega con muñecas (*dolls*).

---

6 **Cambiar** En parejas, imaginen que son dos hermanos/as de diferentes edades. Cada vez que el/la hermano/a menor dice algo, se equivoca. El/La hermano/a mayor lo/la corrige (*corrects him/her*), cambiando las expresiones subrayadas (*underlined*). Túrnense para ser mayor y menor, decir algo equivocado y corregir.

modelo

Estudiante 1: La niñez es cuando trabajamos mucho.
Estudiante 2: No, te equivocas (*you're wrong*). La madurez es cuando trabajamos mucho. ◀

1. El nacimiento es el fin de la vida.
2. La juventud es la etapa cuando nos jubilamos.
3. A los sesenta y cinco años, muchas personas comienzan a trabajar.
4. Julián y nuestra prima se divorcian mañana.
5. Mamá odia a su hermana.
6. El abuelo murió, por eso la abuela es separada.
7. Cuando te gradúas de la universidad, estás en la etapa de la adolescencia.
8. Mi tío nunca se casó; es viudo.

AYUDA

Other ways to contradict someone:
No es verdad.
It's not true.
Creo que no.
I don't think so.
¡Claro que no!
Of course not!
¡Qué va!
No way!

Practice more at **vhlcentral.com.**

Comunicación

7 **Una fiesta** Trabaja con dos compañeros/as para planear una fiesta. Recuerda incluir la siguiente información.

1. ¿Qué tipo de fiesta es? ¿Dónde va a ser? ¿Cuándo va a ser?
2. ¿A quiénes van a invitar?
3. ¿Qué van a comer? ¿Quiénes van a llevar o a preparar la comida?
4. ¿Qué van a beber? ¿Quiénes van a traer las bebidas?
5. ¿Cómo planean entretener a los invitados? ¿Van a bailar o a jugar algún juego?
6. Después de la fiesta, ¿quiénes van a limpiar (*to clean*)?

8 **Encuesta** Tu profesor(a) va a darte una hoja de actividades. Haz las preguntas de la hoja a dos o tres compañeros/as de clase para saber qué actitudes tienen en sus relaciones personales. Luego comparte los resultados de la encuesta con la clase y comenta tus conclusiones.

Preguntas	Nombres	Actitudes
1. ¿Te importa la amistad? ¿Por qué?		
2. ¿Es mejor tener un(a) buen(a) amigo/a o muchos/as amigos/as?		
3. ¿Cuáles son las características que buscas en tus amigos/as?		
4. ¿Tienes novio/a? ¿A qué edad es posible enamorarse?		
5. ¿Deben las parejas hacer todo juntos? ¿Deben tener las mismas opiniones? ¿Por qué?		

¡LENGUA VIVA!

While a **buen(a) amigo/a** is a *good friend*, the term **amigo/a íntimo/a** refers to a *close friend*, or a very good friend, without any romantic overtones.

9 **Minidrama** En parejas, consulten la ilustración de la página 278 y luego, usando las palabras de la lista, preparen un minidrama para representar las etapas de la vida de Sergio. Pueden inventar más información sobre su vida.

amor	celebrar	enamorarse	romper
boda	comprometerse	graduarse	salir
cambiar	cumpleaños	jubilarse	separarse
casarse	divorciarse	nacer	tener una cita

El Día de Muertos

La familia Díaz conmemora el Día de Muertos.

PERSONAJES

 MARISSA

 JIMENA

 FELIPE

 JUAN CARLOS

S Video: *Fotonovela*
Record and Compare

MAITE FUENTES El Día de Muertos se celebra en México el primero y el segundo de noviembre. Como pueden ver, hay calaveras de azúcar, flores, música y comida por todas partes. Ésta es una fiesta única que todos deben ver por lo menos una vez en la vida.

MARISSA *Holy moley!* ¡Está delicioso!

TÍA ANA MARÍA Mi mamá me enseñó a prepararlo. El mole siempre fue el plato favorito de mi papá. Mi hijo Eduardo nació el día de su cumpleaños. Por eso le pusimos su nombre.

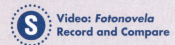

MARISSA ¿Cómo se conocieron?

TÍA ANA MARÍA En la fiesta de un amigo. Fue amor a primera vista.

MARISSA (*Señala la foto.*) La voy a llevar al altar.

TÍO RAMÓN ¿Dónde están mis hermanos?

JIMENA Mi papá y Felipe están en el otro cuarto. Esos dos antipáticos no quieren decirnos qué están haciendo. Y la tía Ana María...

TÍO RAMÓN ... está en la cocina.

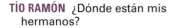

TÍA ANA MARÍA Marissa, ¿le puedes llevar esa foto que está ahí a Carolina? La necesita para el altar.

MARISSA Sí. ¿Son sus padres?

TÍA ANA MARÍA Sí, el día de su boda.

TÍA ANA MARÍA Ramón, ¿cómo estás?

TÍO RAMÓN Bien, gracias. ¿Y Mateo? ¿No vino contigo?

TÍA ANA MARÍA No. Ya sabes que me casé con un doctor y, pues, trabaja muchísimo.

SRA. DÍAZ **SR. DÍAZ** **TÍA ANA MARÍA** **TÍO RAMÓN** **TÍA NAYELI** **DON DIEGO** **MARTA** **VALENTINA** **MAITE FUENTES**

SR. DÍAZ Familia Díaz, deben prepararse...

FELIPE ... ¡para la sorpresa de sus vidas!

JUAN CARLOS Gracias por invitarme.

SR. DÍAZ Juan Carlos, como eres nuestro amigo, ya eres parte de la familia.

(En el cementerio)

JIMENA Yo hice las galletas y el pastel. ¿Dónde los puse?

MARTA Postres... ¿Cuál prefiero? ¿Galletas? ¿Pastel? ¡Dulces!

VALENTINA Me gustan las galletas.

SR. DÍAZ Brindamos por ustedes, mamá y papá.

TÍO RAMÓN Todas las otras noches estamos separados. Pero esta noche estamos juntos.

TÍA ANA MARÍA Con gratitud y amor.

Expresiones útiles

Discussing family history

El mole siempre fue el plato favorito de mi papá.
Mole *was always my dad's favorite dish.*
Mi hijo Eduardo nació el día de su cumpleaños.
My son Eduardo was born on his birthday.
Por eso le pusimos su nombre.
That's why we named him after him (after my father).
¿Cómo se conocieron sus padres?
How did your parents meet?
En la fiesta de un amigo. Fue amor a primera vista.
At a friend's party. It was love at first sight.

Talking about a party/celebration

Ésta es una fiesta única que todos deben ver por lo menos una vez.
This is a unique celebration that everyone should see at least once.
Gracias por invitarme.
Thanks for inviting me.
Brindamos por ustedes.
A toast to you.

Additional vocabulary

alma *soul*
altar *altar*
ángel *angel*
calavera de azúcar *skull made out of sugar*
cementerio *cemetery*
cocina *kitchen*
disfraz *costume*

recursos — VM pp. 211–212 — vhlcentral.com Lección 9

¿Qué pasó?

1

Completar Completa las oraciones con la información correcta, según la **Fotonovela**.

1. El Día de Muertos es una _____ única que todos deben ver.
2. La tía Ana María preparó _____ para celebrar.
3. Marissa lleva la _____ al altar.
4. Jimena hizo las _____ y el _____.
5. Marta no sabe qué _____ prefiere.

2

Identificar Identifica quién puede decir estas oraciones. Vas a usar un nombre dos veces.

1. Mis padres se conocieron en la fiesta de un amigo.

2. El Día de Muertos se celebra con flores, calaveras de azúcar, música y comida.

3. Gracias por invitarme a celebrar este Día de Muertos.

4. Los de la foto son mis padres el día de su boda.

5. A mí me gustan mucho las galletas.

6. ¡Qué bueno que estás aquí, Juan Carlos! Eres uno más de la familia.

SR. DÍAZ   **MAITE FUENTES**

JUAN CARLOS   **VALENTINA**

TÍA ANA MARÍA

3

Seleccionar Selecciona algunas de las opciones de la lista para completar las oraciones.

amor	días de fiesta	pasarlo bien	salieron
el champán	divorciarse	postres	se enamoraron
cumpleaños	flan	la quinceañera	una sorpresa

1. El Sr. Díaz y Felipe prepararon _____ para la familia.
2. Los _____, como el Día de Muertos, se celebran con la familia.
3. Eduardo, el hijo de Ana María, nació el día del _____ de su abuelo.
4. La tía Ana María siente gratitud y _____ hacia (*toward*) sus padres.
5. Los días de fiesta también son para _____ con los amigos.
6. El Día de Muertos se hacen muchos _____.
7. Los padres de la tía Ana María _____ a primera vista.

4

Una cena Trabajen en grupos para representar una conversación en una cena de Año Nuevo.

- Una persona brinda por el año que está por comenzar y por estar con su familia y amigos.
- Cada persona del grupo habla de cuál es su comida favorita en año nuevo.
- Después de la cena, una persona del grupo dice que es hora de (*it's time to*) comer las uvas.
- Cada persona del grupo dice qué desea para el año que empieza.
- Después, cada persona del grupo debe desear Feliz Año Nuevo a las demás.

NOTA CULTURAL

Comer doce uvas a las doce de la noche del 31 de diciembre de cada año es una costumbre que nació en España y que también se observa en varios países de Latinoamérica. Se debe comer una uva por cada una de las 12 campanadas (*strokes*) del reloj y se cree que (*it's believed that*) quien lo hace va a tener un año próspero.

Pronunciación

Audio: Concepts, Activities Record & Compare

The letters h, j, and g

helado	**h**ombre	**h**ola	**h**ermosa

The Spanish **h** is always silent.

José	**j**ubilarse	de**j**ar	pare**j**a

The letter **j** is pronounced much like the English *h* in *his*.

a**g**encia	**g**eneral	**G**il	**G**isela

The letter **g** can be pronounced three different ways. Before **e** or **i**, the letter **g** is pronounced much like the English *h*.

Gustavo, **g**racias por llamar el domi**ng**o.

At the beginning of a phrase or after the letter **n**, the Spanish **g** is pronounced like the English *g* in *girl*.

Me **g**radué en a**g**osto.

In any other position, the Spanish **g** has a somewhat softer sound.

Guerra	conse**g**uir	**g**uantes	a**g**ua

In the combinations **gue** and **gui**, the **g** has a hard sound and the **u** is silent. In the combination **gua**, the **g** has a hard sound and the **u** is pronounced like the English *w*.

Práctica Lee las palabras en voz alta, prestando atención a la **h**, la **j** y la **g**.

1. hamburguesa
2. jugar
3. oreja
4. guapa
5. geografía
6. magnífico
7. espejo
8. hago
9. seguir
10. gracias
11. hijo
12. galleta
13. Jorge
14. tengo
15. ahora
16. guantes

Oraciones Lee las oraciones en voz alta, prestando atención a la **h**, la **j** y la **g**.

1. Hola. Me llamo Gustavo Hinojosa Lugones y vivo en Santiago de Chile.
2. Tengo una familia grande; somos tres hermanos y tres hermanas.
3. Voy a graduarme en mayo.
4. Para celebrar mi graduación, mis padres van a regalarme un viaje a Egipto.
5. ¡Qué generosos son!

Refranes Lee los refranes en voz alta, prestando atención a la **h**, la **j** y la **g**.

A la larga, lo más dulce amarga.[1]

El hábito no hace al monje.[2]

1 *Too much of a good thing.*   2 *The clothes don't make the man.*

Additional Reading
Video: *Flash cultura*

Semana Santa: vacaciones y tradición

¿Te imaginas pasar veinticuatro horas tocando un tambor° entre miles de personas? Así es como mucha gente celebra el Viernes Santo° en el pequeño pueblo de **Calanda**, España.

De todas las celebraciones hispanas, la Semana Santa° es una de las más espectaculares y únicas.

Procesión en Sevilla, España

Semana Santa es la semana antes de Pascua°, una celebración religiosa que conmemora la Pasión de Jesucristo. Generalmente, la gente tiene unos días de vacaciones en esta semana. Algunas personas aprovechan° estos días para viajar, pero otras prefieren participar en las tradicionales celebraciones religiosas en las calles. En **Antigua**, Guatemala, hacen alfombras° de flores° y altares; también organizan Vía Crucis° y danzas. En las famosas procesiones y desfiles° religiosos de **Sevilla**, España, los fieles°

sacan a las calles imágenes religiosas. Las imágenes van encima de plataformas ricamente decoradas con abundantes flores y velas°. En la procesión, los penitentes llevan túnicas y unos sombreros cónicos que les cubren° la cara°. En sus manos llevan faroles° o velas encendidas.

Si visitas algún país hispano durante la Semana Santa, debes asistir a un desfile. Las playas y las discotecas pueden esperar hasta la semana siguiente.

Alfombra de flores en Antigua, Guatemala

Otras celebraciones famosas

Ayacucho, Perú: Además de alfombras de flores y procesiones, aquí hay una antigua tradición llamada "quema de la chamiza"°.

Iztapalapa, Ciudad de México: Es famoso el Vía Crucis del cerro° de la Estrella. Es una representación del recorrido° de Jesucristo con la cruz°.

Popayán, Colombia: En las procesiones "chiquitas" los niños llevan imágenes que son copias pequeñas de las que llevan los mayores.

tocando un tambor *playing a drum* Viernes Santo *Good Friday* Semana Santa *Holy Week* Pascua *Easter Sunday* aprovechan *take advantage of* alfombras *carpets* flores *flowers* Vía Crucis *Stations of the Cross* desfiles *parades* fieles *faithful* velas *candles* cubren *cover* cara *face* faroles *lamps* quema de la chamiza *burning of brushwood* cerro *hill* recorrido *route* cruz *cross*

ACTIVIDADES

1 **¿Cierto o falso?** Indica si lo que dicen las oraciones sobre Semana Santa en países hispanos es **cierto** o **falso**. Corrige las falsas.

1. La Semana Santa se celebra después de Pascua.
2. Las personas tienen días libres durante la Semana Santa.
3. Todas las personas asisten a las celebraciones religiosas.
4. En los países hispanos, las celebraciones se hacen en las calles.
5. En Antigua y en Ayacucho es típico hacer alfombras de flores.
6. En Sevilla, sacan imágenes religiosas a las calles.
7. En Sevilla, las túnicas cubren la cara.
8. En la procesión en Sevilla algunas personas llevan flores en sus manos.
9. El Vía Crucis de Iztapalapa es en el interior de una iglesia.
10. Las procesiones "chiquitas" son famosas en Sevilla, España.

ASÍ SE DICE

Fiestas y celebraciones

la despedida de soltero/a	*bachelor(ette) party*
el día feriado/festivo	el día de fiesta
disfrutar	*to enjoy*
festejar	celebrar
los fuegos artificiales	*fireworks*
pasarlo en grande	divertirse mucho
la vela	*candle*

EL MUNDO HISPANO

Celebraciones latinoamericanas

- **Oruro, Bolivia** Durante el carnaval de Oruro se realiza la famosa Diablada, una antigua danza° que muestra la lucha° entre el Bien y el Mal: ángeles contra° demonios.

- **Panchimalco, El Salvador** La primera semana de mayo, Panchimalco se cubre de flores y de color. También hacen el Desfile de las palmas° y bailan danzas antiguas.

- **Quito, Ecuador** El mes de agosto es el Mes de las Artes. Danza, teatro, música, cine, artesanías° y otros eventos culturales inundan la ciudad.

- **San Pedro Sula, Honduras** En junio se celebra la Feria Juniana. Hay comida típica, bailes, desfiles, conciertos, rodeos, exposiciones ganaderas° y eventos deportivos y culturales.

danza *dance* lucha *fight* contra *versus* palmas *palm leaves* artesanías *handcrafts* exposiciones ganaderas *cattle shows*

PERFIL

Festival de Viña del Mar

En 1959 unos estudiantes de **Viña del Mar**, Chile, celebraron una fiesta en una casa de campo conocida como la Quinta Vergara donde hubo° un espectáculo° musical. En 1960 repitieron el evento. Asistió tanta gente que muchos vieron el espectáculo parados° o sentados en el suelo°. Algunos se subieron a los árboles°.

Años después, se convirtió en el **Festival Internacional de la Canción**. Este evento se celebra en febrero, en el mismo lugar donde empezó. ¡Pero ahora nadie necesita subirse a un árbol para verlo! Hay un anfiteatro con capacidad para quince mil personas.

Nelly Furtado

En el festival hay concursos° musicales y conciertos de artistas famosos como Calle 13 y Nelly Furtado.

hubo *there was* espectáculo *show* parados *standing* suelo *floor* se subieron a los árboles *climbed trees* concursos *competitions*

Conexión Internet

¿Qué celebraciones hispanas hay en los Estados Unidos y Canadá?

Go to **vhlcentral.com** to find more cultural information related to this **Cultura** section.

ACTIVIDADES

2 **Comprensión** Responde a las preguntas.

1. ¿Cuántas personas por día pueden asistir al Festival de Viña del Mar?
2. ¿Qué es la Diablada?
3. ¿Qué celebran en Quito en agosto?
4. Nombra dos atracciones en la Feria Juniana de San Pedro Sula.
5. ¿Qué es la Quinta Vergara?

3 **¿Cuál es tu celebración favorita?** Escribe un pequeño párrafo sobre la celebración que más te gusta de tu comunidad. Explica cómo se llama, cuándo ocurre y cómo es.

 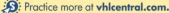 Practice more at **vhlcentral.com.**

Práctica

1

Completar Completa estas oraciones con el pretérito de los verbos entre paréntesis.

1. El sábado _____ (haber) una fiesta sorpresa para Elsa en mi casa.
2. Sofía _____ (hacer) un pastel para la fiesta y Miguel _____ (traer) un flan. ◄
3. Los amigos y parientes de Elsa _____ (venir) y _____ (traer) regalos.
4. El hermano de Elsa no _____ (venir) porque _____ (tener) que trabajar.
5. Su tía María Dolores tampoco _____ (poder) venir.
6. Cuando Elsa abrió la puerta, todos gritaron: "¡Feliz cumpleaños!" y su esposo le _____ (dar) un beso.
7. Elsa no _____ (saber) cómo reaccionar (*react*). _____ (Estar) un poco nerviosa al principio, pero pronto sus amigos _____ (poner) música y ella _____ (poder) relajarse bailando con su esposo.
8. Al final de la noche, todos _____ (decir) que se divirtieron mucho.

2

Describir En parejas, usen verbos de la lista para describir lo que estas personas hicieron. Deben dar por lo menos dos oraciones por cada dibujo.

dar	hacer	tener	traer
estar	poner	traducir	venir

1. el señor López

2. Norma

3. anoche nosotros

4. Roberto y Elena

NOTA CULTURAL

El **flan** es un postre muy popular en los países de habla hispana. Se prepara con huevos, leche y azúcar y se sirve con salsa de caramelo. Existen variedades deliciosas como el flan de chocolate o el flan de coco.

Comunicación

3

Preguntas En parejas, túrnense para hacerse y responder a estas preguntas.

1. ¿Fuiste a una fiesta de cumpleaños el año pasado? ¿De quién?
2. ¿Quiénes fueron a la fiesta?
3. ¿Quién condujo el auto?
4. ¿Cómo estuvo el ambiente de la fiesta?
5. ¿Quién llevó regalos, bebidas o comida? ¿Llevaste algo especial?
6. ¿Hubo comida? ¿Quién la hizo? ¿Hubo champán?
7. ¿Qué regalo hiciste tú? ¿Qué otros regalos trajeron los invitados?
8. ¿Cuántos invitados hubo en la fiesta?
9. ¿Qué tipo de música hubo?
10. ¿Qué te dijeron algunos invitados de la fiesta?

4

Encuesta Tu profesor(a) va a darte una hoja de actividades. Para cada una de las actividades de la lista, encuentra a alguien que hizo esa actividad en el tiempo indicado.

> **modelo**
>
> traer dulces a clase
> **Estudiante 1:** ¿Trajiste dulces a clase?
> **Estudiante 2:** Sí, traje galletas y helado a la fiesta del fin del semestre.

Actividades   Nombres

1. ponerse un disfraz (costume) de Halloween
2. traer dulces a clase
3. conducir su auto a clase
4. estar en la biblioteca ayer
5. dar un regalo a alguien ayer
6. poder levantarse temprano esta mañana
7. hacer un viaje a un país hispano en el verano
8. tener una cita anoche
9. ir a una fiesta el fin de semana pasado
10. tener que trabajar el sábado pasado

Síntesis

5

Conversación En parejas, preparen una conversación en la que uno/a de ustedes va a visitar a su hermano/a para explicarle por qué no fue a su fiesta de graduación y para saber cómo estuvo la fiesta. Incluyan esta información en la conversación:

- cuál fue el menú
- quiénes vinieron a la fiesta y quiénes no pudieron venir
- quiénes prepararon la comida o trajeron algo
- si él/ella tuvo que preparar algo
- lo que la gente hizo antes y después de comer
- cómo lo pasaron, bien o mal

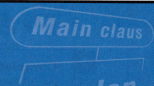

Recapitulación

 **Concepts Diagnostics**

Completa estas actividades para repasar los conceptos de gramática que aprendiste en esta lección.

1 **Completar** Completa la tabla con el pretérito de los verbos. `9 pts.`

Infinitive	yo	ella	nosotros
conducir			
hacer			
saber			

2 **Mi fiesta** Completa este mensaje electrónico con el pretérito de los verbos de la lista. Vas a usar cada verbo sólo una vez. `10 pts.`

dar	haber	tener
decir	hacer	traer
estar	poder	venir
	poner	

Hola, Omar:

Como tú no (1) _____ venir a mi fiesta de cumpleaños, quiero contarte cómo fue. El día de mi cumpleaños, muy temprano por la mañana, mis hermanos me (2) _____ una gran sorpresa: ellos (3) _____ un regalo delante de la puerta de mi habitación: ¡una bicicleta roja preciosa! Mi madre nos preparó un desayuno riquísimo. Después de desayunar, mis hermanos y yo (4) _____ que limpiar toda la casa, así que (*therefore*) no (5) _____ más celebración hasta la tarde. A las seis y media (nosotros) (6) _____ una barbacoa en el patio de la casa. Todos los invitados (7) _____ bebidas y regalos. (8) _____ todos mis amigos, excepto tú, ¡qué pena! :-(La fiesta (9) _____ muy animada hasta las diez de la noche, cuando mis padres (10) _____ que los vecinos (*neighbors*) iban a (*were going to*) protestar y entonces todos se fueron a sus casas.

9.1 **Irregular preterites** *pp. 286–287*

u-stem	estar poder poner saber tener	estuv- pud- pus- sup- tuv-	
i-stem	hacer querer venir	hic- quis- vin-	-e, -iste, -o, -imos, -isteis, -(i)eron
j-stem	conducir decir traducir traer	conduj- dij- traduj- traj-	

▶ Preterite of **dar**: **di, diste, dio, dimos, disteis, dieron**

▶ Preterite of **hay** (*inf.* **haber**): **hubo**

9.2 **Verbs that change meaning in the preterite** *p. 290*

Present	Preterite
conocer	
to know; *to be acquainted with*	*to meet*
saber	
to know info.; to know *how to do something*	*to find out; to learn*
poder	
to be able; can	*to manage; to succeed*
querer	
to want; to love	*to try*

9.3 **¿Qué? and ¿cuál?** *p. 292*

▶ Use **¿qué?** to ask for a definition or an explanation.

▶ Use **¿cuál(es)?** when there is more than one possibility to choose from.

▶ **¿Cuál?** cannot be used before a noun; use **¿qué?** instead.

▶ **¿Qué?** used before a noun has the same meaning as **¿cuál?**

3 **¿Presente o pretérito?** Escoge la forma correcta de los verbos en paréntesis. **6 pts.**

1. Después de muchos intentos (*tries*), (podemos/pudimos) hacer una piñata.
2. —¿Conoces a Pepe?
   —Sí, lo (conozco/conocí) en tu fiesta.
3. Como no es de aquí, Cristina no (sabe/supo) mucho de las celebraciones locales.
4. Yo no (quiero/quise) ir a un restaurante grande, pero tú decides.
5. Ellos (quieren/quisieron) darme una sorpresa, pero Nina me lo dijo todo.
6. Mañana se terminan las vacaciones; por fin (podemos/pudimos) volver a la escuela.

9.4 **Pronouns after prepositions** *p. 294*

Prepositional pronouns

	Singular	Plural
Preposition +	mí	nosotros/as
	ti	vosotros/as
	Ud.	Uds.
	él	ellos
	ella	ellas

▶ Exceptions: **conmigo, contigo, entre tú y yo**

---

4 **Preguntas** Escribe una pregunta para cada respuesta con los elementos dados. Empieza con **qué**, **cuál** o **cuáles** de acuerdo con el contexto y haz los cambios necesarios. **8 pts.**

1. —¿? / pastel / querer —Quiero el pastel de chocolate.
2. —¿? / ser / sangría —La sangría es una bebida típica española.
3. —¿? / ser / restaurante favorito —Mis restaurantes favoritos son Dalí y Jaleo.
4. —¿? / ser / dirección electrónica —Mi dirección electrónica es paco@email.com.

5 **¿Dónde me siento?** Completa la conversación con los pronombres apropiados. **7 pts.**

JUAN A ver, te voy a decir dónde te vas a sentar. Manuel, ¿ves esa silla? Es para _____. Y esa otra silla es para tu novia, que todavía no está aquí.

MANUEL Muy bien, yo la reservo para _____.

HUGO ¿Y esta silla es para _____ (*me*)?

JUAN No, Hugo. No es para _____. Es para Carmina, que viene con Julio.

HUGO No, Carmina y Julio no pueden venir. Hablé con _____ y me avisaron.

JUAN Pues ellos se lo pierden (*it's their loss*). ¡Más comida para _____ (*us*)!

CAMARERO Aquí tienen el menú. Les doy un minuto y enseguida estoy con _____.

6 **Cumpleaños feliz** Escribe cinco oraciones que describan cómo celebraste tu último cumpleaños. Usa el pretérito y los pronombres que aprendiste en esta lección. **10 pts.**

7 **Poema** Completa este fragmento del poema *Elegía nocturna* de Carlos Pellicer con el pretérito de los verbos entre paréntesis. **¡2 puntos EXTRA!**

> " Ay de mi corazón° que nadie _____ (querer)
>   tomar de entre mis manos desoladas.
> Tú _____ (venir) a mirar sus llamaradas°
>   y le miraste arder° claro° y sereno. "

corazón *heart* llamaradas *flames* arder *to burn* claro *clear*

S Video: *Panorama cultural*
Interactive map

Chile

El país en cifras

▶ **Área:** 756.950 km² (292.259 millas²), *dos veces el área de Montana*

▶ **Población:** 17.926.000
Aproximadamente el 80 por ciento de la población del país es urbana.

▶ **Capital:** Santiago de Chile—6.237.000

▶ **Ciudades principales:** Valparaíso—911.000, Concepción, Viña del Mar, Temuco

SOURCE: Population Division, UN Secretariat

▶ **Moneda:** peso chileno

▶ **Idiomas:** español (oficial), mapuche

Bandera de Chile

Chilenos célebres

▶ **Bernardo O'Higgins,** militar° y héroe nacional (1778–1842)

▶ **Gabriela Mistral,** Premio Nobel de Literatura, 1945; poeta y diplomática (1889–1957)

▶ **Pablo Neruda,** Premio Nobel de Literatura, 1971; poeta (1904–1973)

▶ **Isabel Allende,** novelista (1942–)

Pablo Neruda

militar *soldier* terremoto *earthquake* heridas *wounded* hogar *home* desierto *desert* el más seco *the driest* mundo *world* han tenido *have had* ha sido usado *has been used* Marte *Mars*

PERÚ

La costa de Viña del Mar

Pampa del Tamarugal

BOLIVIA

Cordillera de los Andes

Edificio antiguo en Santiago

El puerto de Valparaíso

Océano Pacífico

Viña del Mar
Valparaíso

Santiago de Chile

ARGENTINA

Concepción

Temuco

Torres del Paine

Una celebración en Temuco

Lago Buenos Aires

Océano Atlántico

Punta Arenas

recursos

WB pp. 105–106	VM pp. 241–242	S vhlcentral.com Lección 9

Estrecho de Magallanes

Isla Grande de Tierra del Fuego

¡Increíble pero cierto!

El desierto° de Atacama, en el norte de Chile, es el más seco° del mundo°. Con más de cien mil km² de superficie, algunas zonas de este desierto nunca han tenido° lluvia. Atacama ha sido usado° como escenario para representar a Marte° en películas y series de televisión.

Lugares • **La isla de Pascua**

La isla de Pascuaº recibió ese nombre porque los exploradores holandesesº llegaron a la isla por primera vez el día de Pascua de 1722. Ahora es parte del territorio de Chile. La isla de Pascua es famosa por los *moái*, estatuas enormes que representan personas con rasgosº muy exagerados. Estas estatuas las construyeron los *rapa nui*, los antiguos habitantes de la zona. Todavía no se sabe mucho sobre los *rapa nui*, ni tampoco se sabe por qué decidieron abandonar la isla.

Deportes • **Los deportes de invierno**

Hay muchos lugares para practicar deportes de invierno en Chile porque las montañas nevadas de los Andes ocupan gran parte del país. El Parque Nacional Villarrica, por ejemplo, situado al pie de un volcán y junto aº un lago, es un sitio popular para el esquí y el *snowboard*. Para los que prefieren deportes más extremos, el centro de esquí Valle Nevado organiza excursiones para practicar heliesquí.

Ciencias • **Astronomía**

Los observatorios chilenos, situados en los Andes, son lugares excelentes para las observaciones astronómicas. Científicosº de todo el mundo van a Chile para estudiar las estrellasº y otros cuerpos celestes. Hoy día Chile está construyendo nuevos observatorios y telescopios para mejorar las imágenes del universo.

Economía • **El vino**

La producción de vino comenzó en Chile en el sigloº XVI. Ahora la industria del vino constituye una parte importante de la actividad agrícola del país y la exportación de sus productos está aumentandoº cada vez más. Los vinos chilenos son muy apreciados internacionalmente por su gran variedad, sus ricos y complejos saboresº y su precio moderado. Los más conocidos son los vinos de Aconcagua y del valle del Maipo.

¿Qué aprendiste? Responde a cada pregunta con una oración completa.

1. ¿Qué porcentaje (*percentage*) de la población chilena es urbana?

2. ¿Qué son los *moái*? ¿Dónde están?

3. ¿Qué deporte extremo ofrece el centro de esquí Valle Nevado?

4. ¿Por qué van a Chile científicos de todo el mundo?

5. ¿Cuándo comenzó la producción de vino en Chile?

6. ¿Por qué son apreciados internacionalmente los vinos chilenos?

Conexión Internet Investiga estos temas en **vhlcentral.com**.

1. Busca información sobre Pablo Neruda e Isabel Allende. ¿Dónde y cuándo nacieron? ¿Cuáles son algunas de sus obras (*works*)? ¿Cuáles son algunos de los temas de sus obras?

2. Busca información sobre sitios donde los chilenos y los turistas practican deportes de invierno en Chile. Selecciona un sitio y descríbeselo a tu clase.

 Practice more at **vhlcentral.com.**

La isla de Pascua *Easter Island* holandeses *Dutch* rasgos *features* junto a *beside* Científicos *Scientists* estrellas *stars* siglo *century* aumentando *increasing* complejos sabores *complex flavors*

Las celebraciones

el aniversario (de bodas)	*(wedding) anniversary*
la boda	*wedding*
el cumpleaños	*birthday*
el día de fiesta	*holiday*
la fiesta	*party*
el/la invitado/a	*guest*
la Navidad	*Christmas*
la quinceañera	*young woman celebrating her fifteenth birthday*
la sorpresa	*surprise*
brindar	*to toast* (drink)
celebrar	*to celebrate*
divertirse (e:ie)	*to have fun*
invitar	*to invite*
pasarlo bien/mal	*to have a good/bad time*
regalar	*to give* (a gift)
reírse (e:i)	*to laugh*
relajarse	*to relax*
sonreír (e:i)	*to smile*
sorprender	*to surprise*

Los postres y otras comidas

la botella (de vino)	*bottle (of wine)*
el champán	*champagne*
los dulces	*sweets; candy*
el flan (de caramelo)	*baked (caramel) custard*
la galleta	*cookie*
el helado	*ice cream*
el pastel (de chocolate)	*(chocolate) cake; pie*
el postre	*dessert*

Las relaciones personales

la amistad	*friendship*
el amor	*love*
el divorcio	*divorce*
el estado civil	*marital status*
el matrimonio	*marriage*
la pareja	*(married) couple; partner*
el/la recién casado/a	*newlywed*
casarse (con)	*to get married (to)*
comprometerse (con)	*to get engaged (to)*
divorciarse (de)	*to get divorced (from)*
enamorarse (de)	*to fall in love (with)*
llevarse bien/mal (con)	*to get along well/badly (with)*
odiar	*to hate*
romper (con)	*to break up (with)*
salir (con)	*to go out (with); to date*
separarse (de)	*to separate (from)*
tener una cita	*to have a date; to have an appointment*
casado/a	*married*
divorciado/a	*divorced*
juntos/as	*together*
separado/a	*separated*
soltero/a	*single*
viudo/a	*widower/widow*

Las etapas de la vida

la adolescencia	*adolescence*
la edad	*age*
el estado civil	*marital status*
las etapas de la vida	*the stages of life*
la juventud	*youth*
la madurez	*maturity; middle age*
la muerte	*death*
el nacimiento	*birth*
la niñez	*childhood*
la vejez	*old age*
cambiar (de)	*to change*
graduarse (de/en)	*to graduate (from/in)*
jubilarse	*to retire (from work)*
nacer	*to be born*

Palabras adicionales

la alegría	*happiness*
el beso	*kiss*
conmigo	*with me*
contigo	*with you*
¡Felicidades!/ ¡Felicitaciones!	*Congratulations!*
¡Feliz cumpleaños!	*Happy birthday!*

Expresiones útiles	*See page 281.*

  **Audio: Vocabulary**

En el consultorio

Communicative Goals

You will learn how to:
- **Describe how you feel physically**
- **Talk about health and medical conditions**

A PRIMERA VISTA
- ¿Están en una farmacia o en un hospital?
- ¿El hombre es médico o dentista?
- ¿Qué hace él, una operación o un examen médico?
- ¿Crees que la paciente está nerviosa?

5 **Asociaciones** Trabajen en parejas para identificar las partes del cuerpo que ustedes asocian con estas actividades. Sigan el modelo.

> **modelo**
>
> nadar
>
> **Estudiante 1:** Usamos los brazos para nadar.
> **Estudiante 2:** Usamos las piernas también.

1. hablar por teléfono
2. tocar el piano
3. correr en el parque
4. escuchar música
5. ver una película
6. toser
7. llevar zapatos
8. comprar perfume
9. estudiar biología
10. comer pollo asado

AYUDA

Remember that in Spanish, parts of the body are usually referred to with an article and not a possessive adjective: **Me duelen los pies.** The indirect object pronoun **me** is used to express the concept of *my*.

6 **Cuestionario** Contesta el cuestionario seleccionando las respuestas que reflejen mejor tus experiencias. Suma (*Add*) los puntos de cada respuesta y anota el resultado. Después, con el resto de la clase, compara y analiza los resultados del cuestionario y comenta lo que dicen de la salud y de los hábitos de todo el grupo.

¿Tienes buena salud?

27–30 puntos	Salud y hábitos excelentes
23–26 puntos	Salud y hábitos buenos
22 puntos o menos	Salud y hábitos problemáticos

1. ¿Con qué frecuencia te enfermas? (resfriados, gripe, etc.)
Cuatro veces por año o más. (1 punto)
Dos o tres veces por año. (2 puntos)
Casi nunca. (3 puntos)

2. ¿Con qué frecuencia tienes dolores de estómago o problemas digestivos?
Con mucha frecuencia. (1 punto)
A veces. (2 puntos)
Casi nunca. (3 puntos)

3. ¿Con qué frecuencia sufres de dolores de cabeza?
Frecuentemente. (1 punto)
A veces. (2 puntos)
Casi nunca. (3 puntos)

4. ¿Comes verduras y frutas?
No, casi nunca como verduras ni frutas. (1 punto)
Sí, a veces. (2 puntos)
Sí, todos los días. (3 puntos)

5. ¿Eres alérgico/a a algo?
Sí, a muchas cosas. (1 punto)
Sí, a algunas cosas. (2 puntos)
No. (3 puntos)

6. ¿Haces ejercicios aeróbicos?
No, casi nunca hago ejercicios aeróbicos. (1 punto)
Sí, a veces. (2 puntos)
Sí, con frecuencia. (3 puntos)

7. ¿Con qué frecuencia te haces un examen médico?
Nunca o casi nunca. (1 punto)
Cada dos años. (2 puntos)
Cada año y/o antes de empezar a practicar un deporte. (3 puntos)

8. ¿Con qué frecuencia vas al dentista?
Nunca voy al dentista. (1 punto)
Sólo cuando me duele un diente. (2 puntos)
Por lo menos una vez por año. (3 puntos)

9. ¿Qué comes normalmente por la mañana?
No como nada por la mañana. (1 punto)
Tomo una bebida dietética. (2 puntos)
Como cereal y fruta. (3 puntos)

10. ¿Con qué frecuencia te sientes mareado/a?
Frecuentemente. (1 punto)
A veces. (2 puntos)
Casi nunca. (3 puntos)

Comunicación

7   **¿Qué les pasó?** Trabajen en un grupo de dos o tres personas. Hablen de lo que les pasó y de cómo se sienten las personas que aparecen en los dibujos.

1. Adela

2. Francisco

3. Pilar

4. Pedro

5. Cristina

6. Félix

8   **Un accidente** Cuéntale a la clase de un accidente o una enfermedad que tuviste. Incluye información que conteste estas preguntas.

✔ ¿Qué ocurrió?

✔ ¿Dónde ocurrió?

✔ ¿Cuándo ocurrió?

✔ ¿Cómo ocurrió?

✔ ¿Quién te ayudó y cómo?

✔ ¿Tuviste algún problema después del accidente o después de la enfermedad?

✔ ¿Cuánto tiempo tuviste el problema?

9   **Crucigrama** Tu profesor(a) les va a dar a ti y a un(a) compañero/a un crucigrama *(crossword)* incompleto. Tú tienes las palabras que necesita tu compañero/a y él/ella tiene las palabras que tú necesitas. Tienen que darse pistas para completarlo. No pueden decir la palabra necesaria; deben utilizar definiciones, ejemplos y frases.

modelo

10 horizontal: La usamos para hablar.

14 vertical: Es el médico que examina los dientes.

¡Qué dolor!

Jimena no se siente bien y tiene que ir al doctor.

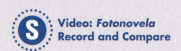 **Video:** *Fotonovela*
Record and Compare

ELENA ¿Cómo te sientes?

JIMENA Me duele un poco la garganta. Pero no tengo fiebre.

ELENA Creo que tienes un resfriado. Te voy a llevar a casa.

ELENA ¿Don Diego ya fue a la farmacia? ¿Cuánto tiempo hace que lo llamaste?

JIMENA Hace media hora. Ay, qué cosas, de niña apenas me enfermaba. No perdí ni un solo día de clases.

ELENA Yo tampoco.

JIMENA Hola, don Diego. Gracias por venir.

DON DIEGO Fui a la farmacia. Aquí están las pastillas para el resfriado. Se debe tomar una cada seis horas con las comidas. Y no se deben tomar más de seis pastillas al día.

ELENA Nunca tenía resfriados, pero me rompí el brazo dos veces. Mi hermana y yo estábamos paseando en bicicleta y casi me di con un señor que caminaba por la calle. Me caí y me rompí el brazo.

JIMENA ¿Qué es esto?

ELENA Es té de jengibre. Cuando me dolía el estómago, mi mamá siempre me hacía tomarlo. Se dice que es bueno para el dolor de estómago.

JIMENA Pero no me duele el estómago.

(*La Sra. Díaz llama a Jimena.*)

JIMENA Hola, mamá. Don Diego me trajo los medicamentos... ¿Al doctor? ¿Estás segura? Allá nos vemos. (*A Elena*) Mi mamá ya hizo una cita para mí con el Dr. Meléndez.

DON DIEGO

SRA. DÍAZ

DR. MELÉNDEZ

SRA. DÍAZ ¿Te pusiste un suéter anoche?

JIMENA No, mamá. Se me olvidó.

SRA. DÍAZ Doctor, esta jovencita salió anoche, se le olvidó ponerse un suéter y parece que le dio un resfriado.

DR. MELÉNDEZ Jimena, ¿cuáles son tus síntomas?

JIMENA Toso con frecuencia y me duele la garganta.

DR. MELÉNDEZ ¿Cuánto tiempo hace que tienes estos síntomas?

JIMENA Hace dos días que me duele la garganta.

DR. MELÉNDEZ Muy bien. Aquí no tienes infección. No tienes fiebre. Te voy a mandar algo para la garganta. Puedes ir por los medicamentos inmediatamente a la farmacia.

SRA. DÍAZ Doctor, ¿cómo está? ¿Es grave?

DR. MELÉNDEZ No, no es nada grave. Jimena, la próxima vez, escucha a tu mamá. ¡Tienes que usar suéter!

Expresiones útiles

Discussing medical conditions

¿Cómo te sientes?
How do you feel?
Me duele un poco la garganta.
My throat hurts a little.
No me duele el estómago.
My stomach doesn't hurt.
De niño/a apenas me enfermaba.
As a child, I rarely got sick.
¡Soy alérgico/a a chile!
I'm allergic to chili powder!

Discussing remedies

Se dice que el té de jengibre es bueno para el dolor de estómago.
They say ginger tea is good for stomach aches.
Aquí están las pastillas para el resfriado.
Here are the pills for your cold.
Se debe tomar una cada seis horas.
You should take one every six hours.

Expressions with **hacer**

Hace + [*period of time*] **que** + [*present /preterite*]
¿Cuánto tiempo hace que tienes estos síntomas?
How long have you had these symptoms?
Hace dos días que me duele la garganta.
My throat has been hurting for two days.
¿Cuánto tiempo hace que lo llamaste?
How long has it been since you called him?
Hace media hora.
It's been a half hour (since I called).

Additional vocabulary

canela *cinnamon*
miel *honey*
terco *stubborn*

recursos
VM pp. 213–214
vhlcentral.com Lección 10

S Additional Reading
Video: *Flash cultura*

Servicios de salud

¿Sabías que en los países hispanos no necesitas pagar por los servicios de salud?

Ésta es una de las diferencias que hay entre países como los Estados Unidos y los países hispanos.

En la mayor parte de estos países, el gobierno ofrece servicios médicos muy baratos o gratuitos° a sus ciudadanos°. Los turistas y extranjeros también pueden tener acceso a los servicios médicos a bajo° costo. La Seguridad Social y organizaciones similares son las responsables de gestionar° estos servicios.

Naturalmente, esto no funciona igual° en todos los países. En Ecuador, México y Perú, la situación varía según las regiones. Los habitantes de las ciudades y pueblos grandes tienen acceso a más servicios médicos, mientras que quienes viven en pueblos remotos sólo cuentan con° pequeñas clínicas.

Por su parte, Costa Rica, Colombia, Cuba y España tienen sistemas de salud muy desarrollados°.

Cruz verde de farmacia en Madrid, España

En España, por ejemplo, todas las personas tienen acceso a ellos y en muchos casos son completamente gratuitos. Según un informe de la Organización Mundial de la Salud, el sistema de salud español ocupa el séptimo° lugar del mundo. Esto se debe no sólo al buen funcionamiento° del sistema, sino también al nivel de salud general de la población. Impresionante, ¿no?

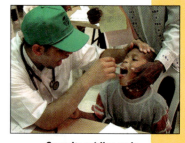

Consulta médica en la República Dominicana

Las farmacias

Farmacia de guardia: Las farmacias generalmente tienen un horario comercial. Sin embargo°, en cada barrio° hay una farmacia de guardia que abre las veinticuatro horas del día.

Productos farmacéuticos: Todavía hay muchas farmacias tradicionales que están más especializadas en medicinas y productos farmacéuticos. No venden una gran variedad de productos.

Recetas: Muchos medicamentos se venden sin receta médica. Los farmacéuticos aconsejan° a las personas sobre problemas de salud y les dan las medicinas.

Cruz° verde: En muchos países, las farmacias tienen como símbolo una cruz verde. Cuando la cruz verde está encendida°, la farmacia está abierta.

---

gratuitos *free (of charge)* ciudadanos *citizens* bajo *low*
gestionar *to manage* igual *in the same way* cuentan con *have*
desarrollados *developed* séptimo *seventh* funcionamiento *operation*
Sin embargo *However* barrio *neighborhood* aconsejan *advise*
Cruz *Cross* encendida *lit (up)*

ACTIVIDADES

1 **¿Cierto o falso?** Indica si lo que dicen las oraciones es **cierto** o **falso**. Corrige la información falsa.

1. En los países hispanos los gobiernos ofrecen servicios de salud accesibles a sus ciudadanos.

2. En los países hispanos los extranjeros tienen que pagar mucho dinero por los servicios médicos.

3. El sistema de salud español es uno de los mejores del mundo.

4. Las farmacias de guardia abren sólo los sábados y domingos.

5. En los países hispanos las farmacias venden una gran variedad de productos.

6. Los farmacéuticos de los países hispanos aconsejan a los enfermos y venden algunas medicinas sin necesidad de receta.

7. En México y otros países, los pueblos remotos cuentan con grandes centros médicos.

8. Muchas farmacias usan una cruz verde como símbolo.

ASÍ SE DICE

La salud

el chequeo (Esp., Méx.)	el examen médico
la droguería (Col.)	la farmacia
la herida	*injury; wound*
la píldora	la pastilla
los primeros auxilios	*first aid*
la sangre	*blood*

EL MUNDO HISPANO

Remedios caseros° y plantas medicinales

- **Achiote°** En Suramérica se usa para curar inflamaciones de garganta. Las hojas° de achiote se cuecen° en agua, se cuelan° y se hacen gárgaras° con esa agua.

- **Ají** En Perú se usan cataplasmas° de las semillas° de ají para aliviar los dolores reumáticos y la tortícolis°.

- **Azúcar** En Nicaragua y otros países centroamericanos se usa el azúcar para detener° la sangre en pequeñas heridas.

- **Sábila (aloe vera)** En Latinoamérica, el jugo de las hojas de sábila se usa para reducir cicatrices°. Se recomienda aplicarlo sobre la cicatriz dos veces al día, durante varios meses.

Remedios caseros *Home remedies* Achiote *Annatto* hojas *leaves* se cuecen *are cooked* se cuelan *they are drained* gárgaras *gargles* cataplasmas *pastes* semillas *seeds* tortícolis *stiff neck* detener *to stop* cicatrices *scars*

PERFILES

Curanderos° y chamanes

¿Quieres ser doctor(a), juez(a)°, político/a o psicólogo/a? En algunas sociedades de las Américas **los curanderos** y **los chamanes** no tienen que escoger entre estas profesiones porque ellos son mediadores de conflictos y dan consejos a la comunidad. Su opinión es muy respetada.

Códice Florentino, México, siglo XVI

Desde las culturas antiguas° de las Américas muchas personas piensan que la salud del cuerpo y de la mente sólo puede existir si hay un equilibrio entre el ser humano y la naturaleza. Los curanderos y los chamanes son quienes cuidan este equilibrio.

Los curanderos se especializan más en enfermedades físicas, mientras que los chamanes están más

relacionados con los males° de la mente y el alma°. Ambos° usan plantas, masajes y rituales y sus conocimientos se basan en la tradición, la experiencia, la observación y la intuición.

Cuzco, Perú

Curanderos *Healers* juez(a) *judge* antiguas *ancient* males *illnesses* alma *soul* Ambos *Both*

Conexión Internet

¿Cuáles son algunos hospitales importantes del mundo hispano?

Go to **vhlcentral.com** to find more cultural information related to this **Cultura** section.

ACTIVIDADES

2 **Comprensión** Responde a las preguntas.
1. ¿Cómo se les llama a las farmacias en Colombia?
2. ¿Qué parte del achiote se usa para curar la garganta?
3. ¿Cómo se aplica la sábila para reducir cicatrices?
4. En algunas partes de las Américas, ¿quiénes mantienen el equilibrio entre el ser humano y la naturaleza?
5. ¿Qué usan los curanderos y chamanes para curar?

3 **¿Qué haces cuando tienes gripe?** Escribe cuatro oraciones sobre las cosas que haces cuando tienes gripe. Explica si vas al médico, si tomas medicamentos o si sigues alguna dieta especial. Después, comparte tu texto con un(a) compañero/a.

 Practice more at **vhlcentral.com.**

recursos

VM pp. 285–286

vhlcentral.com Lección 10

10.1 The imperfect tense  Tutorial

ANTE TODO In **Lecciones 6–9,** you learned the preterite tense. You will now learn the imperfect, which describes past activities in a different way.

The imperfect of regular verbs			
	cantar	**beber**	**escribir**
yo	cant**aba**	beb**ía**	escrib**ía**
tú	cant**abas**	beb**ías**	escrib**ías**
Ud./él/ella	cant**aba**	beb**ía**	escrib**ía**
nosotros/as	cant**ábamos**	beb**íamos**	escrib**íamos**
vosotros/as	cant**abais**	beb**íais**	escrib**íais**
Uds./ellos/ellas	cant**aban**	beb**ían**	escrib**ían**

SINGULAR FORMS (rows: yo, tú, Ud./él/ella)
PLURAL FORMS (rows: nosotros/as, vosotros/as, Uds./ellos/ellas)

De niña apenas me enfermaba.

Cuando me dolía el estómago, mi mamá me daba té de jengibre.

▶ There are no stem changes in the imperfect.

entender (e:ie)	**Entendíamos** japonés.
	We used to understand Japanese.
servir (e:i)	El camarero les **servía** el café.
	The waiter was serving them coffee.
doler (o:ue)	A Javier le **dolía** el tobillo.
	Javier's ankle was hurting.

▶ The imperfect form of **hay** is **había** *(there was; there were; there used to be).*

▶ **¡Atención!** **Ir, ser,** and **ver** are the only verbs that are irregular in the imperfect.

The imperfect of irregular verbs			
	ir	**ser**	**ver**
yo	**iba**	**era**	ve**ía**
tú	**ibas**	**eras**	ve**ías**
Ud./él/ella	**iba**	**era**	ve**ía**
nosotros/as	**íbamos**	**éramos**	ve**íamos**
vosotros/as	**ibais**	**erais**	ve**íais**
Uds./ellos/ellas	**iban**	**eran**	ve**ían**

SINGULAR FORMS (rows: yo, tú, Ud./él/ella)
PLURAL FORMS (rows: nosotros/as, vosotros/as, Uds./ellos/ellas)

CONSULTA

You will learn more about the contrast between the preterite and the imperfect in **Estructura 10.2,** pp. 322–323.

Uses of the imperfect

▶ As a general rule, the imperfect is used to describe actions which are seen by the speaker as incomplete or "continuing," while the preterite is used to describe actions which have been completed. The imperfect expresses what was happening at a certain time or how things used to be. The preterite, in contrast, expresses a completed action.

—¿Qué te **pasó**?
What happened to you?

—Me **torcí** el tobillo.
I sprained my ankle.

—¿Dónde **vivías** de niño?
Where did you live as a child?

—**Vivía** en San José.
I lived in San José.

▶ These expressions are often used with the imperfect because they express habitual or repeated actions: **de niño/a** (*as a child*), **todos los días** (*every day*), **mientras** (*while*).

Uses of the imperfect

1. **Habitual or repeated actions**	**Íbamos** al parque los domingos. *We used to go to the park on Sundays.*
2. **Events or actions that were in progress**	Yo **leía** mientras él **estudiaba**. *I was reading while he was studying.*
3. **Physical characteristics**	**Era** alto y guapo. *He was tall and handsome.*
4. **Mental or emotional states**	**Quería** mucho a su familia. *He loved his family very much.*
5. **Telling time**	**Eran** las tres y media. *It was 3:30.*
6. **Age**	Los niños **tenían** seis años. *The children were six years old.*

¡INTÉNTALO! Indica la forma correcta de cada verbo en el imperfecto.

1. Mis hermanos _____*veían*_____ (ver) televisión todas las tardes.
2. Yo _____ (viajar) en el tren de las 3:30.
3. ¿Dónde _____ (vivir) Samuel de niño?
4. Tú _____ (hablar) con Javier.
5. Leonardo y yo _____ (correr) por el parque.
6. Ustedes _____ (ir) a la clínica.
7. Nadia _____ (bailar) merengue.
8. ¿Cuándo _____ (asistir) tú a clase de español?
9. Yo _____ (ser) muy feliz.
10. Nosotras _____ (comprender) las preguntas.

recursos

WB
pp. 111–112

LM
p. 57

vhlcentral.com
Lección 10

10.2 # The preterite and the imperfect **Tutorial**

ANTE TODO   Now that you have learned the forms of the preterite and the imperfect, you will learn more about how they are used. The preterite and the imperfect are not interchangeable. In Spanish, the choice between these two tenses depends on the context and on the point of view of the speaker.

> Me rompí el brazo cuando estaba paseando en bicicleta.

> Tenía dolor de cabeza, pero me tomé una aspirina y se me fue.

COMPARE & CONTRAST

Use the preterite to...	**Use the imperfect to...**
1. Express actions that are viewed by the speaker as completed	**1.** Describe an ongoing past action with no reference to its beginning or end
Sandra **se rompió** la pierna. *Sandra broke her leg.*	Sandra **esperaba** al doctor. *Sandra was waiting for the doctor.*
Fueron a Buenos Aires ayer. *They went to Buenos Aires yesterday.*	El médico **se preocupaba** por sus pacientes. *The doctor worried about his patients.*
2. Express the beginning or end of a past action	**2.** Express habitual past actions and events
La película **empezó** a las nueve. *The movie began at nine o'clock.*	Cuando **era** joven, **jugaba** al tenis. *When I was young, I used to play tennis.*
Ayer **terminé** el proyecto para la clase de química. *Yesterday I finished the project for chemistry class.*	De niño, Eduardo **se enfermaba** con mucha frecuencia. *As a child, Eduardo used to get sick very frequently.*
3. Narrate a series of past actions or events	**3.** Describe physical and emotional states or characteristics
La doctora me **miró** los oídos, me **hizo** unas preguntas y **escribió** la receta. *The doctor looked in my ears, asked me some questions, and wrote the prescription.*	La chica **quería** descansar. **Se sentía** mal y **tenía** dolor de cabeza. *The girl wanted to rest. She felt ill and had a headache.*
Me di con la mesa, **me caí** y **me lastimé** el pie. *I bumped into the table, I fell, and I injured my foot.*	Ellos **eran** altos y **tenían** ojos verdes. *They were tall and had green eyes.*
	Estábamos felices de ver a la familia. *We were happy to see our family.*

AYUDA

These words and expressions, as well as similar ones, commonly occur with the preterite: **ayer, anteayer, una vez, dos veces, tres veces, el año pasado, de repente.** They usually imply that an action has happened at a specific point in time. For a review, see **Estructura 6.3**, p. 191.

AYUDA

These words and expressions, as well as similar ones, commonly occur with the imperfect: **de niño/a, todos los días, mientras, siempre, con frecuencia, todas las semanas.** They usually express habitual or repeated actions in the past.

▶ The preterite and the imperfect often appear in the same sentence. In such cases, the imperfect describes what *was happening*, while the preterite describes the action that "interrupted" the ongoing activity.

Miraba la tele cuando **sonó** el teléfono.	Felicia **leía** el periódico cuando **llegó** Ramiro.
I was watching TV when the phone rang.	*Felicia was reading the newspaper when Ramiro arrived.*

▶ You will also see the preterite and the imperfect together in narratives such as fiction, news, and the retelling of events. The imperfect provides background information, such as time, weather, and location, while the preterite indicates the specific events that occurred.

Eran las dos de la mañana y el detective ya no **podía** mantenerse despierto. **Se bajó** lentamente del coche, **estiró** las piernas y **levantó** los brazos hacia el cielo oscuro.	La luna **estaba** llena y no **había** en el cielo ni una sola nube. De repente, el detective **escuchó** un grito espeluznante proveniente del parque.
It was two in the morning, and the detective could no longer stay awake. He slowly stepped out of the car, stretched his legs, and raised his arms toward the dark sky.	*The moon was full and there wasn't a single cloud in the sky. Suddenly, the detective heard a piercing scream coming from the park.*

Un médico colombiano desarrolló una vacuna contra la malaria

En 1986, el doctor colombiano Manuel Elkin Patarroyo creó la primera vacuna sintética para combatir la malaria. Esta enfermedad parecía haberse erradicado hacía décadas en muchas partes del mundo. Sin embargo, justo cuando Patarroyo terminó de elaborar la inmunización, los casos de malaria empezaban a aumentar de nuevo. En mayo de 1993, el doctor colombiano cedió la patente de la vacuna a la Organización Mundial de la Salud en nombre de Colombia. Los grandes laboratorios farmacéuticos presionaron a la OMS porque querían la vacuna. Las presiones no tuvieron éxito y, en 1995, el doctor Patarroyo y la OMS pactaron continuar con el acuerdo incial: la vacuna seguía siendo propiedad de la OMS.

¡INTÉNTALO! Elige el pretérito o el imperfecto para completar la historia. Explica por qué se usa ese tiempo verbal en cada ocasión.

1. ___Eran___ (Fueron/Eran) las doce.
2. _____ (Hubo/Había) mucha gente en la calle.
3. A las doce y media, Tomás y yo _____ (entramos/entrábamos) en el restaurante Tárcoles.
4. Todos los días yo _____ (almorcé/almorzaba) con Tomás al mediodía.
5. El camarero _____ (llegó/llegaba) inmediatamente con el menú.
6. Nosotros _____ (empezamos/empezábamos) a leerlo.
7. Yo _____ (pedí/pedía) el pescado.
8. De repente, el camarero _____ (volvió/volvía) a nuestra mesa.
9. Y nos _____ (dio/daba) una mala noticia.
10. Desafortunadamente, no _____ (tuvieron/tenían) más pescado.
11. Por eso Tomás y yo _____ (decidimos/decidíamos) comer en otro lugar.
12. _____ (Llovió/Llovía) mucho cuando _____ (salimos/salíamos) del restaurante.
13. Así que _____ (regresamos/regresábamos) al restaurante Tárcoles.
14. Esta vez, _____ (pedí/pedía) arroz con pollo.

recursos

WB
pp. 113–116

LM
p. 58

vhlcentral.com
Lección 10

10.4 Adverbs Tutorial

ANTE TODO Adverbs are words that describe how, when, and where actions take place. They can modify verbs, adjectives, and even other adverbs. In previous lessons, you have already learned many Spanish adverbs, such as the ones below.

aquí	hoy	nunca
ayer	mal	siempre
bien	muy	temprano

▶ The most common adverbs end in -**mente**, equivalent to the English ending -*ly*.

verdaderamente *truly, really*   **generalmente** *generally*   **simplemente** *simply*

▶ To form these adverbs, add -**mente** to the feminine form of the adjective. If the adjective does not have a special feminine form, just add -**mente** to the standard form. **¡Atención!** Adjectives do not lose their accents when adding -**mente**.

ADJECTIVE	FEMININE FORM	SUFFIX	ADVERB
seguro	segura	-mente	seguramente
fabuloso	fabulosa	-mente	fabulosamente
enorme		-mente	enormemente
fácil		-mente	fácilmente

▶ Adverbs that end in -**mente** generally follow the verb, while adverbs that modify an adjective or another adverb precede the word they modify.

Maira dibuja **maravillosamente**.
Maira draws wonderfully.

Sergio está **casi siempre** ocupado.
Sergio is almost always busy.

Common adverbs and adverbial expressions

a menudo	*often*	**así**	*like this; so*	**menos**	*less*
a tiempo	*on time*	**bastante**	*enough; rather*	**muchas**	*a lot; many*
a veces	*sometimes*	**casi**	*almost*	**veces**	*times*
además (de)	*furthermore; besides*	**con frecuencia**	*frequently*	**poco**	*little*
				por lo menos	*at least*
apenas	*hardly; scarcely*	**de vez en cuando**	*from time to time*	**pronto**	*soon*
		despacio	*slowly*	**rápido**	*quickly*

When a sentence contains two or more adverbs in sequence, the suffix -**mente** is dropped from all but the last adverb.

¡ATENCIÓN!

When a sentence contains two or more adverbs in sequence, the suffix -**mente** is dropped from all but the last adverb.

Ex: **El médico nos habló simple y abiertamente.** *The doctor spoke to us simply and openly.*

¡ATENCIÓN!

Rápido functions as an adjective (**Ella tiene una computadora rápida.**) as well as an adverb (**Ellas corren rápido.**). Note that as an adverb, **rápido** does not need to agree with any other word in the sentence. You can also use the adverb **rápidamente** (**Ella corre rápidamente.**).

recursos

WB pp. 119–120

LM p. 60

 vhlcentral.com Lección 10

¡INTÉNTALO! Transforma los adjetivos en adverbios.

1. alegre ___alegremente___
2. constante _____
3. gradual _____
4. perfecto _____
5. real _____
6. frecuente _____
7. tranquilo _____
8. regular _____
9. maravilloso _____
10. normal _____
11. básico _____
12. afortunado _____

Práctica

1

Escoger Completa la historia con los adverbios adecuados.

1. La cita era a las dos, pero llegamos _____. (mientras, nunca, tarde)
2. El problema fue que _____ se nos dañó el despertador. (aquí, ayer, despacio)
3. La recepcionista no se enojó porque sabe que normalmente llego _____. (a veces, a tiempo, poco)
4. _____ el doctor estaba listo. (Por lo menos, Muchas veces, Casi)
5. _____ tuvimos que esperar cinco minutos. (Así, Además, Apenas)
6. El doctor dijo que nuestra hija Irene necesitaba cambiar su rutina diaria _____. (temprano, menos, inmediatamente)
▶ 7. El doctor nos explicó _____ las recomendaciones del Cirujano General (*Surgeon General*) sobre la salud de los jóvenes. (de vez en cuando, bien, apenas)
8. _____ nos dijo que Irene estaba bien, pero tenía que hacer más ejercicio y comer mejor. (Bastante, Afortunadamente, A menudo)

Comunicación

2

Aspirina Lee el anuncio y responde a las preguntas con un(a) compañero/a.

No hay tiempo para el dolor de cabeza.

Si tienes prisa, o simplemente quieres que tu dolor de cabeza se vaya muy pronto, piensa en Capalivia. Se asimila mejor y actúa rápidamente. Ya no se puede perder tiempo por un dolor de cabeza.

1. ¿Cuáles son los adverbios que aparecen en el anuncio?
2. Según el anuncio, ¿cuáles son las ventajas (*advantages*) de este tipo de aspirina?
3. ¿Tienen ustedes dolores de cabeza? ¿Qué toman para curarlos?
4. ¿Qué medicamentos ven con frecuencia en los anuncios de televisión? Escriban descripciones de varios de estos anuncios. Usen adverbios en sus descripciones.

Nicaragua

El país en cifras

▶ **Área:** 129.494 km² (49.998 millas²),
aproximadamente el área de Nueva York.
Nicaragua es el país más grande de
Centroamérica. Su terreno es muy
variado e incluye bosques° tropicales,
montañas, sabanas° y marismas°, además
de unos 40 volcanes.

▶ **Población:** 6.265.000
▶ **Capital:** Managua—1.015.000
Managua está en una región de una notable
inestabilidad geológica, con muchos
volcanes y terremotos°. En décadas
recientes, los nicaragüenses han
decidido° que no vale la pena° construir
rascacielos° porque no resisten los terremotos.

▶ **Ciudades principales:** León, Masaya, Granada

SOURCE: Population Division, UN Secretariat

▶ **Moneda:** córdoba
▶ **Idiomas:** español (oficial); lenguas indígenas y
criollas (oficiales); inglés

Bandera de Nicaragua

Nicaragüenses célebres

▶ **Rubén Darío,** poeta (1867–1916)
▶ **Violeta Barrios de Chamorro,** política
y ex-presidenta (1929–)
▶ **Daniel Ortega,** político y presidente (1945–)
▶ **Gioconda Belli,** poeta (1948–)

bosques *forests* sabanas *grasslands* marismas *marshes* terremotos *earthquakes*
han decidido *have decided* no vale la pena *it's not worthwhile* rascacielos
skyscrapers agua dulce *fresh water* Surgió *Emerged* maravillas *wonders*

Iglesia en León

Teatro Nacional Rubén Darío en Managua

Calle en Granada

Violeta Barrios de Chamorro

recursos

WB p. 123–124 | VM pp. 245–246 | vhlcentral.com Lección 10

¡Increíble pero cierto!

Ometepe, que en náhuatl significa "dos
montañas", es la isla más grande del mundo
en un lago de agua dulce°. Surgió° en el Lago
de Nicaragua por la actividad de los volcanes
Maderas y Concepción. Por su valor natural
y arqueológico, fue nominada para las siete
nuevas maravillas° del mundo en 2009.

Historia • **Las huellas° de Acahualinca**

La región de Managua se caracteriza por tener un gran número de sitios prehistóricos. Las huellas de Acahualinca son uno de los restos° más famosos y antiguos°. Se formaron hace más de 6.000 años, a orillas° del lago de Managua. Las huellas, tanto de humanos como de animales, se dirigen° hacia una misma dirección, lo que ha hecho° pensar a los expertos que éstos corrían hacia° el lago para escapar de una erupción volcánica.

Artes • **Ernesto Cardenal (1925–)**

Ernesto Cardenal, poeta, escultor y sacerdote° católico, es uno de los escritores más famosos de Nicaragua, país conocido° por sus grandes poetas. Ha escrito° más de 35 libros y es considerado uno de los principales autores de Latinoamérica. Desde joven creyó en el poder de la poesía para mejorar la sociedad y trabajó por establecer la igualdad° y la justicia en su país. En los años 60, Cardenal estableció la comunidad artística del archipiélago de Solentiname en el lago de Nicaragua. Fue ministro de cultura del país desde 1979 hasta 1988 y participó en la fundación de Casa de los Tres Mundos, una organización creada para el intercambio cultural internacional.

Naturaleza • **El lago de Nicaragua**

El lago de Nicaragua, con un área de más de 8.000 km² (3.100 millas²), es el lago más grande de Centroamérica. Tiene más de 400 islas e islotes° de origen volcánico, entre ellas la isla Zapatera. Allí se han encontrado° numerosos objetos de cerámica y estatuas prehispánicos. Se cree que la isla era un centro ceremonial indígena.

 ¿Qué aprendiste? Responde a cada pregunta con una oración completa.

1. ¿Por qué no hay muchos rascacielos en Managua?

2. Nombra dos poetas de Nicaragua.

3. ¿Qué significa Ometepe en náhuatl?

4. ¿Cuál es una de las teorías sobre la formación de las huellas de Acahualinca?

5. ¿Por qué es famoso el archipiélago de Solentiname?

6. ¿Qué cree Ernesto Cardenal acerca de la poesía?

7. ¿Cómo se formaron las islas del lago de Nicaragua?

8. ¿Qué hay de interés arqueológico en la isla Zapatera?

 Conexión Internet Investiga estos temas en **vhlcentral.com**.

1. ¿Dónde se habla inglés en Nicaragua y por qué?

2. ¿Qué información hay ahora sobre la economía y/o los derechos humanos en Nicaragua?

 Practice more at **vhlcentral.com**.

....

huellas *footprints* **restos** *remains* **antiguos** *ancient* **orillas** *shores* **se dirigen** *are headed* **ha hecho** *has made* **hacia** *toward*
sacerdote *priest* **conocido** *known* **Ha escrito** *He has written* **igualdad** *equality* **islotes** *islets* **se han encontrado** *have been found*

El cuerpo

la boca	mouth
el brazo	arm
la cabeza	head
el corazón	heart
el cuello	neck
el cuerpo	body
el dedo	finger
el dedo del pie	toe
el estómago	stomach
la garganta	throat
el hueso	bone
la nariz	nose
el oído	(sense of) hearing; inner ear
el ojo	eye
la oreja	(outer) ear
el pie	foot
la pierna	leg
la rodilla	knee
el tobillo	ankle

La salud

el accidente	accident
el antibiótico	antibiotic
la aspirina	aspirin
la clínica	clinic
el consultorio	doctor's office
el/la dentista	dentist
el/la doctor(a)	doctor
el dolor (de cabeza)	(head)ache; pain
el/la enfermero/a	nurse
el examen médico	physical exam
la farmacia	pharmacy
la gripe	flu
el hospital	hospital
la infección	infection
el medicamento	medication
la medicina	medicine
la operación	operation
el/la paciente	patient
la pastilla	pill; tablet
la radiografía	X-ray
la receta	prescription
el resfriado	cold (illness)
la sala de emergencia(s)	emergency room
la salud	health
el síntoma	symptom
la tos	cough

Verbos

caerse	to fall (down)
dañar	to damage; to break down
darse con	to bump into; to run into
doler (o:ue)	to hurt
enfermarse	to get sick
estar enfermo/a	to be sick
estornudar	to sneeze
lastimarse (el pie)	to injure (one's foot)
olvidar	to forget
poner una inyección	to give an injection
prohibir	to prohibit
recetar	to prescribe
romper	to break
romperse (la pierna)	to break (one's leg)
sacar(se) un diente	to have a tooth removed
ser alérgico/a (a)	to be allergic (to)
sufrir una enfermedad	to suffer an illness
tener dolor (m.)	to have a pain
tener fiebre	to have a fever
tomar la temperatura	to take someone's temperature
torcerse (o:ue) (el tobillo)	to sprain (one's ankle)
toser	to cough

Adjetivos

congestionado/a	congested; stuffed-up
embarazada	pregnant
grave	grave; serious
mareado/a	dizzy; nauseated
médico/a	medical
saludable	healthy
sano/a	healthy

Adverbios

a menudo	often
a tiempo	on time
a veces	sometimes
además (de)	furthermore; besides
apenas	hardly; scarcely
así	like this; so
bastante	enough; rather
casi	almost
con frecuencia	frequently
de niño/a	as a child
de vez en cuando	from time to time
despacio	slowly
menos	less
mientras	while
muchas veces	a lot; many times
poco	little
por lo menos	at least
pronto	soon
rápido	quickly
todos los días	every day

Expresiones útiles	See page 313.

  **Audio: Vocabulary**

recursos

LM
p. 60

vhlcentral.com
Lección 10

La tecnología

11

Communicative Goals

You will learn how to:

- Talk about using technology and electronics
- Use common expressions on the telephone
- Talk about car trouble

A PRIMERA VISTA
- ¿Qué hace la chica?
- ¿Crees que usa su computadora con frecuencia?
- ¿Es una chica saludable?
- ¿Qué partes del cuerpo se ven en la foto?

En el taller

El coche de Miguel está descompuesto y Maru tiene problemas con su computadora.

PERSONAJES

 MIGUEL

 JORGE

S Video: *Fotonovela*
Record and Compare

1

MIGUEL ¿Cómo lo ves?

JORGE Creo que puedo arreglarlo. ¿Me pasas la llave?

2

MARU Buenos días, Jorge.

JORGE ¡Qué gusto verte, Maru! ¿Cómo está la computadora?

MARU Mi amiga Mónica recuperó muchos archivos, pero muchos otros se borraron.

JORGE ¿Y dónde está Maru?

MIGUEL Acaba de enviarme un mensaje de texto: "Última noticia sobre la computadora portátil: todavía está descompuesta. Moni intenta arreglarla. Voy para allá".

5

JORGE ¿Está descompuesta tu computadora?

MIGUEL No, la mía no, la suya. Una amiga la está ayudando.

JORGE Un mal día para la tecnología, ¿no?

3

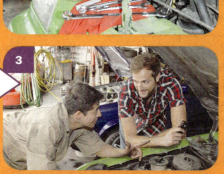

6

MIGUEL Ella está preparando un proyecto para ver si puede hacer sus prácticas profesionales en el Museo de Antropología.

JORGE ¿Y todo está en la computadora?

MIGUEL Y claro.

4

MARU Estamos en una triste situación. Yo necesito una computadora nueva, y Miguel necesita otro coche.

JORGE Y un televisor nuevo para mí, por favor.

MARU

MARU ¿Qué vamos a hacer, Miguel?

MIGUEL Tranquila, cariño. Por eso tenemos amigos como Jorge y Mónica. Nos ayudamos los unos a los otros.

JORGE ¿No te sientes afortunada, Maru? No te preocupes. Sube.

MIGUEL ¡Por fin!

MARU Gracias, Jorge. Eres el mejor mecánico de la ciudad.

MIGUEL ¿Cuánto te debo por el trabajo?

JORGE Hombre, no es nada. Guárdalo para el coche nuevo. Eso sí, recomiéndame con tus amigos.

MIGUEL Gracias, Jorge.

JORGE No manejes en carretera. Revisa el aceite cada 1.500 kilómetros y asegúrate de llenarle el tanque... No manejes con el cofre abierto. Nos vemos.

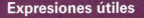

Expresiones útiles

Giving instructions to a friend

¿Me pasas la llave?
Can you pass me the wrench?
No lo manejes en carretera.
Don't drive it on the highway.
Revisa el aceite cada 1.500 kilómetros.
Check the oil every 1,500 kilometers.
Asegúrate de llenar el tanque.
Make sure to fill up the tank.
No manejes con el cofre abierto.
Don't drive with the hood open.
Recomiéndame con tus amigos.
Recommend me to your friends.

Taking a phone call

Aló./Bueno./Diga.
Hello.
¿Quién habla?/ ¿De parte de quién?
Who is speaking/calling?
Con él/ella habla.
Speaking.
¿Puedo dejar un recado?
May I leave a message?

Reassuring someone

Tranquilo/a, cariño.
Relax, sweetie.
Nos ayudamos los unos a los otros.
We help each other out.
No te preocupes.
Don't worry.

Additional vocabulary

entregar *to hand in*
el intento *attempt*
la noticia *news*
el proyecto *project*
recuperar *to recover*

recursos

VM pp. 215–216

vhlcentral.com Lección 11

¿Qué pasó?

1   **Seleccionar** Selecciona las respuestas que completan correctamente estas oraciones.

1. Jorge intenta arreglar _____.
   a. la computadora de Maru   b. el coche de Miguel   c. el teléfono celular de Felipe
2. Maru dice que se borraron muchos _____ de su computadora.
   a. archivos   b. sitios web   c. mensajes de texto
3. Jorge dice que necesita un _____.
   a. navegador GPS   b. reproductor de DVD   c. televisor
4. Maru dice que Jorge es el mejor _____.
   a. mecánico de la ciudad   b. amigo del mundo   c. compañero de la clase
5. Jorge le dice a Miguel que no maneje su coche en _____.
   a. el tráfico   b. el centro de la ciudad   c. la carretera

2   **Identificar** Identifica quién puede decir estas oraciones.

1. Cómprate un coche nuevo y recomiéndame con tus amigos.
2. El mensaje de texto de Maru dice que su computadora todavía está descompuesta.
3. Mi amiga Mónica me ayudó a recuperar muchos archivos, pero necesito una computadora nueva.
4. No conduzcas con el cofre abierto y recuerda que el tanque debe estar lleno.
5. Muchos de los archivos de mi computadora se borraron.

MARU

MIGUEL

JORGE

3   **Problema mecánico** Trabajen en parejas para representar los papeles de un(a) mecánico/a y un(a) cliente/a que está llamando al taller porque su carro está descompuesto. Usen las instrucciones como guía.

Mecánico/a	**Cliente/a**
Contesta el teléfono con un saludo y el nombre del taller.	→ Saluda y explica que tu carro está descompuesto.
Pregunta qué tipo de problema tiene exactamente.	→ Explica que tu carro no arranca cuando hace frío.
Di que debe traer el carro al taller.	→ Pregunta cuándo puedes llevarlo.
Ofrece una hora para revisar el carro.	→ Acepta la hora que ofrece el/la mecánico/a.
Da las gracias y despídete.	→ Despídete y cuelga (*hang up*) el teléfono.

Ahora cambien los papeles y representen otra conversación. Ustedes son un(a) técnico/a y un(a) cliente/a. Usen estas ideas:

el celular no guarda mensajes	la impresora imprime muy lentamente
la computadora no descarga fotos	el reproductor de DVD está descompuesto

Ortografía

 **Concepts**

La acentuación de palabras similares

Although accent marks usually indicate which syllable in a word is stressed, they are also used to distinguish between words that have the same or similar spellings.

Él maneja **el** coche.   **Sí**, voy **si** quieres.

Although one-syllable words do not usually carry written accents, some *do* have accent marks to distinguish them from words that have the same spelling but different meanings.

Sé cocinar.   **Se** baña.   ¿Tomas **té**?   **Te** duermes.

Sé (*I know*) and **té** (*tea*) have accent marks to distinguish them from the pronouns **se** and **te**.

---

para mí   **mi** cámara   **Tú** lees.   **tu** estéreo

Mí (*Me*) and **tú** (*you*) have accent marks to distinguish them from the possessive adjectives **mi** and **tu**.

¿Por qué vas?   Voy **porque** quiero.

Several words of more than one syllable also have accent marks to distinguish them from words that have the same or similar spellings.

Éste es rápido.   **Este** tren es rápido.

Demonstrative pronouns have accent marks to distinguish them from demonstrative adjectives.

¿Cuándo fuiste?   Fui **cuando** me llamó.
¿Dónde trabajas?   Voy al taller **donde** trabajo.

Adverbs have accent marks when they are used to convey a question.

 Práctica Marca los acentos en las palabras que los necesitan.

ANA   Alo, soy Ana. ¿Que tal?
JUAN   Hola, pero... ¿por que me llamas tan tarde?
ANA   Porque mañana tienes que llevarme a la universidad. Mi auto esta dañado.
JUAN   ¿Como se daño?
ANA   Se daño el sabado. Un vecino (*neighbor*) choco con (*crashed into*) el.

 Crucigrama Utiliza las siguientes pistas (*clues*) para completar el crucigrama. ¡Ojo con los acentos!

Horizontales

1. Él _____ levanta.
4. No voy _____ no puedo.
7. Tú _____ acuestas.
9. ¿_____ es el examen?
10. Quiero este video y _____.

Verticales

2. ¿Cómo _____ usted?
3. Eres _____ mi hermano.
5. ¿_____ tal?
6. Me gusta _____ suéter.
8. Navego _____ la red.

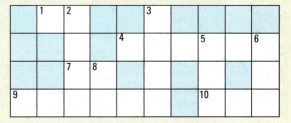

S Additional Reading
Video: *Flash cultura*

El teléfono
celular

¿Cómo te comunicas con tus amigos y familia? En algunos países hispanos, el servicio de teléfono común° es bastante caro, por lo que el teléfono celular, más accesible y barato, es el favorito de mucha gente.

El servicio más popular entre los jóvenes es el sistema de tarjetas prepagadas°, porque no requiere de un contrato ni de cuotas° extras. En muchos países, puedes encontrar estas tarjetas en cualquier° tienda o recargar el saldo° de tu celular por Internet.

Los celulares de los años 80, grandes e incómodos, eran un símbolo de estatus y estaban limitados al uso de la voz°. Las funciones que entonces° sólo existían en la ciencia ficción, ahora son una realidad. Los celulares de hoy tienen muchas funciones: cámara de fotos o de video,

agenda electrónica°, navegador GPS, juegos, conexión a Internet, reproductor de MP3… Con los teléfonos actuales se puede interactuar en las redes sociales° de Internet y, gracias a la tecnología táctil, acceder a sus aplicaciones de forma diferente y rápida.

Con la evolución de los celulares, muchas personas han dejado de usar ciertos aparatos°: ¿para qué una cámara, un reproductor de música y un celular separados si puedes tener todo en uno°?

El uso de los celulares

- En el mundo se intercambian cerca de 500 mil millones de mensajes de texto al año.

- En los EE.UU., el 53% de los hispanos con celular lo usan para conectarse a Internet y el 84% de los hispanos menores de 30 años tiene un celular.

- América Latina tiene 179 millones de usuarios de teléfonos celulares. De ellos, el 73% utiliza programas de mensajería instantánea, el 82% navega por Internet y el 55% transfiere datos como videos y fotos.

común *ordinary* **prepagadas** *prepaid* **cuotas** *fees* **cualquier** *any* **recargar el saldo** *to buy more minutes* **voz** *voice* **en ese entonces** *back then* **agenda electrónica** *PDA* **redes sociales** *social Networks* **aparatos** *appliances* **todo en uno** *all in one*

ACTIVIDADES

1 **¿Cierto o falso?** Indica si lo que dicen estas oraciones es **cierto** o **falso**. Corrige la información falsa.

1. El teléfono común es un servicio caro en algunos países.

2. Muchas personas usan más el teléfono celular que el teléfono común.

3. Es difícil encontrar tarjetas prepagadas en los países hispanos.

4. En los años 80 los celulares eran un símbolo de estatus.

5. Los primeros teléfonos celulares eran muy cómodos y pequeños.

6. Hoy en día muy pocas personas usan el celular para sacar fotos y oír música.

7. En los EE.UU., el 12% de los hispanos usa el celular para conectarse a Internet.

EL MUNDO HISPANO

Las bicimotos

- **Argentina** El *ciclomotor* se usa mayormente° para repartir a domicilio° comidas y medicinas.

- **Perú** La *motito* se usa mucho para el reparto a domicilio de pan fresco todos los días.

- **México** La *Vespa* se usa para evitar° el tráfico en grandes ciudades.

- **España** La población usa el *Vespino* para ir y volver al trabajo cada día.

- **Puerto Rico** Una *scooter* es el medio de transporte favorito en las zonas rurales.

- **República Dominicana** Las *moto-taxis* son el medio de transporte más económico, ¡pero no olvides el casco°!

mayormente *mainly* **repartir a domicilio** *home delivery of* **evitar** *to avoid* **casco** *helmet*

PERFIL

Los mensajes de texto

¿Qué tienen en común un **mensaje de texto** y un telegrama?: la necesidad de decir lo máximo en el menor espacio posible —y rápidamente—. Así como los abuelos se las arreglaron° para hacer más baratos sus telegramas, que se cobraban° por número de palabras, ahora los jóvenes buscan ahorrar° espacio, tiempo y dinero, en sus mensajes de texto. Esta economía del lenguaje dio origen al **lenguaje chat**,

una forma de escritura muy creativa y compacta. Olvídate de la gramática, la puntuación y la ortografía: es tan flexible que evoluciona° todos los días con el uso que cada quien° le da, aunque° hay muchas palabras y expresiones ya establecidas°. Fácilmente encontrarás° abreviaturas (**xq?**, "¿Por qué?"; **tkm**, "Te quiero mucho."), sustitución de sonidos por números (**a2**, "Adiós."; **5mntrios**, "Sin comentarios."), símbolos (**ad+**, "además") y omisión de vocales y acentos (**tb**, "también"; **k tl?**, "¿Qué tal?"). Ahora que lo sabes, si un amigo te envía: **cont xfa, m dbs $!**°, puedes responderle: **ntp, ns vms + trd**°.

se las arreglaron *they managed to* **se cobraban** *were charged* **ahorrar** *to save* **evoluciona** *evolves* **cada quien** *each person* **aunque** *although* **establecidas** *fixed* **encontrarás** *you will find* **cont xfa, m dbs $!** Contesta, por favor, ¡me debes dinero! **ntp, ns vms +trd** No te preocupes, nos vemos más tarde.

Conexión Internet

¿Qué sitios web son populares entre los jóvenes hispanos?	Go to **vhlcentral.com** to find more cultural information related to this **Cultura** section.

ACTIVIDADES

2 **Comprensión** Responde a las preguntas.

1. ¿Cuáles son tres formas de decir *headset*?
2. ¿Para qué se usan las bicimotos en Argentina?
3. ¿Qué dio origen al "lenguaje chat"?
4. ¿Es importante escribir los acentos en los mensajes de texto?

3 **¿Cómo te comunicas?** Escribe un párrafo breve en donde expliques qué utilizas para comunicarte con tus amigos/as (correo electrónico, redes sociales, teléfono, etc.) y de qué hablan cuando se llaman por teléfono.

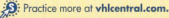

Practice more at **vhlcentral.com**.

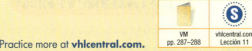

recursos

VM pp. 287–288	vhlcentral.com Lección 11

Práctica

1 **Completar** Tu mejor amigo no entiende nada de tecnología y te pide ayuda. Completa los comentarios de tu amigo con el mandato de cada verbo.

1. No _____ en una hora. _____ ahora mismo. (venir)
2. _____ tu tarea después. No la _____ ahora. (hacer)
3. No _____ a la tienda a comprar papel para la impresora. _____ a la cafetería a comprarme algo de comer. (ir)
4. No _____ que no puedes abrir un archivo. _____ que el programa de computación funciona sin problemas. (decirme)
5. _____ generoso con tu tiempo y no _____ antipático si no entiendo fácilmente. (ser)
6. _____ mucha paciencia y no _____ prisa. (tener)
7. _____ tu teléfono celular, pero no _____ la computadora. (apagar)

2 **Cambiar** Pedro y Marina no pueden ponerse de acuerdo (*agree*) cuando viajan en su carro. Cuando Pedro dice que algo es necesario, Marina expresa una opinión diferente. Usa la información entre paréntesis para formar las órdenes que Marina le da a Pedro.

> **modelo**
>
> **Pedro:** Necesito revisar el aceite del carro. (seguir hasta el próximo pueblo)
> **Marina:** No revises el aceite del carro. Sigue hasta el próximo pueblo.

1. Necesito conducir más rápido. (parar el carro)
2. Necesito poner el radio. (hablarme)
3. Necesito almorzar ahora. (comer más tarde)
4. Necesito sacar los discos compactos. (manejar con cuidado)
5. Necesito estacionar el carro en esta calle. (pensar en otra opción)
6. Necesito volver a esa gasolinera. (arreglar el carro en un taller)
7. Necesito leer el mapa. (pedirle ayuda a aquella señora)
8. Necesito dormir en el carro. (acostarse en una cama)

3 **Problemas** Tú y tu compañero/a trabajan en el centro de computadoras de la universidad. Muchos estudiantes están llamando con problemas. Denles órdenes para ayudarlos a resolverlos.

> **modelo**
>
> **Problema:** No veo nada en la pantalla.
> **Tu respuesta:** Prende la pantalla de tu computadora.

apagar…	descargar…	grabar…	imprimir…	prender…
borrar…	funcionar…	guardar…	navegar…	volver…

1. No me gusta este programa de computación.
2. Tengo miedo de perder mi documento.
3. Prefiero leer este sitio web en papel.
4. Mi correo electrónico funciona muy lentamente.
5. Busco información sobre los gauchos de Argentina.
6. Tengo demasiados archivos en mi computadora.
7. Mi computadora se congeló (*froze*).
8. Quiero ver las fotos del cumpleaños de mi hermana.

NOTA CULTURAL

Los gauchos (*nomadic cowboys*), conocidos por su habilidad (*skill*) para montar a caballo y utilizar el lazo, viven en la Región Pampeana, una llanura muy extensa ubicada en el centro de Argentina y dedicada a la agricultura (*agriculture*).

 Practice more at **vhlcentral.com**.

Comunicación

4

Órdenes Circula por la clase e intercambia mandatos negativos y afirmativos con tus compañeros/as. Debes seguir las órdenes que ellos te dan o reaccionar apropiadamente.

> **modelo**
>
> **Estudiante 1:** Dame todo tu dinero.
> **Estudiante 2:** No, no quiero dártelo. Muéstrame tu cuaderno.
> **Estudiante 1:** Aquí está.
> **Estudiante 3:** Ve a la pizarra y escribe tu nombre.
> **Estudiante 4:** No quiero. Hazlo tú.

5

Anuncios Miren este anuncio. Luego, en grupos pequeños, preparen tres anuncios adicionales para tres escuelas que compiten (*compete*) con ésta.

INFORMÁTICA ARGENTINA

Toma nuestros cursos y aprende a usar la computadora

abre y lee tus archivos

imprime tus documentos

entra al campo de la tecnología

¡Ponte en contacto con nosotros llamando al **11-4-129-1508 HOY!**

Síntesis

6

¡Tanto que hacer! Tu profesor(a) te va a dar una lista de diligencias (*errands*). Algunas las hiciste tú y algunas las hizo tu compañero/a. Las diligencias que ya hicieron tienen esta marca ✔. Pero quedan cuatro diligencias por hacer. Dale órdenes a tu compañero/a y él/ella responde para confirmar si hay que hacerla o si ya la hizo.

> **modelo**
>
> **Estudiante 1:** Llena el tanque.
> **Estudiante 2:** Ya llené el tanque. / ¡Ay, no! Tenemos que llenar el tanque.

11.4   Stressed possessive adjectives and pronouns   S Tutorial

ANTE TODO   Spanish has two types of possessive adjectives: the unstressed (or short) forms you learned in **Lección 3** and the stressed (or long) forms. The stressed forms are used for emphasis or to express *of mine*, *of yours*, and so on.

Stressed possessive adjectives

Masculine singular	Feminine singular	Masculine plural	Feminine plural	
mío	**mía**	**míos**	**mías**	*my; (of) mine*
tuyo	**tuya**	**tuyos**	**tuyas**	*your; (of) yours (fam.)*
suyo	**suya**	**suyos**	**suyas**	*your; (of) yours (form.); his; (of) his; her; (of) hers; its*
nuestro	**nuestra**	**nuestros**	**nuestras**	*our; (of) ours*
vuestro	**vuestra**	**vuestros**	**vuestras**	*your; (of) yours (fam.)*
suyo	**suya**	**suyos**	**suyas**	*your; (of) yours (form.); their; (of) theirs*

▶ **¡Atención!** Used with **un/una**, these possessives are similar in meaning to the English expression *of mine/yours/etc.*

> Juancho es **un** amigo **mío**.
> *Juancho is a friend of mine.*

> Ella es **una** compañera **nuestra**.
> *She is a classmate of ours.*

▶ Stressed possessive adjectives agree in gender and number with the nouns they modify. While unstressed possessive adjectives are placed before the noun, stressed possessive adjectives are placed after the noun they modify.

> **su** impresora
> *her printer*

> la impresora **suya**
> *her printer*

> **nuestros** televisores
> *our television sets*

> los televisores **nuestros**
> *our television sets*

▶ A definite article, an indefinite article, or a demonstrative adjective usually precedes a noun modified by a stressed possessive adjective.

Me encantan
- **unos** discos compactos **tuyos**.   *I love some of your CDs.*
- **los** discos compactos **tuyos**.   *I love your CDs.*
- **estos** discos compactos **tuyos**.   *I love these CDs of yours.*

▶ Since **suyo, suya, suyos,** and **suyas** have more than one meaning, you can avoid confusion by using the construction: [*article*] + [*noun*] + **de** + [*subject pronoun*].

> **el** teclado **suyo**

> el teclado **de él/ella/usted**   *his/her keyboard*
> el teclado **de ustedes/ellos/ellas**   *your keyboard*

CONSULTA

This is the same construction you learned in **Lección 3** for clarifying **su** and **sus**. To review unstressed possessive adjectives, see **Estructura 3.2,** p. 85.

Possessive pronouns

▶ Possessive pronouns are used to replace a noun + [*possessive adjective*]. In Spanish, the possessive pronouns have the same forms as the stressed possessive adjectives, but they are preceded by a definite article.

la cámara **nuestra**	**la nuestra**
el navegador GPS **tuyo**	**el tuyo**
los archivos **suyos**	**los suyos**

▶ A possessive pronoun agrees in number and gender with the noun it replaces.

—Aquí está **mi coche**. ¿Dónde está **el tuyo**?
Here's my car. Where is yours?

—**El mío** está en el taller de mi hermano.
Mine is at my brother's garage.

—¿Tienes **las revistas** de Carlos?
Do you have Carlos' magazines?

—No, pero tengo **las nuestras**.
No, but I have ours.

¿También está descompuesta tu computadora?

No, la mía no, la suya.

¡INTÉNTALO!   Indica las formas tónicas (*stressed*) de estos adjetivos posesivos y los pronombres posesivos correspondientes.

	adjetivos	**pronombres**
1. su cámara digital	la cámara digital suya	la suya
2. mi televisor	_____	_____
3. nuestros discos compactos	_____	_____
4. tus calculadoras	_____	_____
5. su monitor	_____	_____
6. mis videos	_____	_____
7. nuestra impresora	_____	_____
8. tu estéreo	_____	_____
9. nuestro cederrón	_____	_____
10. mi computadora	_____	_____

La vivienda

Más vocabulario

las afueras	*suburbs; outskirts*
el alquiler	*rent (payment)*
el ama (*m., f.*) de casa	*housekeeper; caretaker*
el barrio	*neighborhood*
el edificio de apartamentos	*apartment building*
el/la vecino/a	*neighbor*
la vivienda	*housing*
el balcón	*balcony*
la entrada	*entrance*
la escalera	*stairs; stairway*
el garaje	*garage*
el jardín	*garden; yard*
el patio	*patio; yard*
el sótano	*basement; cellar*
la cafetera	*coffee maker*
el electrodoméstico	*electrical appliance*
el horno (de microondas)	*(microwave) oven*
la lavadora	*washing machine*
la luz	*light; electricity*
la secadora	*clothes dryer*
la tostadora	*toaster*
el cartel	*poster*
la mesita de noche	*night stand*
los muebles	*furniture*
alquilar	*to rent*
mudarse	*to move (from one house to another)*

Variación léxica

dormitorio ←→ aposento (*Rep. Dom.*); recámara (*Méx.*)

apartamento ←→ departamento (*Arg., Chile, Méx.*); piso (*Esp.*)

lavar los platos ←→ lavar/fregar los trastes (*Amér. C., Rep. Dom.*)

recursos

WB pp. 139–140	LM p. 67	vhlcentral.com Lección 12

el altillo

el dormitorio

la cómoda

el armario

el cuadro/ la pintura

Hace la cama. (hacer)

la almohada

la manta

Los quehaceres domésticos

arreglar	*to neaten; to straighten up*
barrer el suelo	*to sweep the floor*
cocinar	*to cook*
ensuciar	*to get (something) dirty*
hacer quehaceres domésticos	*to do household chores*
lavar (el suelo, los platos)	*to wash (the floor, the dishes)*
limpiar la casa	*to clean the house*
planchar la ropa	*to iron the clothes*
quitar la mesa	*to clear the table*
quitar el polvo	*to dust*

la sala

las cortinas

la lámpara

la mesita

el sofá

Pasa la aspiradora. (pasar)

la alfombra

la oficina
el sillón
la pared
el estante
Sacude los muebles. (sacudir)

la cocina
el refrigerador
el congelador
la cocina, la estufa
el horno
el lavaplatos
Saca la basura. (sacar)

Práctica

1 **Escuchar** 🎧 Escucha la conversación y completa las oraciones.

1. Pedro va a limpiar primero _____.
2. Paula va a comenzar en _____.
3. Pedro va a _____ en el sótano.
4. Pedro también va a limpiar _____.
5. Ellos están limpiando la casa porque
   _____.

2 **Respuestas** 🎧 Escucha las preguntas y selecciona la respuesta más adecuada. Una respuesta no se va a usar.

____ a. Sí, la alfombra estaba muy sucia.
____ b. No, porque todavía se están mudando.
____ c. Sí, sacudí la mesa y el estante.
____ d. Sí, puse el pollo en el horno.
____ e. Hice la cama, pero no limpié los muebles.
____ f. Sí, después de sacarla de la secadora.

3 **Escoger** Escoge la letra de la respuesta correcta.

1. Cuando quieres tener una lámpara y un despertador cerca de tu cama, puedes ponerlos en _____.
   a. el barrio   b. el cuadro   c. la mesita de noche
2. Si no quieres vivir en el centro de la ciudad, puedes mudarte _____.
   a. al alquiler   b. a las afueras   c. a la vivienda
3. Guardamos (*We keep*) los pantalones, las camisas y los zapatos en _____.
   a. la secadora   b. el armario   c. el patio
4. Para subir de la planta baja al primer piso, usas _____.
   a. la entrada   b. el cartel   c. la escalera
5. Ponemos cuadros y pinturas en _____.
   a. las paredes   b. los quehaceres   c. los jardines

4 **Definiciones** En parejas, identifiquen cada cosa que se describe. Luego inventen sus propias descripciones de algunas palabras y expresiones de **Contextos**.

modelo
Estudiante 1: *Es donde pones los libros.*
Estudiante 2: *el estante*

1. Es donde pones la cabeza cuando duermes.
2. Es el quehacer doméstico que haces después de comer.
3. Algunos de ellos son las cómodas y los sillones.
4. Son las personas que viven en tu barrio.
5. _____
6. _____

Los quehaceres

Jimena y Felipe deben limpiar el apartamento para poder ir de viaje con Marissa.

PERSONAJES

JIMENA   **FELIPE**

Video: *Fotonovela*
Record and Compare

SR. DÍAZ Quieren ir a Yucatán con Marissa, ¿verdad?

SRA. DÍAZ Entonces, les sugiero que arreglen este apartamento. Regresamos más tarde.

SR. DÍAZ Les aconsejo que preparen la cena para las 8:30.

MARISSA ¿Qué pasa?

JIMENA Nuestros papás quieren que Felipe y yo arreglemos toda la casa.

FELIPE Y que, además, preparemos la cena.

MARISSA ¡Pues, yo les ayudo!

(Don Diego llega a ayudar a los chicos.)

FELIPE Tenemos que limpiar la casa hoy.

JIMENA ¿Nos ayuda, don Diego?

DON DIEGO Claro. Recomiendo que se organicen en equipos para limpiar.

MARISSA Mis padres siempre quieren que mis hermanos y yo ayudemos con los quehaceres. No me molesta ayudar. Pero odio limpiar el baño.

JIMENA Lo que más odio yo es sacar la basura.

JUAN CARLOS Hola, Jimena. ¿Está Felipe? *(a Felipe)* Te olvidaste del partido de fútbol.

FELIPE Juan Carlos, ¿verdad que mi papá te considera como de la familia?

JUAN CARLOS Sí.

MARISSA Yo lleno el lavaplatos... después de vaciarlo.

DON DIEGO Juan Carlos, ¿por qué no terminas de pasar la aspiradora? Y Felipe, tú limpia el polvo. ¡Ya casi acaban!

SRA. DÍAZ **SR. DÍAZ** **MARISSA** **JUAN CARLOS** **DON DIEGO**

7

(Los chicos preparan la cena y ponen la mesa.)

JUAN CARLOS ¿Dónde están los tenedores?

JIMENA Allá.

JUAN CARLOS ¿Y las servilletas?

MARISSA Aquí están.

8

FELIPE La sala está tan limpia. Le pasamos la aspiradora al sillón y a las cortinas. ¡Y también a las almohadas!

JIMENA Yucatán, ¡ya casi llegamos!

9

(Papá y mamá regresan a casa.)

SRA. DÍAZ ¡Qué bonita está la casa!

SR. DÍAZ Buen trabajo, muchachos. ¿Qué hay para cenar?

JIMENA Quesadillas. Vengan.

10

SRA. DÍAZ Don Diego, quédese a cenar con nosotros. Venga.

SR. DÍAZ Sí, don Diego. Pase.

DON DIEGO Gracias.

Expresiones útiles

Making recommendations

Le(s) sugiero que arregle(n) este apartamento.
I suggest you tidy up this apartment.
Le(s) aconsejo que prepare(n) la cena para las ocho y media.
I recommend that you have dinner ready for eight thirty.

Organizing work

Recomiendo que se organicen en equipos para limpiar.
I recommend that you divide yourselves into teams to clean.
Yo lleno el lavaplatos... después de vaciarlo.
I'll fill the dishwasher… after I empty it.
¿Por qué no terminas de pasar la aspiradora?
Why don't you finish vacuuming?
¡Ya casi acaban!
You're almost finished!
Felipe, tú quita el polvo.
Felipe, you dust.

Making polite requests

Don Diego, quédese a cenar con nosotros.
Don Diego, stay and have dinner with us.
Venga.
Come on.
Don Diego, pase.
Don Diego, come in.

Additional vocabulary

el plumero *duster*

¿Qué pasó?

1

¿Cierto o falso? Indica si lo que dicen estas oraciones es **cierto** o **falso**. Corrige las oraciones falsas.

	Cierto	Falso
1. Felipe y Jimena tienen que preparar el desayuno.	○	○
2. Don Diego ayuda a los chicos organizando los quehaceres domésticos.	○	○
3. Jimena le dice a Juan Carlos dónde están los tenedores.	○	○
4. A Marissa no le molesta limpiar el baño.	○	○
5. Juan Carlos termina de lavar los platos.	○	○

2

Identificar Identifica quién puede decir estas oraciones.

1. Yo les ayudo, no me molesta hacer quehaceres domésticos.
2. No me gusta sacar la basura, pero es necesario hacerlo.
3. Es importante que termines de pasar la aspiradora, Juan Carlos.
4. ¡La casa está muy limpia! ¡Qué bueno que pasamos la aspiradora!
5. ¡Buen trabajo, chicos! ¿Qué vamos a cenar?

JIMENA

DON DIEGO

FELIPE

SR. DÍAZ

MARISSA

3

Completar Los chicos y don Diego están haciendo los quehaceres. Adivina en qué cuarto está cada uno de ellos.

1. Jimena limpia el congelador. Jimena está en _____.
2. Don Diego limpia el escritorio. Don Diego está en _____.
3. Felipe pasa la aspiradora debajo de la mesa y las sillas. Felipe está en _____.
4. Juan Carlos sacude el sillón. Juan Carlos está en _____.
5. Marissa hace la cama. Marissa está en _____.

4

Mi casa Dibuja el plano de una casa o de un apartamento. Puede ser el plano de la casa o del apartamento donde vives o de donde te gustaría (*you would like*) vivir. Después, trabajen en parejas y describan lo que se hace en cuatro de las habitaciones. Para terminar, pídanse (*ask for*) ayuda para hacer dos quehaceres domésticos. Pueden usar estas frases en su conversación.

Quiero mostrarte…	Al fondo hay…
Ésta es (la cocina).	Quiero que me ayudes a (sacar la basura).
Allí yo (preparo la comida).	Por favor, ayúdame con…

 Practice more at **vhlcentral.com.**

Ortografía  Concepts
Mayúsculas y minúsculas

Here are some of the rules that govern the use of capital letters (**mayúsculas**) and lowercase letters (**minúsculas**) in Spanish.

Los estudiantes llegaron al aeropuerto a las dos.
Luego fueron al hotel.

In both Spanish and English, the first letter of every sentence is capitalized.

Rubén Blades   Panamá   Colón   los Andes

The first letter of all proper nouns (names of people, countries, cities, geographical features, etc.) is capitalized.

Cien años de soledad   *Don Quijote de la Mancha*
El País   *Muy Interesante*

The first letter of the first word in titles of books, films, and works of art is generally capitalized, as well as the first letter of any proper names. In newspaper and magazine titles, as well as other short titles, the initial letter of each word is often capitalized.

---

la señora Ramos   **don Francisco**
el presidente   **Sra. Vives**

Titles associated with people are *not* capitalized unless they appear as the first word in a sentence. Note, however, that the first letter of an abbreviated title is capitalized.

Último   Álex   MENÚ   PERDÓN

Accent marks should be retained on capital letters. In practice, however, this rule is often ignored.

---

lunes   viernes   marzo   primavera

The first letter of days, months, and seasons is <u>not</u> capitalized.

---

español   estadounidense   japonés   panameños

The first letter of nationalities and languages is <u>not</u> capitalized.

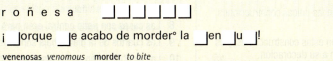

Profesor Herrera, ¿es cierto que somos venenosas°?

Sí, Pepito. ¿Por qué lloras?

Práctica Corrige las mayúsculas y minúsculas incorrectas.

1. soy lourdes romero. Soy Colombiana.
2. éste Es mi Hermano álex.
3. somos De panamá.
4. ¿es ud. La sra. benavides?
5. ud. Llegó el Lunes, ¿no?

Palabras desordenadas Lee el diálogo de las serpientes. Ordena las letras para saber de qué palabras se trata. Después escribe las letras indicadas para descubrir por qué llora Pepito.

m n a a P á   _ _ _ _ _ _
s t e m r a   _ _ _ _ _ _
i g s l é n   _ _ _ _ _ _
y a U r u g u _ _ _ _ _ _ _
r o ñ e s a   _ _ _ _ _ _

¡ _orque _e acabo de morder° la _en_u_!

venenosas *venomous*   morder *to bite*

¡Porque me acabo de morder la lengua!
Respuestas: Panamá, martes, inglés, Uruguay, señora.

12.1 Relative pronouns  Tutorial

ANTE TODO In both English and Spanish, relative pronouns are used to combine two sentences or clauses that share a common element, such as a noun or pronoun. Study this diagram.

Mis padres me regalaron **la aspiradora**.
My parents gave me the vacuum cleaner.

La aspiradora funciona muy bien.
The vacuum cleaner works really well.

La aspiradora **que** me regalaron mis padres funciona muy bien.
The vacuum cleaner that my parents gave me works really well.

Lourdes es muy inteligente.
Lourdes is very intelligent.

Lourdes estudia español.
Lourdes is studying Spanish.

Lourdes, **quien** estudia español, es muy inteligente.
Lourdes, who studies Spanish, is very intelligent.

Eso fue todo lo que dijimos.

Mi papá se lleva bien con Juan Carlos, quien es como mi hermano.

▶ Spanish has three frequently-used relative pronouns. **¡Atención!** Even though interrogative words (**qué**, **quién**, etc.) always carry an accent, relative pronouns never carry a written accent.

que	*that; which; who*
quien(es)	*who; whom; that*
lo que	*that which; what*

▶ **Que** is the most frequently used relative pronoun. It can refer to things or to people. Unlike its English counterpart, *that*, **que** is never omitted.

¿Dónde está la cafetera **que** compré?
Where is the coffee maker (that) I bought?

El hombre **que** limpia es Pedro.
The man who is cleaning is Pedro.

▶ The relative pronoun **quien** refers only to people, and is often used after a preposition or the personal **a. Quien** has only two forms: **quien** (singular) and **quienes** (plural).

¿Son las chicas **de quienes** me hablaste la semana pasada?
Are they the girls (that) you told me about last week?

Eva, **a quien** conocí anoche, es mi nueva vecina.
Eva, whom I met last night, is my new neighbor.

¡LENGUA VIVA!

In English, it is generally recommended that *who(m)* be used to refer to people, and that *that* and *which* be used to refer to things. In Spanish, however, it is perfectly acceptable to use **que** when referring to people.

▶ **Quien(es)** is occasionally used instead of **que** in clauses set off by commas.

Lola, **quien** es cubana, es médica.
Lola, who is Cuban, is a doctor.

Su tía, **que** es alemana, ya llegó.
His aunt, who is German, already arrived.

▶ Unlike **que** and **quien(es)**, **lo que** doesn't refer to a specific noun. It refers to an idea, a situation, or a past event and means *what, that which,* or *the thing that.*

Lo que me molesta es el calor.
What bothers me is the heat.

Lo que quiero es una casa.
What I want is a house.

Este supermercado tiene todo **lo que** necesito.

A Samuel no le gustó **lo que** le dijo Violeta.

¡INTÉNTALO!   Completa estas oraciones con pronombres relativos.

1. Voy a utilizar los platos ____que____ me regaló mi abuela.
2. Ana comparte un apartamento con la chica a _____ conocimos en la fiesta de Jorge.
3. Esta oficina tiene todo _____ necesitamos.
4. Puedes estudiar en el dormitorio _____ está a la derecha de la cocina.
5. Los señores _____ viven en esa casa acaban de llegar de Centroamérica.
6. Los niños a _____ viste en nuestro jardín son mis sobrinos.
7. La piscina _____ ves desde la ventana es la piscina de mis vecinos.
8. Fue Úrsula _____ ayudó a mamá a limpiar el refrigerador.
9. Ya te dije que fue mi padre _____ alquiló el apartamento.
10. _____ te dijo Pablo no es cierto.
11. Tengo que sacudir los muebles _____ están en el altillo una vez al mes.
12. No entiendo por qué no lavaste los vasos _____ te dije.
13. La mujer a _____ saludaste vive en las afueras.
14. ¿Sabes _____ necesita este dormitorio? ¡Unas cortinas!
15. No quiero volver a hacer _____ hice ayer.
16. No me gusta vivir con personas a _____ no conozco.

recursos

WB
pp. 141–142

LM
p. 69

Ⓢ

vhlcentral.com
Lección 12

Práctica

1

Combinar Combina elementos de la columna A y la columna B para formar oraciones lógicas.

A

1. Ése es el hombre _____.
2. Rubén Blades, _____.
3. No traje _____.
4. ¿Te gusta la manta _____?
5. ¿Cómo se llama el programa _____?
6. La mujer _____.

B

a. con quien bailaba es mi vecina
b. que te compró Cecilia
c. quien es de Panamá, es un cantante muy bueno
d. que arregló mi lavadora
e. lo que necesito para la clase de matemáticas
f. que comiste en el restaurante
g. que escuchaste en la radio anoche

NOTA CULTURAL

Rubén Blades es un cantante, compositor y actor panameño muy famoso. Este versátil abogado fue también Ministro de Turismo en su país (2004-2009) y fue nombrado Embajador contra el racismo por las Naciones Unidas en el 2000.

2 **Completar** Completa la historia sobre la casa que Jaime y Tina quieren comprar, usando los pronombres relativos **que, quien, quienes** o **lo que**.

1. Jaime y Tina son los chicos a _____ conocí la semana pasada.

2. Quieren comprar una casa _____ está en las afueras de la ciudad.

3. Es una casa _____ era de una artista famosa.

4. La artista, a _____ yo conocía, murió el año pasado y no tenía hijos.

5. Ahora se vende la casa con todos los muebles _____ ella tenía.

6. La sala tiene una alfombra _____ ella trajo de Kuwait.

7. La casa tiene muchos estantes, _____ a Tina le encanta.

3 **Oraciones** Javier y Ana acaban de casarse y han comprado (*they have bought*) una casa y muchas otras cosas. Combina sus declaraciones para formar una sola oración con los pronombres relativos **que, quien(es)** y **lo que**.

> **modelo**
>
> Vamos a usar los vasos nuevos mañana. Los pusimos en el comedor.
>
> *Mañana vamos a usar los vasos nuevos que pusimos en el comedor.*

1. Tenemos una cafetera nueva. Mi prima nos la regaló.

2. Tenemos una cómoda nueva. Es bueno porque no hay espacio en el armario.

3. Esos platos no nos costaron mucho. Están encima del horno.

4. Esas copas me las regaló mi amiga Amalia. Ella viene a visitarme mañana.

5. La lavadora está casi nueva. Nos la regalaron mis suegros.

6. La vecina nos dio una manta de lana. Ella la compró en México.

Comunicación

4

Entrevista En parejas, túrnense para hacerse estas preguntas.

1. ¿Qué es lo que más te gusta de vivir en las afueras o en la ciudad?
2. ¿Cómo son las personas que viven en tu barrio?
3. ¿Cuál es el quehacer doméstico que pagarías (*you would pay*) por no hacer?
4. ¿Quién es la persona que hace los quehaceres domésticos en tu casa?
5. ¿Hay vecinos que te caen bien? ¿Quiénes?
6. ¿De qué vecino es el coche que más te gusta?
7. ¿Cuál es el barrio de tu ciudad que más te gusta y por qué?
8. ¿Quién es la persona a quien le pedirías (*you would ask*) que te ayude con los quehaceres?
9. ¿Cuál es el lugar de la casa donde te sientes más cómodo/a? ¿Por qué?
10. ¿Qué es lo que más te gusta de tu barrio?
11. ¿Qué hace el vecino que más llama la atención?
12. ¿Qué es lo que menos te gusta de tu barrio?

5

Adivinanza En grupos, túrnense para describir distintas partes de una vivienda usando pronombres relativos. Los demás compañeros tienen que hacer preguntas hasta que adivinen (*they guess*) la palabra.

> **modelo**
>
> **Estudiante 1:** Es lo que tenemos en el dormitorio.
> **Estudiante 2:** ¿Es el mueble que usamos para dormir?
> **Estudiante 1:** No. Es lo que usamos para guardar la ropa.
> **Estudiante 3:** Lo sé. Es la cómoda.

Síntesis

6

Definir En parejas, definan las palabras. Usen los pronombres relativos **que, quien(es)** y **lo que.** Luego compartan sus definiciones con la clase.

alquiler	flan	patio	tenedor
amigos	guantes	postre	termómetro
aspiradora	jabón	sillón	vaso
enfermera	manta	sótano	vecino

> **modelo**
>
> lavadora   Es lo que se usa para lavar la ropa.
> pastel   Es un postre que comes en tu cumpleaños.

Práctica

1 **Completar** Completa el diálogo con verbos de la lista.

cocina	haga	quiere	sea
comas	ponga	saber	ser
diga	prohíbe	sé	vaya

IRENE   Tengo problemas con Vilma. Sé que debo hablar con ella. ¿Qué me recomiendas que le (1)_____?

JULIA   Pues, necesito (2)_____ más antes de darte consejos.

IRENE   Bueno, para empezar me (3)_____ que traiga dulces a la casa.

JULIA   Pero chica, tiene razón. Es mejor que tú no (4)_____ cosas dulces.

IRENE   Sí, ya lo sé. Pero quiero que (5)_____ más flexible. Además, insiste en que yo (6)_____ todo en la casa.

JULIA   Yo (7)_____ que Vilma (8)_____ y hace los quehaceres todos los días.

IRENE   Sí, pero siempre que hay fiesta me pide que (9)_____ los cubiertos y las copas en la mesa y que (10)_____ al sótano por las servilletas y los platos. ¡Es lo que más odio: ir al sótano!

JULIA   Mujer, ¡Vilma sólo (11)_____ que ayudes en la casa!

2 **Aconsejar** En parejas, lean lo que dice cada persona. Luego den consejos lógicos usando verbos como **aconsejar**, **recomendar** y **prohibir**. Sus consejos deben ser diferentes de lo que la persona quiere hacer.

> **modelo**
>
> **Isabel:** Quiero conseguir un comedor con los muebles más caros del mundo.
>
> **Consejo:** *Te aconsejamos que consigas unos muebles menos caros.*

1. **DAVID**   Pienso poner el cuadro del lago de Maracaibo en la cocina.
2. **SARA**   Voy en bicicleta a comprar unas copas de cristal.
3. **SR. ALARCÓN**   Insisto en comenzar a arreglar el jardín en marzo.
4. **SRA. VILLA**   Quiero ver las tazas y los platos de la tienda El Ama de Casa Feliz.
5. **DOLORES**   Voy a poner servilletas de tela (*cloth*) para los cuarenta invitados.
6. **SR. PARDO**   Pienso poner todos mis muebles nuevos en el altillo.
7. **SRA. GONZÁLEZ**   Hay una fiesta en casa esta noche, pero no quiero limpiarla.
8. **CARLITOS**   Hoy no tengo ganas de hacer las camas ni de quitar la mesa.

◀ **NOTA CULTURAL**

En el **lago de Maracaibo,** en Venezuela, hay casas suspendidas sobre el agua que se llaman **palafitos**. Este tipo de construcciones les recordó a los conquistadores la ciudad de Venecia, Italia, de donde viene el nombre "Venezuela", que significa "pequeña Venecia".

3 **Preguntas** En parejas, túrnense para contestar las preguntas. Usen el subjuntivo.

1. ¿Te dan consejos tus amigos/as? ¿Qué te aconsejan? ¿Aceptas sus consejos? ¿Por qué?
2. ¿Qué te sugieren tus profesores que hagas antes de terminar los cursos que tomas?
3. ¿Insisten tus amigos/as en que salgas mucho con ellos?
4. ¿Qué quieres que te regalen tu familia y tus amigos/as en tu cumpleaños?
5. ¿Qué le recomiendas tú a un(a) amigo/a que no quiere salir los sábados con su novio/a?
6. ¿Qué les aconsejas a los nuevos estudiantes de tu universidad?

 Practice more at **vhlcentral.com.**

Comunicación

4 **Inventar** En parejas, preparen una lista de seis personas famosas. Un(a) estudiante da el nombre de una persona famosa y el/la otro/a le da un consejo.

> **modelo**
>
> **Estudiante 1:** *Judge Judy.*
> **Estudiante 2:** *Le recomiendo que sea más simpática con la gente.*
> **Estudiante 2:** *Orlando Bloom.*
> **Estudiante 1:** *Le aconsejo que haga más películas.*

5 **Hablar** En parejas, miren la ilustración. Imaginen que Gerardo es su hermano y necesita ayuda para arreglar su casa y resolver sus problemas románticos y económicos. Usen expresiones impersonales y verbos como **aconsejar, sugerir** y **recomendar**.

> **modelo**
>
> *Es mejor que arregles el apartamento más a menudo.*
> *Te aconsejo que no dejes para mañana lo que puedes hacer hoy.*

Síntesis

6 **La doctora Salvamórez** Hernán tiene problemas con su novia y le escribe a la doctora Salvamórez, columnista del periódico *Panamá y su gente*. Ella responde a las cartas de personas con problemas románticos. En parejas, lean el mensaje de Hernán y después usen el subjuntivo para escribir los consejos de la doctora.

> Estimada doctora Salvamórez:
>
> Mi novia nunca quiere que yo salga de casa. No le molesta que vengan mis amigos a visitarme. Pero insiste en que nosotros sólo miremos los programas de televisión que ella quiere. Necesita saber dónde estoy en cada momento, y yo necesito que ella me dé un poco de independencia. ¿Qué hago?
>
> Hernán

Recapitulación

S Concepts Diagnostics

Completa estas actividades para repasar los conceptos de gramática que aprendiste en esta lección.

1 **Completar** Completa el cuadro con la forma correspondiente del presente de subjuntivo. **12 pts.**

yo/él/ella	tú	nosotros/as	Uds./ellos/ellas
limpie			
	vengas		
		queramos	
			ofrezcan

2 **El apartamento ideal** Completa este folleto (*brochure*) informativo con la forma correcta del presente de subjuntivo. **8 pts.**

> ### ¿Eres joven y buscas tu primera vivienda? Te ofrezco estos consejos:
>
> ■ Te sugiero que primero (tú) (1) _____ (escribir) una lista de las cosas que quieres en un apartamento.
>
> ■ Quiero que después (2) _____ (pensar) muy bien cuáles son tus prioridades. Es necesario que cada persona (3) _____ (tener) sus prioridades claras, porque el hogar (*home*) perfecto no existe.
>
> ■ Antes de decidir en qué área quieren vivir, les aconsejo a ti y a tu futuro/a compañero/a de apartamento que (4) _____ (salir) a ver la ciudad y que (5) _____ (conocer) los distintos barrios y las afueras.
>
> ■ Pidan que el agente les (6) _____ (mostrar) todas las partes de cada casa.
>
> ■ Finalmente, como consumidores, es importante que nosotros (7) _____ (saber) bien nuestros derechos (*rights*); por eso, deben insistir en que todos los puntos del contrato (8) _____ (estar) muy claros antes de firmarlo (*signing it*).
>
> ### ¡Buena suerte!

RESUMEN GRAMATICAL

12.1 **Relative pronouns** *pp. 386–387*

Relative pronouns	
que	*that; which; who*
quien(es)	*who; whom; that*
lo que	*that which; what*

12.2 **Formal commands** *pp. 390–391*

Formal commands (Ud. and Uds.)		
Infinitive	**Present tense yo form**	**Ud(s). command**
limpiar	limpio	limpie(n)
barrer	barro	barra(n)
sacudir	sacudo	sacuda(n)

► Verbs with stem changes or irregular **yo** forms maintain the same irregularity in the formal commands:

hacer: yo **hago → Hagan** la cama.

Irregular formal commands	
dar	dé (Ud.); den (Uds.)
estar	esté(n)
ir	vaya(n)
saber	sepa(n)
ser	sea(n)

12.3 **The present subjunctive** *pp. 394–396*

Present subjunctive of regular verbs		
hablar	**comer**	**escribir**
hable	coma	escriba
hables	comas	escribas
hable	coma	escriba
hablemos	comamos	escribamos
habléis	comáis	escribáis
hablen	coman	escriban

3 **Relativos** Completa las oraciones con **lo que**, **que** o **quien**. 8 pts.

1. Me encanta la alfombra _____ está en el comedor.
2. Mi amiga Tere, con _____ trabajo, me regaló ese cuadro.
3. Todas las cosas _____ tenemos vienen de la casa de mis abuelos.
4. Hija, no compres más cosas. _____ debes hacer ahora es organizarlo todo.
5. La agencia de decoración de _____ le hablé se llama Casabella.
6. Esas flores las dejaron en la puerta mis nuevos vecinos, a _____ aún (*yet*) no conozco.
7. Leonor no compró nada, porque _____ le gustaba era muy caro.
8. Mi amigo Aldo, a _____ visité ayer, es un cocinero excelente.

Irregular verbs in the present subjunctive		
dar		dé, des, dé, demos, deis, den
estar	est- +	-é, -és, -é, -emos, -éis, -én
ir	vay- +	
saber	sep- +	-a, -as, -a, -amos, -áis, -an
ser	se- +	

12.4 **Subjunctive with verbs of will and influence**
pp. 398–399

▶ Verbs of will and influence: **aconsejar, desear, importar, insistir (en), mandar, necesitar, pedir** (e:i), **preferir** (e:ie), **prohibir, querer** (e:ie), **recomendar** (e:ie), **rogar** (o:ue), **sugerir** (e:ie)

4 **Preparando la casa** Martín y Ángela van a hacer un curso de verano en Costa Rica y una vecina va a cuidarles (*take care of*) la casa mientras ellos no están. Completa las instrucciones de la vecina con mandatos formales. Usa cada verbo una sola vez y agrega pronombres de objeto directo o indirecto si es necesario. 10 pts.

arreglar	dejar	hacer	pedir	sacudir
barrer	ensuciar	limpiar	poner	tener

Primero, (1) _____ ustedes las maletas. Las cosas que no se llevan a Costa Rica, (2) _____ en el altillo. Ángela, (3) _____ las habitaciones y Martín, (4) _____ usted la cocina y el baño. Después, los dos (5) _____ el suelo y (6) _____ los muebles de toda la casa. Ángela, no (7) _____ sus joyas (*jewelry*) en el apartamento. (8) _____ cuidado ¡y no (9) _____ nada antes de irse! Por último, (10) _____ a alguien que recoja (*pick up*) su correo.

5 **Los quehaceres** A tu compañero/a de cuarto no le gusta ayudar con los quehaceres. Escribe al menos seis oraciones dándole consejos para hacer más divertidos los quehaceres. 12 pts.

> **modelo**
> Te sugiero que pongas música mientras lavas los platos...

6 **El circo** Completa esta famosa frase que tiene su origen en el circo (*circus*). ¡2 puntos EXTRA!

" ¡_____ (Pasar) ustedes y _____ (ver)! El espectáculo va a comenzar. "

Practice more at **vhlcentral.com.**

Panamá

El país en cifras

▶ **Área**: 78.200 km^2 (30.193 millas^2), *aproximadamente el área de Carolina del Sur*

▶ **Población**: 3.773.000

▶ **Capital**: La Ciudad de Panamá —1.527.000

▶ **Ciudades principales:** Colón, David

SOURCE: Population Division, UN Secretariat

▶ **Moneda**: balboa; es equivalente al dólar estadounidense.

En Panamá circulan los billetes de dólar estadounidense. El país centroamericano, sin embargo, acuña° su propia moneda. "El peso" es una moneda grande equivalente a cincuenta centavos°. La moneda de cinco centavos es llamada frecuentemente "real".

▶ **Idiomas**: español (oficial), lenguas indígenas, inglés *Muchos panameños son bilingües. La lengua materna del 14% de los panameños es el inglés.*

Bandera de Panamá

Panameños célebres

▶ **Mariano Rivera,** beisbolista (1969–)

▶ **Mireya Moscoso,** política (1946–)

▶ **Rubén Blades,** músico y político (1948–)

acuña *mints* centavos *cents*
peaje *toll* promedio *average*

Mujer kuna lavando una mola

Un turista disfruta del bosque tropical colgado de un cable.

COSTA RICA
Lago Gatún
Canal de Panamá
Islas San Blas
Bocas del Toro
Mar Caribe
Colón
Cordillera de San Blas
Río Chepo
Serranía de Tabasará
Ciudad de Panamá
David
Río Cobre
Isla del Rey
Océano Pacífico
Golfo de Panamá
Isla de Coiba

ESTADOS UNIDOS
OCÉANO ATLÁNTICO
PANAMÁ
AMÉRICA DEL SUR

recursos
WB pp. 149–150
VM pp. 251–252
S vhlcentral.com Lección 12

Ruinas de un fuerte panameño

¡Increíble pero cierto!

¿Conocías estos datos sobre el Canal de Panamá?

• Gracias al Canal de Panamá, el viaje en barco de Nueva York a Tokio es 3.000 millas más corto.

• Su construcción costó 639 millones de dólares.

• Hoy lo usan en promedio 39 barcos al día.

• El peaje° promedio° cuesta 54.000 dólares.

Tokio
Nueva York
PANAMÁ

Lugares • El Canal de Panamá

El Canal de Panamá conecta el océano Pacífico con el océano Atlántico. La construcción de este cauce° artificial empezó en 1903 y concluyó diez años después. Es una de las principales fuentes° de ingresos° del país, gracias al dinero que aportan los más de 14.000 buques° que transitan anualmente por esta ruta y a las actividades comerciales que se han desarrollado° en torno a° ella.

Artes • La mola

La mola es una forma de arte textil de los kunas, una tribu indígena que vive principalmente en las islas San Blas. Esta pieza artesanal se confecciona con fragmentos de tela° de colores vivos. Algunos de sus diseños son abstractos, inspirados en las formas del coral, y otros son geométricos, como en las molas más tradicionales. Antiguamente, estos tejidos se usaban sólo como ropa, pero hoy día también sirven para decorar las casas.

Naturaleza • El mar

Panamá, cuyo° nombre significa "lugar de muchos peces°", es un país muy frecuentado por los aficionados del buceo y la pesca. El territorio panameño cuenta con una gran variedad de playas en los dos lados del istmo°, con el mar Caribe a un lado y el océano Pacífico al otro. Algunas zonas costeras están destinadas al turismo. Otras están protegidas por la diversidad de su fauna marina, en la que abundan los arrecifes° de coral, como el Parque Nacional Marino Isla Bastimentos.

COLOMBIA

Vista de la Ciudad de Panamá

 ¿Qué aprendiste? Responde a cada pregunta con una oración completa.

1. ¿Cuál es la lengua materna del catorce por ciento de los panameños?

2. ¿A qué unidad monetaria (*monetary unit*) es equivalente el balboa?

3. ¿Qué océanos une el Canal de Panamá?

4. ¿Quién es Mariano Rivera?

5. ¿Qué son las molas?

6. ¿Cómo son los diseños de las molas?

7. ¿Para qué se usan las molas?

8. ¿Cómo son las playas de Panamá?

9. ¿Qué significa "Panamá"?

Conexión Internet Investiga estos temas en **vhlcentral.com**.

1. Investiga la historia de las relaciones entre Panamá y los Estados Unidos y la decisión de devolver (*give back*) el Canal de Panamá. ¿Estás de acuerdo con la decisión? Explica tu opinión.

2. Investiga sobre los kunas u otro grupo indígena de Panamá. ¿En qué partes del país viven? ¿Qué lenguas hablan? ¿Cómo es su cultura?

 Practice more at **vhlcentral.com**.

cauce *channel* fuentes *sources* ingresos *income* buques *ships* han desarrollado *have developed* en torno a *around* tela *fabric*
cuyo *whose* peces *fish* istmo *isthmus* arrecifes *reefs*

El Salvador

El país en cifras

▶ **Área:** 21.040 km² (8.124 millas²),
el tamaño° de Massachusetts

▶ **Población:** 6.383.000

El Salvador es el país centroamericano más pequeño y el más densamente poblado°. Su población, al igual que la de Honduras, es muy homogénea: casi el 90 por ciento es mestiza.

▶ **Capital:** San Salvador—1.691.000

▶ **Ciudades principales:** Soyapango, Santa Ana, San Miguel, Mejicanos

SOURCE: Population Division, UN Secretariat

▶ **Moneda:** dólar estadounidense

▶ **Idiomas:** español (oficial), náhuatl, lenca

Bandera de El Salvador

Salvadoreños célebres

▶ **Óscar Romero,** arzobispo° y activista por los derechos humanos° (1917–1980)

▶ **Claribel Alegría,** poeta, novelista y cuentista (1924–)

▶ **Roque Dalton,** poeta, ensayista y novelista (1935–1975)

▶ **María Eugenia Brizuela,** política (1956–)

Óscar Romero

tamaño *size* poblado *populated* arzobispo *archbishop*
derechos humanos *human rights* laguna *lagoon* sirena *mermaid*

Ruinas de Tazumal

Catedral Metropolitana de San Salvador

GUATEMALA

Lago de Guija

Río de la Paz

Santa Ana

Mejicanos

Volcán de San Salvador

San Salvador

Soyapango

Río Lempa

Ilobasco

HONDURAS

Río Torola

Río Goascorán

Volcán de San Vicente

San Miguel

Volcán de San Miguel

La Libertad

Océano Pacífico

Río Lempa

Golfo de Fonseca

Chorros de la Calera en Juayúa

ESTADOS UNIDOS

OCÉANO ATLÁNTICO

EL SALVADOR

OCÉANO PACÍFICO

AMÉRICA DEL SUR

recursos

WB
pp. 151–152

VM
pp. 253–254

vhlcentral.com
Lección 12

¡Increíble pero cierto!

El rico folclor salvadoreño se basa sobre todo en sus extraordinarios recursos naturales. Por ejemplo, según una leyenda, las muertes que se producen en la laguna° de Alegría tienen su explicación en la existencia de una sirena° solitaria que vive en el lago y captura a los jóvenes atractivos.

Deportes • El surfing

El Salvador es uno de los destinos favoritos en Latinoamérica para la práctica del surfing. Cuenta con 300 kilómetros de costa a lo largo del océano Pacífico y sus olas° altas son ideales para quienes practican este deporte. De sus playas, La Libertad es la más visitada por surfistas de todo el mundo, gracias a que está muy cerca de la capital salvadoreña. Sin embargo, los fines de semana muchos visitantes prefieren viajar a la Costa del Bálsamo, donde se concentra menos gente.

Naturaleza • El Parque Nacional Montecristo

El Parque Nacional Montecristo se encuentra en la región norte del país. Se le conoce también como El Trifinio porque se ubica° en el punto donde se unen las fronteras de Guatemala, Honduras y El Salvador. Este bosque reúne a muchas especies vegetales y animales, como orquídeas, monos araña°, pumas, quetzales y tucanes. Además, las copas° de sus enormes árboles forman una bóveda° que impide° el paso de la luz solar. Este espacio natural se encuentra a una altitud de 2.400 metros (7.900 pies) sobre el nivel del mar y recibe 200 centímetros (80 pulgadas°) de lluvia al año.

Artes • La artesanía de Ilobasco

Ilobasco es un pueblo conocido por sus artesanías. En él se elaboran objetos con arcilla° y cerámica pintada a mano, como juguetes°, adornos° y utensilios de cocina. Además, son famosas sus "sorpresas", que son pequeñas piezas° de cerámica en cuyo interior se representan escenas de la vida diaria. Los turistas realizan excursiones para ver la elaboración, paso a paso°, de estos productos.

¿Qué aprendiste? Responde a cada pregunta con una oración completa.

1. ¿Qué tienen en común las poblaciones de El Salvador y Honduras?
2. ¿Qué es el náhuatl?
3. ¿Quién es María Eugenia Brizuela?
4. Hay muchos lugares ideales para el surfing en El Salvador. ¿Por qué?
5. ¿A qué altitud se encuentra el Parque Nacional Montecristo?
6. ¿Cuáles son algunos de los animales y las plantas que viven en este parque?
7. ¿Por qué se le llama El Trifinio al Parque Nacional Montecristo?
8. ¿Por qué es famoso el pueblo de Ilobasco?
9. ¿Qué se puede ver en un viaje a Ilobasco?
10. ¿Qué son las "sorpresas" de Ilobasco?

Conexión Internet Investiga estos temas en **vhlcentral.com.**

1. El Parque Nacional Montecristo es una reserva natural; busca información sobre otros parques o zonas protegidas en El Salvador. ¿Cómo son estos lugares? ¿Qué tipos de plantas y animales se encuentran allí?
2. Busca información sobre museos u otros lugares turísticos en San Salvador (u otra ciudad de El Salvador).

Practice more at **vhlcentral.com.**

olas *waves* se ubica *it is located* monos araña *spider monkeys* copas *tops* bóveda *cap* impide *blocks* pulgadas *inches* arcilla *clay* juguetes *toys* adornos *ornaments* piezas *pieces* paso a paso *step by step*

Las viviendas

las afueras	suburbs; outskirts
el alquiler	rent (payment)
el ama (*m., f.*) de casa	housekeeper; caretaker
el barrio	neighborhood
el edificio de apartamentos	apartment building
el/la vecino/a	neighbor
la vivienda	housing
alquilar	to rent
mudarse	to move (from one house to another)

Los cuartos y otros lugares

el altillo	attic
el balcón	balcony
la cocina	kitchen
el comedor	dining room
el dormitorio	bedroom
la entrada	entrance
la escalera	stairs; stairway
el garaje	garage
el jardín	garden; yard
la oficina	office
el pasillo	hallway
el patio	patio; yard
la sala	living room
el sótano	basement; cellar

Los muebles y otras cosas

la alfombra	carpet; rug
la almohada	pillow
el armario	closet
el cartel	poster
la cómoda	chest of drawers
las cortinas	curtains
el cuadro	picture
el estante	bookcase; bookshelves
la lámpara	lamp
la luz	light; electricity
la manta	blanket
la mesita	end table
la mesita de noche	night stand
los muebles	furniture
la pared	wall
la pintura	painting; picture
el sillón	armchair
el sofá	couch; sofa

Los electrodomésticos

la cafetera	coffee maker
la cocina, la estufa	stove
el congelador	freezer
el electrodoméstico	electric appliance
el horno (de microondas)	(microwave) oven
la lavadora	washing machine
el lavaplatos	dishwasher
el refrigerador	refrigerator
la secadora	clothes dryer
la tostadora	toaster

La mesa

la copa	wineglass; goblet
la cuchara	(table or large) spoon
el cuchillo	knife
el plato	plate
la servilleta	napkin
la taza	cup
el tenedor	fork
el vaso	glass

Los quehaceres domésticos

arreglar	to neaten; to straighten up
barrer el suelo	to sweep the floor
cocinar	to cook
ensuciar	to get (something) dirty
hacer la cama	to make the bed
hacer quehaceres domésticos	to do household chores
lavar (el suelo, los platos)	to wash (the floor, the dishes)
limpiar la casa	to clean the house
pasar la aspiradora	to vacuum
planchar la ropa	to iron the clothes
poner la mesa	to set the table
quitar la mesa	to clear the table
quitar el polvo	to dust
sacar la basura	to take out the trash
sacudir los muebles	to dust the furniture

Verbos y expresiones verbales

aconsejar	to advise
insistir (en)	to insist (on)
mandar	to order
recomendar (e:ie)	to recommend
rogar (o:ue)	to beg; to plead
sugerir (e:ie)	to suggest
Es bueno que…	It's good that…
Es importante que…	It's important that…
Es malo que…	It's bad that…
Es mejor que…	It's better that…
Es necesario que…	It's necessary that…
Es urgente que…	It's urgent that…

Relative pronouns	See page 386.
Expresiones útiles	See page 381.

Audio: Vocabulary

La naturaleza

13

A PRIMERA VISTA

• ¿Son estas personas excursionistas?
• ¿Es importante que usen ropa cómoda?
• ¿Se llevan bien o mal?
• ¿Les interesa la naturaleza?

Recicla la lata de aluminio. (reciclar)

el envase de plástico

Recoge la botella de vidrio. (recoger)

El reciclaje

Más vocabulario

cazar	to hunt
conservar	to conserve
contaminar	to pollute
controlar	to control
cuidar	to take care of
dejar de (+ *inf.*)	to stop (doing something)
desarrollar	to develop
descubrir	to discover
destruir	to destroy
estar afectado/a (por)	to be affected (by)
estar contaminado/a	to be polluted
evitar	to avoid
mejorar	to improve
proteger	to protect
reducir	to reduce
resolver (o:ue)	to resolve; to solve
respirar	to breathe

6 **Completar** Selecciona la palabra o la expresión adecuada para completar cada oración.

contaminar	destruyen	reciclamos
controlan	están afectadas	recoger
cuidan	mejoramos	resolver
descubrir	proteger	se desarrollaron

1. Si vemos basura en las calles, la debemos _____.
2. Los científicos trabajan para _____ nuevas soluciones.
3. Es necesario que todos trabajemos juntos para _____ los problemas del medio ambiente.
4. Debemos _____ el medio ambiente porque hoy día está en peligro.
5. Muchas leyes nuevas _____ el nivel de emisiones que producen las fábricas.
6. Las primeras civilizaciones _____ cerca de los ríos y los mares.
7. Todas las personas _____ por la contaminación.
8. Los turistas deben tener cuidado de no _____ los lugares que visitan.
9. Podemos conservar los recursos si _____ el aluminio, el vidrio y el plástico.
10. La contaminación y la deforestación _____ el medio ambiente.

 Practice more at **vhlcentral.com.**

Comunicación

7

¿Es importante? En parejas, lean este párrafo y contesten las preguntas.

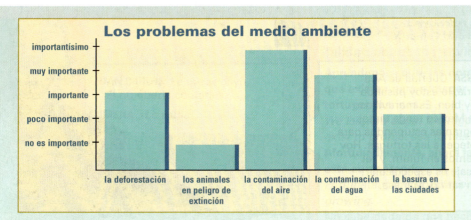

Los problemas del medio ambiente

Para celebrar El día de la Tierra, una estación de radio colombiana hizo una pequeña encuesta entre estudiantes universitarios, donde les preguntaron sobre los problemas del medio ambiente. Se les preguntó cuáles creían que eran los cinco problemas más importantes del medio ambiente. Ellos también tenían que decidir el orden de importancia de estos problemas, del uno al cinco.

Los resultados probaron (*proved*) que la mayoría de los estudiantes están preocupados por la contaminación del aire. Muchos mencionaron que no hay aire puro en las ciudades. El problema número dos para los estudiantes es que los ríos y los lagos están afectados por la contaminación. La deforestación quedó como el problema número tres, la basura en las ciudades como el número cuatro y los animales en peligro de extinción como el cinco.

1. ¿Según la encuesta, qué problema consideran más grave? ¿Qué problema consideran menos grave?

2. ¿Cómo creen ustedes que se puede evitar o resolver el problema más importante?

3. ¿Es necesario resolver el problema menos importante? ¿Por qué?

4. ¿Consideran ustedes que existen los mismos problemas en su comunidad? Den algunos ejemplos.

8

Situaciones Trabajen en grupos pequeños para representar estas situaciones.

1. Unos/as representantes de una agencia ambiental (*environmental*) hablan con el/la presidente/a de una fábrica que está contaminando el aire o el río de la zona.

2. Un(a) guía de ecoturismo habla con un grupo sobre cómo disfrutar (*enjoy*) de la naturaleza y conservar el medio ambiente.

3. Un(a) representante de la universidad habla con un grupo de nuevos estudiantes sobre la campaña (*campaign*) ambiental de la universidad y trata de reclutar (*tries to recruit*) miembros para un club que trabaja para la protección del medio ambiente.

9

Escribir una carta Trabajen en parejas para escribir una carta a una fábrica real o imaginaria que esté contaminando el medio ambiente. Expliquen las consecuencias que sus acciones van a tener para el medio ambiente. Sugiéranle algunas ideas para que solucione el problema. Utilicen por lo menos diez palabras de **Contextos**.

Honduras

El país en cifras

▶ **Área:** 112.492 km² (43.870 millas²),
un poco más grande que Tennessee

▶ **Población:** 8.386.000

*Cerca del 90 por ciento de la población de
Honduras es mestiza. Todavía hay pequeños
grupos indígenas como los jicaque, los misquito
y los paya, que han mantenido su cultura sin
influencias exteriores y que no hablan español.*

▶ **Capital:** Tegucigalpa—1.181.000

Tegucigalpa

▶ **Ciudades principales:** San Pedro Sula,
El Progreso, La Ceiba

SOURCE: Population Division, UN Secretariat

▶ **Moneda:** lempira

▶ **Idiomas:** español (oficial), lenguas indígenas, inglés

Bandera de Honduras

Hondureños célebres

▶ **José Antonio Velásquez,** pintor (1906–1983)

▶ **Argentina Díaz Lozano,** escritora (1912–1999)

▶ **Carlos Roberto Reina,** juez° y presidente
del país (1926–2003)

▶ **Roberto Sosa,** escritor (1930–)

juez *judge* presos *prisoners* madera *wood* hamacas *hammocks*

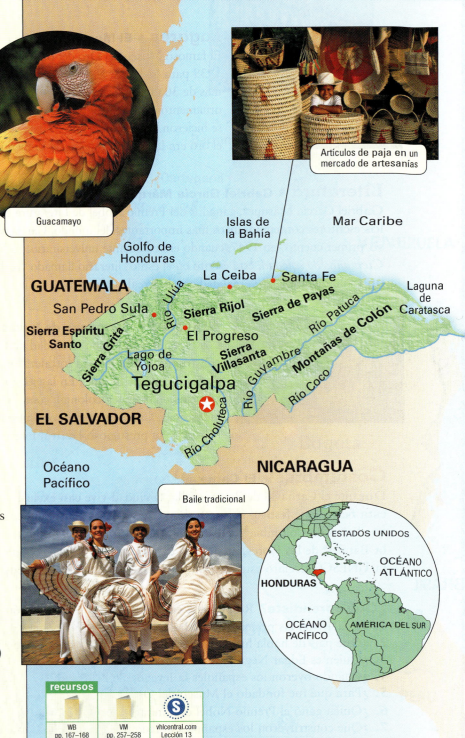
Guacamayo

Artículos de paja en un
mercado de artesanías

Islas de
la Bahía

Mar Caribe

Golfo de
Honduras

GUATEMALA

La Ceiba   Santa Fe

San Pedro Sula   Río Ulúa   **Sierra Rijol**   **Sierra de Payas**   Río Patuca   Laguna de Caratasca

Sierra Espíritu Santo   Sierra Grita   El Progreso   **Montañas de Colón**

Lago de Yojoa   **Sierra Villasanta**   Río Guyambre   Río Coco

Tegucigalpa

EL SALVADOR   Río Choluteca

Océano
Pacífico

Baile tradicional

NICARAGUA

ESTADOS UNIDOS

OCÉANO
ATLÁNTICO

HONDURAS

OCÉANO
PACÍFICO   AMÉRICA DEL SUR

recursos

WB
pp. 167–168

VM
pp. 257–258

vhlcentral.com
Lección 13

¡Increíble pero cierto!

¿Irías de compras a una prisión? Hace un tiempo,
cuando la Penitenciaría Central de Tegucigalpa aún
funcionaba, los presos° hacían objetos de madera°,
hamacas° y hasta instrumentos musicales y los
vendían en una tienda dentro de la prisión. Allí, los
turistas podían regatear con este especial grupo
de artesanos.

Lugares • Copán

Copán es una zona arqueológica muy importante de Honduras. Fue construida por los mayas y se calcula que en el año 400 d. C. albergaba° a una ciudad con más de 150 edificios y una gran cantidad de plazas, patios, templos y canchas° para el juego de pelota°. Las ruinas más famosas del lugar son los edificios adornados con esculturas pintadas a mano, los cetros° ceremoniales de piedra y el templo Rosalila.

Economía • Las plantaciones de bananas

Desde hace más de cien años, las bananas son la exportación principal de Honduras y han tenido un papel fundamental en su historia. En 1899, la Standard Fruit Company empezó a exportar bananas del país centroamericano hacia Nueva Orleans. Esta fruta resultó tan popular en los Estados Unidos que generó grandes beneficios° para esta compañía y para la United Fruit Company, otra empresa norteamericana. Estas trasnacionales intervinieron muchas veces en la política hondureña debido° al enorme poder° económico que alcanzaron° en la nación.

San Antonio de Oriente, 1957,
José Antonio Velásquez

Artes • José Antonio Velásquez (1906–1983)

José Antonio Velásquez fue un famoso pintor hondureño. Es catalogado como primitivista° porque sus obras° representan aspectos de la vida cotidiana. En la pintura° de Velásquez es notorio el énfasis en los detalles°, la falta casi total de los juegos de perspectiva y la pureza en el uso del color. Por todo ello, el artista ha sido comparado con importantes pintores europeos del mismo género° como Paul Gauguin o Emil Nolde.

 ¿Qué aprendiste? Responde a cada pregunta con una oración completa.

1. ¿Qué es el lempira?

2. ¿Por qué es famoso Copán?

3. ¿Dónde está el templo Rosalila?

4. ¿Cuál es la exportación principal de Honduras?

5. ¿Qué fue la Standard Fruit Company?

6. ¿Cómo es el estilo de José Antonio Velásquez?

7. ¿Qué temas trataba Velásquez en su pintura?

 Conexión Internet Investiga estos temas en **vhlcentral.com**.

1. ¿Cuáles son algunas de las exportaciones principales de Honduras, además de las bananas? ¿A qué países exporta Honduras sus productos?

2. Busca información sobre Copán u otro sitio arqueológico en Honduras. En tu opinión, ¿cuáles son los aspectos más interesantes del sitio?

 Practice more at **vhlcentral.com**.

albergaba *housed* canchas *courts* juego de pelota *pre-Columbian ceremonial ball game* cetros *scepters* beneficios *profits*
debido a *due to* poder *power* alcanzaron *reached* primitivista *primitivist* obras *works* pintura *painting* detalles *details* género *genre*

La naturaleza

el árbol	tree
el bosque (tropical)	(tropical; rain) forest
el cielo	sky
el cráter	crater
el desierto	desert
la estrella	star
la flor	flower
la hierba	grass
el lago	lake
la luna	moon
la naturaleza	nature
la nube	cloud
la piedra	stone
la planta	plant
el río	river
la selva, la jungla	jungle
el sendero	trail; path
el sol	sun
la tierra	land; soil
el valle	valley
el volcán	volcano

Los animales

el animal	animal
el ave, el pájaro	bird
la ballena	whale
el gato	cat
el mono	monkey
el perro	dog
el pez (sing.), los peces (pl.)	fish
la tortuga (marina)	(sea) turtle
la vaca	cow

El medio ambiente

el calentamiento global	global warming
el cambio climático	climate change
la conservación	conservation
la contaminación (del aire; del agua)	(air; water) pollution
la deforestación	deforestation
la ecología	ecology
el/la ecologista	ecologist
el ecoturismo	ecotourism
la energía (nuclear, solar)	(nuclear, solar) energy
el envase	container
la extinción	extinction
la fábrica	factory
el gobierno	government
la lata	(tin) can
la ley	law
el medio ambiente	environment
el peligro	danger
la (sobre)población	(over)population
el reciclaje	recycling
el recurso natural	natural resource
la solución	solution
cazar	to hunt
conservar	to conserve
contaminar	to pollute
controlar	to control
cuidar	to take care of
dejar de (+ *inf.*)	to stop (doing something)
desarrollar	to develop
descubrir	to discover
destruir	to destroy
estar afectado/a (por)	to be affected (by)
estar contaminado/a	to be polluted
evitar	to avoid
mejorar	to improve
proteger	to protect
reciclar	to recycle
recoger	to pick up
reducir	to reduce
resolver (o:ue)	to resolve; to solve
respirar	to breathe
de aluminio	(made) of aluminum
de plástico	(made) of plastic
de vidrio	(made) of glass
ecologista	ecological
puro/a	pure
renovable	renewable

Las emociones

alegrarse (de)	to be happy
esperar	to hope; to wish
sentir (e:ie)	to be sorry; to regret
temer	to fear
es extraño	it's strange
es una lástima	it's a shame
es ridículo	it's ridiculous
es terrible	it's terrible
es triste	it's sad
ojalá (que)	I hope (that); I wish (that)

Las dudas y certezas

(no) creer	(not) to believe
(no) dudar	(not) to doubt
(no) negar (e:ie)	(not) to deny
es imposible	it's impossible
es improbable	it's improbable
es obvio	it's obvious
No cabe duda de	There is no doubt that…
No hay duda de	There is no doubt that…
(no) es cierto	it's (not) certain
(no) es posible	it's (not) possible
(no) es probable	it's (not) probable
(no) es seguro	it's (not) certain
(no) es verdad	it's (not) true

Conjunciones

a menos que	unless
antes (de) que	before
con tal (de) que	provided (that)
cuando	when
después de que	after
en caso (de) que	in case (that)
en cuanto	as soon as
hasta que	until
para que	so that
sin que	without
tan pronto como	as soon as

Past participles used as adjectives	See page 438.
Expresiones útiles	See page 421.

Audio: Vocabulary

recursos

LM p. 78

vhlcentral.com Lección 13

En la ciudad

14

Communicative Goals

You will learn how to:
- **Give advice to others**
- **Give and receive directions**
- **Discuss daily errands and city life**

A PRIMERA VISTA
- ¿Viven estas personas en un bosque, un pueblo o una ciudad?
- ¿Dónde están, en una calle o en un sendero?
- ¿Es posible que estén afectadas por la contaminación? ¿Por qué?
- ¿Está limpio o sucio el lugar donde están?

En la ciudad

Más vocabulario

la frutería	*fruit store*
la heladería	*ice cream shop*
la pastelería	*pastry shop*
la pescadería	*fish market*
la cuadra	*(city) block*
la dirección	*address*
la esquina	*corner*
el estacionamiento	*parking lot*
derecho	*straight (ahead)*
enfrente de	*opposite; facing*
hacia	*toward*
cruzar	*to cross*
doblar	*to turn*
hacer diligencias	*to run errands*
quedar	*to be located*
el cheque (de viajero)	*(traveler's) check*
la cuenta corriente	*checking account*
la cuenta de ahorros	*savings account*
ahorrar	*to save (money)*
cobrar	*to cash (a check)*
depositar	*to deposit*
firmar	*to sign*
llenar (un formulario)	*to fill out (a form)*
pagar a plazos	*to pay in installments*
pagar al contado/ en efectivo	*to pay in cash*
pedir prestado/a	*to borrow*
pedir un préstamo	*to apply for a loan*
ser gratis	*to be free of charge*

Variación léxica

cuadra ⟷ manzana (*Esp.*)

estacionamiento ⟷ aparcamiento (*Esp.*)

doblar ⟷ girar; virar; dar vuelta

hacer diligencias ⟷ hacer mandados

la peluquería, el salón de belleza

el banco

el supermercado

la panadería

la joyería

el cajero automático

Indica cómo llegar. (indicar)

Está perdida. (estar)

Práctica

el letrero

la carnicería

la zapatería

la lavandería

1 **Escuchar** Mira el dibujo. Luego escucha las oraciones e indica si lo que dice cada una es **cierto** o **falso**.

	Cierto	Falso			Cierto	Falso
1.	○	○		6.	○	○
2.	○	○		7.	○	○
3.	○	○		8.	○	○
4.	○	○		9.	○	○
5.	○	○		10.	○	○

2 **¿Quién la hizo?** Escucha la conversación entre Telma y Armando. Escribe el nombre de la persona que hizo cada diligencia o una X si nadie la hizo. Una diligencia la hicieron los dos.

1. abrir una cuenta corriente
2. abrir una cuenta de ahorros
3. ir al banco
4. ir a la panadería
5. ir a la peluquería
6. ir al supermercado

3 **Seleccionar** Indica dónde haces estas diligencias.

banco	joyería	pescadería
carnicería	lavandería	salón de belleza
frutería	pastelería	zapatería

1. comprar galletas
2. comprar manzanas
3. lavar la ropa
4. comprar mariscos
5. comprar pollo
6. comprar sandalias

4 **Completar** Completa las oraciones con las palabras más adecuadas.

1. El banco me regaló un reloj. Fue _____.
2. Me gusta _____ dinero, pero no me molesta gastarlo.
3. La cajera me dijo que tenía que _____ el cheque en el dorso (*on the back*) para cobrarlo.
4. Para pagar con un cheque, necesito tener dinero en mi _____.
5. Mi madre va a un _____ para obtener dinero en efectivo cuando el banco está cerrado.
6. Cada viernes, Julio lleva su cheque al banco y lo _____ para tener dinero en efectivo.
7. Ana _____ su cheque en su cuenta de ahorros.
8. Cuando viajas, es buena idea llevar cheques _____.

¿Qué pasó?

1

¿Cierto o falso? Decide si lo que dicen estas oraciones es **cierto** o **falso**. Corrige las oraciones falsas.

	Cierto	Falso
1. Miguel dice que su coche está estacionado enfrente de la carnicería.	○	○
2. Maru necesita pasar al banco porque necesita dinero.	○	○
3. Mónica gastó el efectivo en la joyería y el supermercado.	○	○
4. Maru puede mandar el paquete por correo.	○	○

CONSULTA

To review the use of verbs like **necesitar**, see **Estructura 12.4**, p. 398.

2

Ordenar Pon los sucesos de la **Fotonovela** en el orden correcto.

a. Maru le pide dinero prestado a Mónica. _____
b. Maru entregó el paquete justo a tiempo (*just in time*). _____
c. Mónica dice que hay una cola súper larga en el banco. _____
d. Mónica lleva a Maru en su coche. _____
e. Maru dice que se irá en taxi al museo. _____
f. Maru le dice a Mónica que doble a la derecha en la esquina. _____

3

Otras diligencias En parejas, hagan una lista de las diligencias que Miguel, Maru y Mónica necesitan hacer para completar estas actividades.

1. enviar un paquete por correo
2. pedir una beca (*scholarship*)
3. visitar una nueva ciudad
4. abrir una cuenta corriente
5. celebrar el cumpleaños de Mónica
6. comprar una nueva computadora portátil

MARU

MIGUEL

MÓNICA

4

Conversación Un(a) compañero/a y tú son vecinos/as. Uno/a de ustedes acaba de mudarse y necesita ayuda porque no conoce la ciudad. Los/Las dos tienen que hacer algunas diligencias y deciden hacerlas juntos/as. Preparen una conversación breve incluyendo planes para ir a estos lugares.

modelo

Estudiante 1: Necesito lavar mi ropa. ¿Sabes dónde queda una lavandería?
Estudiante 2: Sí. Aquí a dos cuadras hay una. También tengo que lavar mi ropa. ¿Qué te parece si vamos juntos?

▶ un banco
▶ una lavandería
▶ un supermercado
▶ una heladería
▶ una panadería

AYUDA

primero *first*
luego *then*
¿Sabes dónde queda...?
Do you know where...is?
¿Qué te parece?
What do you think?
¡Cómo no!
But of course!

Practice more at **vhlcentral.com**.

Ortografía  Concepts

Las abreviaturas

In Spanish, as in English, abbreviations are often used in order to save space and time while writing. Here are some of the most commonly used abbreviations in Spanish.

---

usted ➝ **Ud.**   ustedes ➝ **Uds.**

As you have already learned, the subject pronouns **usted** and **ustedes** are often abbreviated.

---

don ➝ **D.**   doña ➝ **Dña.**   doctor(a) ➝ **Dr(a).**
señor ➝ **Sr.**   señora ➝ **Sra.**   señorita ➝ **Srta.**

These titles are frequently abbreviated.

---

centímetro ➝ **cm**   metro ➝ **m**   kilómetro ➝ **km**
litro ➝ **l**   gramo ➝ **g, gr**   kilogramo ➝ **kg**

The abbreviations for these units of measurement are often used, but without periods.

---

por ejemplo ➝ **p. ej.**   página(s) ➝ **pág(s).**

These abbreviations are often seen in books.

---

derecha ➝ **dcha.**   izquierda ➝ **izq., izqda.**
código postal ➝ **C.P.**   número ➝ **n.°**

These abbreviations are often used in mailing addresses.

Sra. Emilia F. Bazán
Cía. Romero, S.A.
3336
Calle Lozano, n.° 37
Caracas, Venezuela

Banco ➝ **Bco.**   Compañía ➝ **Cía.**
cuenta corriente ➝ **c/c.**   Sociedad Anónima (*Inc.*) ➝ **S.A.**

These abbreviations are frequently used in the business world.

Práctica Escribe otra vez esta información usando las abreviaturas adecuadas.

1. doña María
2. señora Pérez
3. Compañía Mexicana de Inversiones
4. usted

5. Banco de Santander
6. doctor Medina
7. Código Postal 03697
8. cuenta corriente número 20-453

Emparejar En la tabla hay nueve abreviaturas. Empareja los cuadros necesarios para formarlas.

S.	c.	C.	c	co.	U
B	c/	Sr	A.	D	dc
ta.	P.	ña.	ha.	m	d.

(S) Additional Reading
Video: *Flash cultura*

Paseando en metro

Hoy es el primer día de Teresa en la Ciudad de México. Debe tomar el metro para ir del centro de la ciudad a Coyoacán, en el sur. Llega a la estación Zócalo y compra un pasaje por el equivalente a veintitrés centavos° de dólar, ¡qué ganga! Con este pasaje puede ir a cualquier° parte de la ciudad o del área metropolitana.

No sólo en México, sino también en ciudades de Venezuela, Chile, Argentina y España, hay sistemas de transporte público eficientes y muy económicos. También suele haber° varios tipos de transporte: autobús, metro, tranvía°, microbús y tren. Generalmente se pueden comprar abonos° de uno o varios días para un determinado tipo de transporte. En algunas ciudades también existen abonos de transporte combinados que permiten usar, por ejemplo, el metro y el autobús o el autobús y el tren. En estas ciudades, los metros, autobuses y trenes pasan con mucha frecuencia. Las paradas° y estaciones están bien señalizadas°.

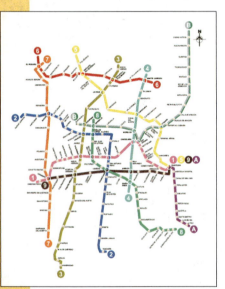

Vaya°, Teresa ya está llegando a Coyoacán. Con lo que ahorró en el pasaje del metro, puede comprarse un helado de mango y unos esquites° en el jardín Centenario.

El metro

El primer metro de Suramérica que se abrió al público fue el de Buenos Aires, Argentina (1° de diciembre de 1913); el último, el de Valparaíso, Chile (23 de noviembre de 2005).

Ciudad	Pasajeros/Día (aprox.)
México D.F., México	4.500.000
Madrid, España	2.500.000
Santiago, Chile	2.500.000
Buenos Aires, Argentina	1.700.000
Caracas, Venezuela	1.650.000
Medellín, Colombia	500.000
Guadalajara, México	165.000

centavos *cents* cualquier *any* suele haber *there usually are* tranvía *streetcar* abonos *passes* paradas *stops* señalizadas *labeled* Vaya *Well* esquites *toasted corn kernels*

1 **¿Cierto o falso?** Indica si lo que dice cada oración es **cierto** o **falso**. Corrige la información falsa.

1. En la Ciudad de México, el pasaje de metro cuesta 23 dólares.
2. En México, un pasaje se puede usar sólo para ir al centro de la ciudad.
3. En Chile hay varios tipos de transporte público.
4. En ningún caso los abonos de transporte sirven para más de un tipo de transporte.

5. Los trenes, autobuses y metros pasan con mucha frecuencia.
6. Hay pocos letreros en las paradas y estaciones.
7. Los servicios de metro de México y España son los que mayor cantidad de viajeros transporta cada día.
8. La ciudad de Buenos Aires tiene el sistema de metro más viejo de Latinoamérica.
9. El metro que lleva menos tiempo en servicio es el de la ciudad de Medellín, Colombia.

ASÍ SE DICE

En la ciudad

el parqueadero (Col., Pan.) el parqueo (Bol., Cuba, Amér. C.)	el estacionamiento
dar un aventón (Méx.); dar botella (Cuba)	to give (someone) a ride
el subterráneo, el subte (Arg.)	el metro

EL MUNDO HISPANO

Apodos de ciudades

Así como Nueva York es la Gran Manzana, muchas ciudades hispanas tienen un apodo°.

- **La tacita de plata**° A Cádiz, España, se le llama así por sus edificios blancos de estilo árabe.

- **Ciudad de la eterna primavera** Arica, Chile; Cuernavaca, México, y Medellín, Colombia, llevan este sobrenombre por su clima templado° durante todo el año.

- **La docta**° Así se conoce a la ciudad argentina de Córdoba por su gran tradición universitaria.

- **La ciudad de los reyes** Así se conoce Lima, Perú, porque fue la capital del Virreinato° del Perú y allí vivían los virreyes°.

- **La arenosa** Barranquilla, Colombia, se le llama así por sus orillas del río cubiertas° de arena.

apodo *nickname* plata *silver* templado *mild* docta *erudite* Virreinato *Viceroyalty* virreyes *viceroys* cubiertas *covered*

PERFIL

Luis Barragán: arquitectura y emoción

Para el arquitecto mexicano **Luis Barragán** (1902–1988) los sentimientos° y emociones que despiertan sus diseños eran muy importantes. Afirmaba° que la arquitectura tiene una dimensión espiritual. Para él, era belleza, inspiración, magia°, serenidad, misterio, silencio, privacidad, asombro°...

Las obras de Barragán muestran un suave° equilibrio entre la naturaleza y la creación humana. Su estilo también

Casa Barragán, Ciudad de México, 1947-1948

combina la arquitectura tradicional mexicana con conceptos modernos. Una característica de sus casas son las paredes

envolventes° de diferentes colores con muy pocas ventanas.

En 1980, Barragán obtuvo° el Premio Pritzker, algo así como el Premio Nobel de Arquitectura. Está claro que este artista logró° que sus casas transmitieran sentimientos especiales.

sentimientos *feelings* Afirmaba *He stated* magia *magic* asombro *amazement* suave *smooth* envolventes *enveloping* obtuvo *received* logró *managed*

Conexión Internet

¿Qué otros arquitectos combinan las construcciones con la naturaleza?

Go to **vhlcentral.com** to find more cultural information related to this **Cultura** section.

ACTIVIDADES

2 **Comprensión** Responde a las preguntas.

1. ¿En qué país estás si te dicen "Dame botella al parqueo"?
2. ¿Qué ciudades tienen clima templado todo el año?
3. ¿Qué es más importante en los diseños de Barragán: la naturaleza o la creación humana?
4. ¿Qué premio obtuvo Barragán y cuándo?

3 **¿Qué ciudad te gusta?** Escribe un párrafo breve sobre el sentimiento que despiertan las construcciones que hay en una ciudad o un pueblo que te guste mucho. Explica cómo es y cómo te sientes cuando estás allí. Inventa un apodo para este lugar.

recursos

VM pp. 293–294	vhlcentral.com Lección 14

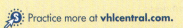 Practice more at **vhlcentral.com**.

Recapitulación

 **Concepts Diagnostics**

Completa estas actividades para repasar los conceptos de gramática que aprendiste en esta lección.

1 **Completar** Completa el cuadro con la forma correspondiente del futuro. **10 pts.**

Infinitive	yo	ella	nosotros
ahorrar	ahorraré		
decir		dirá	
poner			pondremos
querer	querré		
salir		saldrá	

2 **Los novios** Completa este diálogo entre dos novios con mandatos en la forma de **nosotros/as**. **10 pts.**

SIMÓN ¿Quieres ir al cine mañana?

CARLA Sí, ¡qué buena idea! (1) _____ (Comprar) los boletos (*tickets*) por teléfono.

SIMÓN No, mejor (2) _____ (pedírselos) gratis a mi prima, quien trabaja en el cine.

CARLA ¡Fantástico!

SIMÓN Y también quiero visitar la nueva galería de arte el fin de semana que viene.

CARLA ¿Por qué esperar? (3) _____ (Visitarla) esta tarde.

SIMÓN Bueno, pero primero tengo que limpiar mi apartamento.

CARLA No hay problema. (4) _____ (Limpiarlo) juntos.

SIMÓN Muy bien. ¿Y tú no tienes que hacer diligencias hoy? (5) _____ (Hacerlas) también.

CARLA Sí, tengo que ir al correo y al banco. (6) _____ (Ir) al banco hoy, pero no (7) _____ (ir) al correo todavía. Antes tengo que escribir una carta.

SIMÓN ¿Una carta misteriosa? (8) _____ (Escribirla) ahora.

CARLA No, mejor no (9) _____ (escribirla) hasta que regresemos de la galería donde venden un papel reciclado muy lindo (*cute*).

SIMÓN ¿Papel lindo? ¿Pues para quién es la carta?

CARLA No importa. (10) _____ (Empezar) a limpiar.

RESUMEN GRAMATICAL

14.1 **The subjunctive in adjective clauses** *pp. 460–461*

► When adjective clauses refer to something that is known, certain, or definite, the indicative is used.

Necesito **el libro** que **tiene** fotos.

► When adjective clauses refer to something that is uncertain or indefinite, the subjunctive is used.

Necesito **un libro** que **tenga** fotos.

14.2 **Nosotros/as commands** *pp. 464–465*

► Same as **nosotros/as** form of present subjunctive.

Affirmative	Negative
Démosle un libro a Lola.	**No le demos** un libro a Lola.
Démoselo.	**No se lo demos.**

► While the subjunctive form of the verb **ir** is used for the negative **nosotros/as** command, the indicative is used for the affirmative command.

No **vayamos** a la plaza.   **Vamos** a la plaza.

14.3 **The future** *pp. 468–469*

Future tense of **estudiar***	
estudiar**é**	estudiar**emos**
estudiar**ás**	estudiar**éis**
estudiar**á**	estudiar**án**

*Same ending for **-ar**, **-er**, and **-ir** verbs.

► The future of **hay** is **habrá** (*there will be*).

► The future can also express conjecture or probability.

3 **Frases** Escribe oraciones con los elementos que se dan. Usa el tiempo futuro. **10 pts.**

Irregular verbs in the future		
Infinitive	**Stem**	**Future forms**
decir	**dir-**	diré
hacer	**har-**	haré
poder	**podr-**	podré
poner	**pondr-**	pondré
querer	**querr-**	querré
saber	**sabr-**	sabré
salir	**saldr-**	saldré
tener	**tendr-**	tendré
venir	**vendr-**	vendré

1. Lorenzo y yo / ir / al banco / mañana / y / pedir / un préstamo

2. la empleada del banco / hacernos / muchas preguntas / y / también / darnos / un formulario

3. Lorenzo / llenar / el formulario / y / yo / firmarlo

4. nosotros / salir / del banco / contentos / porque el dinero / llegar / a nuestra cuenta / muy pronto

5. los dos / tener / que trabajar mucho / para pagar el préstamo / pero nuestros padres / ayudarnos

4 **Verbos** Escribe los verbos en el presente de indicativo o de subjuntivo. **10 pts.**

1. —¿Sabes dónde hay un restaurante donde nosotros (1) _____ (poder) comer paella valenciana? —No, no conozco ninguno que (2) _____ (servir) paella, pero conozco uno que (3) _____ (especializarse) en tapas españolas.

2. Busco vendedores que (4) _____ (ser) educados. No estoy seguro de conocer a alguien que (5) _____ (tener) esa característica. Pero ahora que lo pienso, ¡sí! Tengo dos amigos que (6) _____ (trabajar) en el almacén Excelencia. Los voy a llamar. Y debo decirles que necesitamos que (ellos) (7) _____ (saber) hablar inglés.

3. Se busca apartamento que (8) _____ (estar) bien situado, que (9) _____ (costar) menos de $800 al mes y que (10) _____ (permitir) tener perros.

5 **La ciudad ideal** Escribe un párrafo de al menos cinco oraciones describiendo cómo es la comunidad ideal donde te gustaría (*you would like*) vivir en el futuro y compárala con la comunidad donde vives ahora. Usa cláusulas adjetivas y el vocabulario de esta lección. **10 pts.**

6 **Adivinanza** Completa la adivinanza y adivina la respuesta. **¡2 puntos EXTRA!**

66 Me llegan las cartas
y no sé _____ (*to read*)
y, aunque° me las como,
no mancho° el papel. 99
¿Quién soy? _____

aunque *although* no mancho *I don't stain*

La República Dominicana

El país en cifras

▶ **Área:** 48.730 km^2 (18.815 millas^2), *el área combinada de New Hampshire y Vermont*

▶ **Población:** 10.867.000

La isla La Española, llamada así tras° el primer viaje de Cristóbal Colón, estuvo bajo el completo dominio de la corona° española hasta 1697, cuando la parte oeste de la isla pasó a ser propiedad° francesa. Hoy día está dividida políticamente en dos países, la República Dominicana en la zona este y Haití en el oeste.

SOURCE: Population Division, UN Secretariat

▶ **Capital:** Santo Domingo—2.381.000

▶ **Ciudades principales:** Santiago de los Caballeros, La Vega, Puerto Plata, San Pedro de Macorís

▶ **Moneda:** peso dominicano

▶ **Idiomas:** español (oficial), criollo haitiano

Bandera de la República Dominicana

Dominicanos célebres

▶ **Juan Pablo Duarte,** político y padre de la patria° (1813–1876)

▶ **Celeste Woss y Gil,** pintora (1891–1985)

▶ **Juan Luis Guerra,** compositor y cantante de merengue (1957–)

tras *after* corona *crown* propiedad *property*
padre de la patria *founding father* restos *remains* siglo *century*
tumbas *graves* navegante *sailor* reemplazó *replaced*

Catedral de Santa María la Menor

Hombres tocando los palos en una misa en Nochebuena

Océano Atlántico

Isla La Española

Puerto Plata
Santiago
Pico Duarte
La Vega
Río Yuna
Bahía Escocesa

HAITÍ

Cordillera Central
Río San Juan
Sierra de Neiba
Sierra de Baoruco
Bahía de Ocoa

San Pedro de Macorís

Santo Domingo

Mar Caribe

ESTADOS UNIDOS
LA REPÚBLICA DOMINICANA
OCÉANO PACÍFICO
OCÉANO ATLÁNTICO
AMÉRICA DEL SUR

Trabajadores del campo recogen la cosecha de ajos

recursos

WB pp. 179–180

VM pp. 261–262

vhlcentral.com
Lección 14

¡Increíble pero cierto!

Los restos° de Cristóbal Colón pasaron por varias ciudades desde su muerte en el siglo° XVI hasta el siglo XIX. Por esto, se conocen dos tumbas° de este navegante°: una en la Catedral de Sevilla, España y otra en el Museo Faro a Colón en Santo Domingo, que reemplazó° la tumba inicial en la catedral de la capital dominicana.

Ciudades • **Santo Domingo**

La zona colonial de Santo Domingo, ciudad fundada en 1496, posee°
algunas de las construcciones más antiguas del hemisferio. Gracias a las
restauraciones°, la arquitectura de la ciudad es famosa no sólo por su belleza
sino también por el buen estado de sus edificios. Entre sus sitios más visitados
se cuentan° la Calle de las Damas, llamada así porque allí paseaban las
señoras de la corte del Virrey; el Alcázar de Colón, un palacio construido
entre 1510 y 1514 por Diego Colón, hijo de Cristóbal; y la Fortaleza° Ozama,
la más vieja de las Américas, construida entre 1502 y 1508.

Deportes • **El béisbol**

El béisbol es un deporte muy practicado en el Caribe. Los primeros países
hispanos en tener una liga fueron Cuba y México, donde se empezó a jugar al
béisbol en el siglo XIX. Hoy día este deporte es una afición° nacional en la
República Dominicana. Pedro Martínez (foto, derecha) y David Ortiz son sólo
dos de los muchísimos beisbolistas dominicanos que han alcanzado° enorme éxito°
e inmensa popularidad entre los aficionados.

Artes • **El merengue**

El merengue, un ritmo originario de la República Dominicana, tiene sus raíces°
en el campo. Tradicionalmente las canciones hablaban de los problemas sociales de
los campesinos°. Sus instrumentos eran la guitarra, el acordeón, el guayano° y la
tambora, un tambor° característico del lugar. Entre 1930 y 1960, el merengue se
popularizó en las ciudades; adoptó un tono más urbano, en el que se incorporaron
instrumentos como el saxofón y el bajo°, y empezaron a formarse grandes
orquestas. Uno de los cantantes y compositores de merengue más famosos
es Juan Luis Guerra.

¿Qué aprendiste? Responde a cada pregunta con una oración completa.

1. ¿Quién es Juan Luis Guerra?

2. ¿Cuándo se fundó la ciudad de Santo Domingo?

3. ¿Qué es el Alcázar de Colón?

4. Nombra dos beisbolistas famosos de la República Dominicana.

5. ¿De qué hablaban las canciones de merengue tradicionales?

6. ¿Qué instrumentos se utilizaban para tocar (*play*) el merengue?

7. ¿Cuándo se transformó el merengue en un estilo urbano?

8. ¿Qué cantante ha ayudado a internacionalizar el merengue?

Conexión Internet Investiga estos temas en **vhlcentral.com**.

Practice more at
vhlcentral.com.

1. Busca más información sobre la isla La Española. ¿Cómo son las relaciones entre
   la República Dominicana y Haití?

2. Busca más información sobre la zona colonial de Santo Domingo: la Catedral de Santa María, la Casa de
   Bastidas o el Panteón Nacional. ¿Cómo son estos edificios? ¿Te gustan? Explica tus respuestas.

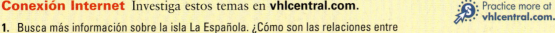

posee *possesses* restauraciones *restorations* se cuentan *are included* Fortaleza *Fortress* afición *pastime* han alcanzado *have reached*
éxito *success* raíces *roots* campesinos *rural people* guayano *metal scraper* tambor *drum* bajo *bass*

En la ciudad

el banco	bank
la carnicería	butcher shop
el correo	post office
el estacionamiento	parking lot
la frutería	fruit store
la heladería	ice cream shop
la joyería	jewelry store
la lavandería	laundromat
la panadería	bakery
la pastelería	pastry shop
la peluquería, el salón de belleza	beauty salon
la pescadería	fish market
el supermercado	supermarket
la zapatería	shoe store
hacer cola	to stand in line
hacer diligencias	to run errands

En el banco

el cajero automático	ATM
el cheque (de viajero)	(traveler's) check
la cuenta corriente	checking account
la cuenta de ahorros	savings account
ahorrar	to save (money)
cobrar	to cash (a check)
depositar	to deposit
firmar	to sign
llenar (un formulario)	to fill out (a form)
pagar a plazos	to pay in installments
pagar al contado/ en efectivo	to pay in cash
pedir prestado/a	to borrow
pedir un préstamo	to apply for a loan
ser gratis	to be free of charge

Cómo llegar

la cuadra	(city) block
la dirección	address
la esquina	corner
el letrero	sign
cruzar	to cross
doblar	to turn
estar perdido/a	to be lost
indicar cómo llegar	to give directions
quedar	to be located
(al) este	(to the) east
(al) norte	(to the) north
(al) oeste	(to the) west
(al) sur	(to the) south
derecho	straight (ahead)
enfrente de	opposite; facing
hacia	toward

Expresiones útiles	*See page 455.*

En el correo

el cartero	mail carrier
el correo	mail/post office
la estampilla, el sello	stamp
el paquete	package
el sobre	envelope
echar (una carta) al buzón	to put (a letter) in the mailbox; to mail
enviar, mandar	to send; to mail

  **S** Audio: Vocabulary

El bienestar

15

Communicative Goals

You will learn how to:

- Talk about health, well-being, and nutrition
- Talk about physical activities

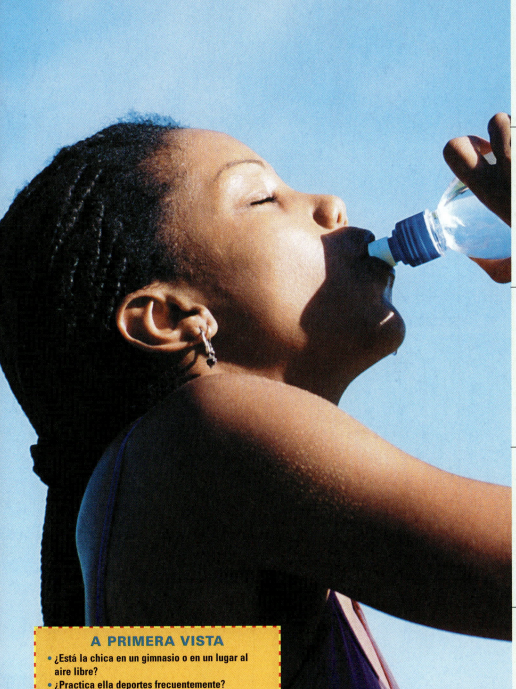

A PRIMERA VISTA
- ¿Está la chica en un gimnasio o en un lugar al aire libre?
- ¿Practica ella deportes frecuentemente?
- ¿Es activa o sedentaria?
- ¿Es probable que le importe su salud?

El bienestar

Más vocabulario

adelgazar	to lose weight; to slim down
aliviar el estrés	to reduce stress
aliviar la tensión	to reduce tension
apurarse, darse prisa	to hurry; to rush
aumentar de peso, engordar	to gain weight
calentarse (e:ie)	to warm up
disfrutar (de)	to enjoy; to reap the benefits (of)
entrenarse	to practice; to train
estar a dieta	to be on a diet
estar en buena forma	to be in good shape
hacer gimnasia	to work out
llevar una vida sana	to lead a healthy lifestyle
mantenerse en forma	to stay in shape
sufrir muchas presiones	to be under a lot of pressure
tratar de (+ *inf.*)	to try (to do something)
la droga	drug
el/la drogadicto/a	drug addict
activo/a	active
débil	weak
en exceso	in excess; too much
flexible	flexible
fuerte	strong
sedentario/a	sedentary; related to sitting
tranquilo/a	calm; quiet
el bienestar	well-being

Variación léxica

hacer ejercicios ⟷ hacer aeróbic *(Esp.)*
aeróbicos

el/la entrenador(a) ⟷ el/la monitor(a)

el teleadicto

Hace ejercicios de estiramiento. (hacer)

la clase de ejercicios aeróbicos

Suda. (sudar)

Hace ejercicio. (hacer)

el entrenador

el músculo

la cinta caminadora

No fumar.

el masaje

Hacen ejercicios aeróbicos.
(hacer)

Levanta pesas.
(levantar)

Práctica

1 Escuchar Mira el dibujo. Luego escucha las oraciones e indica si lo que se dice en cada oración es **cierto** o **falso**.

	Cierto	Falso		Cierto	Falso
1.	○	○	6.	○	○
2.	○	○	7.	○	○
3.	○	○	8.	○	○
4.	○	○	9.	○	○
5.	○	○	10.	○	○

2 Seleccionar Escucha el anuncio del gimnasio Sucre. Marca con una **X** los servicios que se ofrecen.

_____ 1. dietas para adelgazar

_____ 2. programa para aumentar de peso

_____ 3. clases de gimnasia

_____ 4. entrenador personal

_____ 5. masajes

_____ 6. programa para dejar de fumar

3 Identificar Identifica el antónimo (*antonym*) de cada palabra.

apurarse	fuerte
disfrutar	mantenerse en forma
engordar	sedentario
estar enfermo	sufrir muchas presiones
flexible	tranquilo

1. activo	5. ir despacio
2. adelgazar	6. estar sano
3. aliviar el estrés	7. nervioso
4. débil	8. ser teleadicto

4 Combinar Combina elementos de cada columna para formar ocho oraciones lógicas sobre el bienestar.

1. David levanta pesas	a. aumentó de peso.
2. Estás en buena forma	b. estiramiento.
3. Felipe se lastimó	c. porque quieren adelgazar.
4. José y Rafael	d. porque haces ejercicio.
5. Mi hermano	e. sudan mucho en el gimnasio.
6. Sara hace ejercicios de	f. un músculo de la pierna.
7. Mis primas están a dieta	g. no se debe fumar.
8. Para llevar una vida sana,	h. y corre mucho.

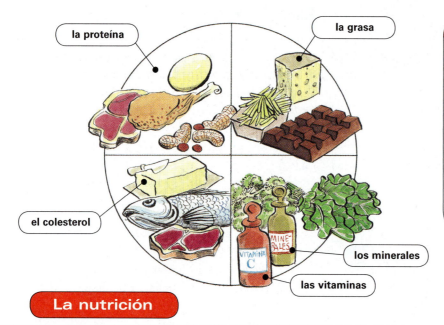

la proteína

la grasa

el colesterol

los minerales

las vitaminas

La nutrición

Más vocabulario

la bebida alcohólica	*alcoholic beverage*
la cafeína	*caffeine*
la caloría	*calorie*
la merienda	*afternoon snack*
la nutrición	*nutrition*
el/la nutricionista	*nutritionist*
comer una dieta equilibrada	*to eat a balanced diet*
consumir alcohol	*to consume alcohol*
descafeinado/a	*decaffeinated*

5 **Completar** Completa cada oración con la palabra adecuada.

1. Después de hacer ejercicio, como pollo o bistec porque contienen _____.
   a. drogas   b. proteínas   c. grasa
2. Para _____, es necesario consumir comidas de todos los grupos alimenticios (*nutrition groups*).
   a. aliviar el estrés   b. correr   c. comer una dieta equilibrada
3. Mis primas _____ una buena comida.
   a. disfrutan de   b. tratan de   c. sudan
4. Mi entrenador no come queso ni papas fritas porque contienen _____.
   a. dietas   b. vitaminas   c. mucha grasa
5. Mi padre no come mantequilla porque él necesita reducir _____.
   a. la nutrición   b. el colesterol   c. el bienestar
6. Mi novio cuenta _____ porque está a dieta.
   a. las pesas   b. los músculos   c. las calorías

CONSULTA

To review what you have learned about nutrition and food groups, see **Contextos, Lección 8,** pp. 242–245.

6 **La nutrición** En parejas, hablen de los tipos de comida que comen y las consecuencias que tienen para su salud. Luego compartan la información con la clase.

1. ¿Cuántas comidas con mucha grasa comes regularmente? ¿Piensas que debes comer menos comidas de este tipo? ¿Por qué?
2. ¿Compras comidas con muchos minerales y vitaminas? ¿Necesitas consumir más comidas que los contienen? ¿Por qué?
3. ¿Algún miembro de tu familia tiene problemas con el colesterol? ¿Qué haces para evitar problemas con el colesterol?
4. ¿Eres vegetariano/a? ¿Conoces a alguien que sea vegetariano/a? ¿Qué piensas de la idea de no comer carne u otros productos animales? ¿Es posible comer una dieta equilibrada sin comer carne? Explica.
5. ¿Tomas cafeína en exceso? ¿Qué ventajas (*advantages*) y desventajas tiene la cafeína? Da ejemplos de productos que contienen cafeína y de productos descafeinados.
6. ¿Llevas una vida sana? ¿Y tus amigos? ¿Crees que, en general, los estudiantes llevan una vida sana? ¿Por qué?

AYUDA

Some useful words:

sano = saludable

en general = por lo general

estricto

normalmente

muchas veces

a veces

de vez en cuando

Comunicación

7

Un anuncio En grupos de cuatro, imaginen que son dueños/as de un gimnasio con un equipo (*equipment*) moderno, entrenadores cualificados y un(a) nutricionista. Preparen y presenten un anuncio para la televisión que hable del gimnasio y atraiga (*attracts*) a una gran variedad de nuevos clientes. No se olviden de presentar esta información:

▶ las ventajas de estar en buena forma
▶ el equipo que tienen
▶ los servicios y clases que ofrecen
▶ las características únicas
▶ la dirección y el teléfono
▶ el precio para los socios (*members*)

8

Recomendaciones para la salud En parejas, imaginen que están preocupados/as por los malos hábitos de un(a) amigo/a que no está bien últimamente (*lately*). Escriban y representen una conversación en la cual hablen de lo que está pasando en la vida de su amigo/a y los cambios que necesita hacer para llevar una vida sana.

9

El teleadicto Con un(a) compañero/a, representen los papeles de un(a) nutricionista y un(a) teleadicto/a. La persona sedentaria habla de sus malos hábitos para la comida y de que no hace ejercicio. También dice que toma demasiado café y que siente mucho estrés. El/La nutricionista le sugiere una dieta equilibrada con bebidas descafeinadas y una rutina para mantenerse en buena forma. El/La teleadicto/a le da las gracias por su ayuda.

10

El gimnasio perfecto Tú y tu compañero/a quieren encontrar el gimnasio perfecto. Su profesor(a) les va a dar a cada uno/a de ustedes el anuncio de un gimnasio. Túrnense para hacerse preguntas sobre las actividades que se ofrecen en cada uno. Al final, decidan cuál es el mejor gimnasio y compartan su decisión con la clase.

11

¿Quién es? Trabajen en grupos. Cada uno/a de ustedes va a elegir a una persona famosa por temas de salud y bienestar. Los demás miembros del grupo deben hacer preguntas hasta descubrir a quién eligió cada quien. Recuerden usar el vocabulario de la lección.

> **modelo**
>
> **Estudiante 1:** ¿Haces ejercicio todos los días?
> **Estudiante 2:** Sí, sobre todo hago ejercicios aeróbicos.
>   ¡Me encanta la música!
> **Estudiante 3:** ¿Comes una dieta equilibrada?
> **Estudiante 2:** Sí, y hace más de 40 años que perdí más
>   de 100 libras (*pounds*) de peso.
> **Estudiante 1:** ¡Ya sé! ¡Eres Richard Simmons!

Chichén Itzá

Los chicos exploran Chichén Itzá y se relajan en un spa.

PERSONAJES

 MARISSA   FELIPE

S Video: *Fotonovela*
Record and Compare

MARISSA ¡Chichén Itzá es impresionante! Qué lástima que Maru y Miguel no estén con nosotros. Sobre todo Maru.

FELIPE Ha estado bajo mucha presión.

MARISSA Podría quedarme aquí para siempre. ¿Ustedes ya habían venido antes?

FELIPE Sí. Nuestros papás nos trajeron cuando éramos niños.

FELIPE El otro día le gané a Juan Carlos en el parque.

JUAN CARLOS Estaba mirando hacia otro lado, cuando me di cuenta, Felipe ya había empezado a correr.

(en otro lugar de las ruinas)

JUAN CARLOS ¡Hace calor!

JIMENA ¡Sí! Hay que estar en buena forma para recorrer las ruinas.

JUAN CARLOS Siempre había llevado una vida sana antes de entrar a la universidad.

JIMENA Tienes razón. La universidad hace que seamos muy sedentarios.

JUAN CARLOS ¡Busquemos a Felipe y a Marissa!

FELIPE ¡Gané!

JIMENA Qué calor. Tengo una idea. Vamos.

JUAN CARLOS

JIMENA

EMPLEADA

EMPLEADA Ofrecemos varios servicios para aliviar el estrés: masajes, saunas...

FELIPE Me gustaría un masaje.

MARISSA Yo prefiero un baño mineral.

JUAN CARLOS ¿Crees que tendrías un poco de tiempo libre la semana que viene? Me gustaría invitarte a salir.

JIMENA ¿Sin Felipe?

JUAN CARLOS Sin Felipe.

EMPLEADA ¿Ya tomaron una decisión?

JIMENA Sí.

recursos

VM
pp. 223–224

vhlcentral.com
Lección 15

Expresiones útiles

Wishing a friend were with you

Qué lástima que no estén con nosotros.
What a shame that they aren't with us.
Sobre todo Maru.
Especially Maru.
Él/Ella ha estado bajo mucha presión.
He/She has been under a lot of pressure.
Creo que ellos ya habían venido antes.
I think they had already come (here) before.

Talking about trips

¿Ustedes ya habían venido antes?
Had you been (here) before?
Sí. He querido regresar desde que leí el *Chilam Balam*.
Yes. I have wanted to come back ever since I read the Chilam Balam.
¿Recuerdas cuando nos trajo papá?
Remember when Dad brought us?
Al llegar a la cima, comenzaste a llorar.
When we got to the top, you started to cry.

Talking about well-being

Siempre había llevado una vida sana antes de entrar a la universidad.
I had always maintained a healthy lifestyle before starting college.
Ofrecemos varios servicios para aliviar el estrés.
We offer many services to relieve stress.
Me gustaría un masaje.
I would like a massage.

Additional vocabulary

la cima *top, peak*
el escalón *step*
el muro *wall*
tomar una decisión *to make a decision*

¿Qué pasó?

1 **Seleccionar** Selecciona la respuesta que completa mejor cada oración.

1. Felipe y Marissa piensan que Maru _____.
   a. debe hacer ejercicio   b. aumentó de peso   c. ha estado bajo mucha presión
2. Felipe y Jimena visitaron Chichén Itzá _____.
   a. para aliviar el estrés   b. cuando eran niños   c. para llevar una vida sana
3. Jimena dice que la universidad hace a los estudiantes _____.
   a. comer una dieta equilibrada   b. ser sedentarios   c. levantar pesas
4. En el spa ofrecen servicios para _____.
   a. sudar   b. aliviar el estrés   c. ser flexibles
5. Felipe elige que le den un _____.
   a. baño mineral   b. almuerzo   c. masaje

2 **Identificar** Identifica quién puede decir estas oraciones.

1. No me di cuenta (*I didn't realize*) de que habías empezado a correr, por eso ganaste.
2. Miguel y Maru no visitaron Chichén Itzá, ¡qué lástima que no estén con nosotros!
3. Se necesita estar en buena forma para visitar este tipo de lugares.
4. Los masajes, saunas y baños minerales que ofrecemos alivian la tensión.
5. Si salimos, no invites a Felipe.
6. Yo corro más rápido que Juan Carlos.

 MARISSA   **FELIPE**

 JIMENA

 JUAN CARLOS   **EMPLEADA**

3 **Inventar** En parejas, hagan descripciones de los personajes de la **Fotonovela**. Utilicen las oraciones, la lista de palabras y otras expresiones que sepan.

aliviar el estrés	hacer ejercicios de estiramiento	masaje
bienestar	llevar una vida sana	teleadicto/a
grasa	mantenerse en forma	vitamina

modelo

Estudiante 1: Felipe es activo, flexible y fuerte.
Estudiante 2: Marissa siempre hace ejercicios de estiramiento. Está en buena forma y lleva una vida muy sana...

1. A Juan Carlos le duelen los músculos después de hacer gimnasia.
2. Maru a veces sufre presiones y estrés en la universidad.
3. A Jimena le encanta salir con amigos o leer un buen libro.
4. Felipe trata de comer una dieta equilibrada.
5. Juan Carlos no es muy flexible.

 Practice more at **vhlcentral.com.**

Ortografía  **Concepts**

Las letras **b** y **v**

Since there is no difference in pronunciation between the Spanish letters **b** and **v**, spelling words that contain these letters can be tricky. Here are some tips.

nom**b**re	**bl**usa	a**bs**oluto	descu**b**rir

The letter **b** is always used before consonants.

bonita	**bot**ella	**bus**car	**bien**estar

At the beginning of words, the letter **b** is usually used when it is followed by the letter combinations **-on, -or, -ot, -u, -ur, -us, -ien**, and **-ene**.

adelgaza**b**a	disfruta**b**an	i**b**as	í**b**amos

The letter **b** is used in the verb endings of the imperfect tense for **-ar** verbs and the verb **ir**.

voy	**v**amos	estu**v**o	tu**v**ieron

The letter **v** is used in the present tense forms of **ir** and in the preterite forms of **estar** and **tener**.

oct**av**o	hu**ev**o	act**iv**a	gr**av**e

The letter **v** is used in these noun and adjective endings: **-avo/a, -evo/a, -ivo/a, -ave, -eve**.

 Práctica Completa las palabras con las letras **b** o **v**.

1. Una __ez me lastimé el __razo cuando esta__a __uceando.
2. Manuela se ol__idó sus li__ros en el auto__ús.
3. Ernesto tomó el __orrador y se puso todo __lanco de tiza.
4. Para tener una __ida sana y saluda__le, necesitas tomar __itaminas.
5. En mi pue__lo hay un __ule__ar que tiene muchos ár__oles.

 El ahorcado (*Hangman*) Juega al ahorcado para adivinar las palabras.

1. __ _u_ __ __ _s_   Están en el cielo.

2. __ _u_ __ __ _n_   Relacionado con el correo

3. __ _o_ __ _e_ __ __ _a_   Está llena de líquido.

4. __ _i_ __ __ _e_   Fenómeno meteorológico

5. __ _e_ __ __ __ __ __ _s_   Los "ojos" de la casa

recursos

LM p. 86	**S** vhlcentral.com Lección 15

Additional Reading
Video: *Flash cultura*

Spas naturales

¿Hay algo mejor que un buen baño° para descansar y aliviar la tensión? Y si el baño se toma en una terma°, el beneficio° es mayor. Los tratamientos con agua y lodo° para mejorar la salud y el bienestar son populares en las Américas desde hace muchos siglos°. Las termas son manantiales° naturales de agua caliente. La temperatura facilita la absorción de minerales y otros elementos que contiene el agua y que son buenos para la salud. El agua de las termas se usa en piscinas, baños y duchas o en el sitio natural en el que surge°: pozas°, estanques° o cuevas°.

Ecotermales en Arenal, Costa Rica

Volcán de lodo El Totumo, Colombia

En Baños de San Vicente, en Ecuador, son muy populares los tratamientos° con lodo volcánico.

El lodo caliente se extiende por el cuerpo; así la piel° absorbe los minerales beneficiosos para la salud; también se usa para dar masajes. La lodoterapia es útil para tratar varias enfermedades, además hace que la piel se vea radiante.

En Costa Rica, la actividad volcánica también ha dado° origen a fuentes° y pozas termales. Si te gusta cuidarte y amas la naturaleza, recuerda estos nombres: Las Hornillas y Las Pailas. Son pozas naturales de aguas termales que están cerca del volcán Rincón de la Vieja. Un baño termal en medio de un paisaje tan hermoso es una experiencia única.

Otros balnearios°

Todos ofrecen piscinas, baños, pozas y duchas de aguas termales y además...

Lugar	Servicios
El Edén y Yanasara, Curgos (Perú)	cascadas° de aguas termales
Montbrió del Camp, Tarragona (España)	baños de algas°
Puyuhuapi (Chile)	duchas de agua de mar; baños de algas
Termas de Río Hondo, Santiago del Estero (Argentina)	baños de lodo
Tepoztlán, Morelos (México)	temazcales° aztecas
Uyuni, Potosí (Bolivia)	baños de sal

baño *bath* terma *hot spring* beneficio *benefit* lodo *mud* siglos *centuries* manantiales *springs* surge *springs forth* pozas *small pools* estanques *ponds* cuevas *caves* tratamientos *treatments* piel *skin* ha dado *has given* fuentes *springs* balnearios *spas* cascadas *waterfalls* algas *seaweed* temazcales *steam and medicinal herb baths*

ACTIVIDADES

1 **¿Cierto o falso?** Indica si lo que dicen las oraciones es **cierto** o **falso**. Corrige la información falsa.

1. Las aguas termales son beneficiosas para algunas enfermedades, incluido el estrés.
2. Los tratamientos con agua y lodo se conocen sólo desde hace pocos años.
3. Las termas son manantiales naturales de agua caliente.
4. La lodoterapia es un tratamiento con barro.
5. La temperatura de las aguas termales no afecta la absorción de los minerales.
6. Mucha gente va a Baños de San Vicente, Ecuador, por sus playas.
7. Las Hornillas son pozas de aguas termales en Costa Rica.
8. Montbrió del Camp ofrece baños de sal.
9. Es posible ver aguas termales en forma de cascadas.
10. Tepoztlán ofrece temazcales aztecas.

EL MUNDO HISPANO

Creencias° sobre la salud

- **Colombia** Como algunos suelos son de baldosas°, se cree que si uno anda descalzo° se enfrían° los pies y esto puede causar un resfriado o artritis.

- **Cuba** Por la mañana, muchas madres sacan a sus bebés a los patios y a las puertas de las casas. La creencia es que unos cinco minutos de sol ayudan a fijar° el calcio en los huesos y aumentan la inmunidad contra las enfermedades.

- **México** Muchas personas tienen la costumbre de tomar a diario un vaso de jugo del cactus conocido como "nopal". Se dice que es bueno para reducir el colesterol y el azúcar en la sangre y que ayuda a adelgazar.

Creencias *Beliefs* **baldosas** *tiles* **anda descalzo** *walks barefoot* **se enfrían** *get cold* **fijar** *to set*

PERFIL

Las frutas y la salud

Desde hace muchos años se conocen las propiedades de la papaya para tratar problemas digestivos. Esta fruta originaria de las Américas contiene una enzima, la papaína, que actúa de forma semejante° a como lo hacen los jugos gástricos. Una porción de papaya o un vaso de jugo de esta fruta ayuda a la digestión. La papaya también es rica en vitaminas A y C.

La piña° también es una fruta natural de las Américas que es buena para la digestión. La piña contiene bromelina, una enzima que, como la papaína, ayuda a digerir° las proteínas. Esta deliciosa fruta contiene también ácido cítrico, vitaminas y minerales. Además, tiene efectos diuréticos y antiinflamatorios que pueden aliviar las enfermedades reumáticas. La piña ofrece una ayuda fácil y sabrosa para perder peso por su contenido en fibra y su efecto diurético. Una rodaja° o un vaso de jugo de piña fresca antes de comer

puede ayudar en cualquier° dieta para adelgazar.

semejante *similar* **piña** *pineapple* **digerir** *to digest* **rodaja** *slice* **cualquier** *any*

Conexión Internet

¿Qué sistemas de ejercicio son más populares entre los hispanos?

Go to **vhlcentral.com** to find more cultural information related to this **Cultura** section.

ACTIVIDADES

2 **Comprensión** Responde a las preguntas.

1. Una argentina te dice: "Voy a usar la cinta." ¿Qué va a hacer?

2. Según los colombianos, ¿qué efectos negativos tiene el no usar zapatos en casa?

3. ¿Cómo se llama la enzima de la papaya que ayuda a la digestión?

4. ¿Cómo se aconseja consumir la piña en dietas de adelgazamiento?

3 **Para sentirte mejor** Entrevista a un(a) compañero/a sobre las cosas que hace todos los días y las cosas que hace al menos una o dos veces a la semana para sentirse mejor. Hablen sobre actividades deportivas, la alimentación y lo que hacen en sus ratos libres.

 Practice more at **vhlcentral.com**.

recursos

VM pp. 295–296

vhlcentral.com Lección 15

15.3 # The past perfect Tutorial

ANTE TODO The past perfect indicative (**el pretérito pluscuamperfecto de indicativo**) is used to talk about what someone *had done* or what *had occurred* before another past action, event, or state. Like the present perfect, the past perfect uses a form of **haber**—in this case, the imperfect—plus the past participle.

Past perfect indicative			
	cerrar	**perder**	**asistir**
SINGULAR FORMS			
yo	**había** cerrado	**había** perdido	**había** asistido
tú	**habías** cerrado	**habías** perdido	**habías** asistido
Ud./él/ella	**había** cerrado	**había** perdido	**había** asistido
PLURAL FORMS			
nosotros/as	**habíamos** cerrado	**habíamos** perdido	**habíamos** asistido
vosotros/as	**habíais** cerrado	**habíais** perdido	**habíais** asistido
Uds./ellos/ellas	**habían** cerrado	**habían** perdido	**habían** asistido

Antes de 2010, **había vivido** en La Paz.
Before 2010, I had lived in La Paz.

Cuando llegamos, Luis ya **había salido.**
When we arrived, Luis had already left.

▶ The past perfect is often used with the word **ya** (*already*) to indicate that an action, event, or state had already occurred before another. Remember that, unlike its English equivalent, **ya** cannot be placed between **haber** and the past participle.

Ella **ya había salido** cuando llamaron.
She had already left when they called.

Cuando llegué, Raúl **ya se había acostado.**
When I arrived, Raúl had already gone to bed.

▶ **¡Atención!** The past perfect is often used in conjunction with **antes de** + [*noun*] or **antes de** + [*infinitive*] to describe when the action(s) occurred.

Antes de este año, nunca **había estudiar español.**
Before this year, I had never studied Spanish.

Luis **me había llamado antes de venir.**
Luis had called me before he came.

 **¡INTÉNTALO!** Indica el pretérito pluscuamperfecto de indicativo de cada verbo.

1. Nosotros ya _habíamos cenado_ (cenar) cuando nos llamaron.
2. Antes de tomar esta clase, yo no _____ (estudiar) nunca el español.
3. Antes de ir a México, ellos nunca _____ (ir) a otro país.
4. Eduardo nunca _____ (entrenarse) tanto en invierno.
5. Tú siempre _____ (llevar) una vida sana antes del año pasado.
6. Antes de conocerte, yo ya te _____ (ver) muchas veces.

Práctica

1

Completar Completa los minidiálogos con las formas correctas del pretérito pluscuamperfecto de indicativo.

1. **SARA** Antes de cumplir los 15 años, ¿_____ (estudiar) tú otra lengua?
   JOSÉ Sí, _____ (tomar) clases de inglés y de italiano.

▶ 2. **DOLORES** Antes de ir a Argentina, ¿_____ (probar) tú y tu familia el mate?
   TOMÁS Sí, ya _____ (tomar) mate muchas veces.

3. **ANTONIO** Antes de este año, ¿_____ (correr) usted en un maratón?
   SRA. VERA No, nunca lo _____ (hacer).

4. **SOFÍA** Antes de su enfermedad, ¿_____ (sufrir) muchas presiones tu tío?
   IRENE Sí... y él nunca _____ (mantenerse) en buena forma.

2

Tu vida Indica si ya habías hecho estas cosas antes de cumplir los dieciséis años.

1. hacer un viaje en avión
2. escalar una montaña
3. escribir un poema
4. filmar un video
5. enamorarte
6. tomar clases de aeróbicos
7. montar a caballo
8. ir de pesca
9. manejar un carro
10. cantar frente a 50 o más personas

Comunicación

3

Gimnasio Olímpico En parejas, lean el anuncio y contesten las preguntas.

¡Acabo de descubrir una nueva vida!

Hasta el año pasado, siempre había mirado la tele sentado en el sofá durante mis ratos libres. ¡Era sedentario y teleadicto! Jamás había practicado ningún deporte y había aumentado mucho de peso.

Este año, he empezado a llevar una dieta equilibrada y voy al gimnasio todos los días. He comenzado a ser una persona muy activa y he adelgazado. Disfruto de una vida sana. ¡Me siento muy feliz!

Manténgase en forma.

¡Venga al Gimnasio Olímpico hoy mismo!

1. Identifiquen los elementos del pretérito pluscuamperfecto de indicativo en el anuncio.
2. ¿Cómo era la vida del hombre cuando llevaba una vida sedentaria? ¿Cómo es ahora?
3. ¿Se identifican ustedes con algunos de los hábitos, presentes o pasados, de este hombre? ¿Con cuáles?
4. ¿Qué les recomienda el hombre del anuncio a los lectores? ¿Creen que les da buenos consejos?

Recapitulación

 **Concepts Diagnostics**

Completa estas actividades para repasar los conceptos de gramática que aprendiste en esta lección.

1 **Verbos** Completa el cuadro con la forma correcta de los verbos. **12 pts.**

Infinitivo	tú	nosotros	ellas
tratar		trataríamos	
	querrías		querrían
		podríamos	
	habrías		habrían
vivir			

2 **Completar** Completa el cuadro con el pretérito perfecto de los verbos. **6 pts.**

Infinitivo	yo	él	ellas
tratar			
entrenarse			

3 **Diálogo** Completa la conversación con la forma adecuada del condicional de los verbos. **8 pts.**

aconsejar	encantar	ir	poder
dejar	gustar	llover	volver

OMAR ¿Sabes? La demostración de yoga al aire libre fue un éxito. Yo creía que (1) _____, pero hizo sol.

NIDIA Ah, me alegro. Te dije que Jaime y yo (2) _____, pero tuvimos un imprevisto (*something came up*) y no pudimos. Y a Laura, ¿la viste allí?

OMAR Sí, ella vino. Al contrario que tú, al principio me dijo que ella y su marido no (3) _____ venir, pero al final aparecieron (*showed up*). Necesitaba relajarse un poco; está muy estresada con su trabajo.

NIDIA Yo le (4) _____ que busque otra cosa. En su lugar, (5) _____ esa compañía y (6) _____ a escribir un libro.

OMAR Estoy de acuerdo. Oye, esta noche voy a ir al gimnasio. ¿(7) _____ venir conmigo?

NIDIA Sí, (8) _____. ¿A qué hora vamos?

OMAR A las siete y media.

15.1 **The conditional** *pp. 492–493*

The conditional tense* of **disfrutar**	
disfrutar**ía**	disfrutar**íamos**
disfrutar**ías**	disfrutar**íais**
disfrutar**ía**	disfrutar**ían**

*Same ending for **-ar**, **-er**, and **-ir** verbs.

▶ Verbs with irregular conditional: **decir, haber, hacer, poder, poner, querer, saber, salir, tener, venir**

15.2 **The present perfect** *pp. 496–497*

Present indicative of **haber**	
he	hemos
has	habéis
ha	han

Present perfect: present tense of **haber** + past participle

Present perfect indicative	
he empezado	**hemos** empezado
has empezado	**habéis** empezado
ha empezado	**han** empezado

He empezado a ir al gimnasio con regularidad.
I have begun to go to the gym regularly.

15.3 **The past perfect** *p. 500*

Past perfect: imperfect tense of **haber** + past participle

Past perfect indicative	
había vivido	**habíamos** vivido
habías vivido	**habíais** vivido
había vivido	**habían** vivido

Antes de 2011, yo ya **había vivido** en tres países diferentes.
Before 2011, I had already lived in three different countries.

4

Preguntas Completa las preguntas para estas respuestas usando el pretérito perfecto de indicativo. **8 pts.**

> **modelo**
>
> —¿Has llamado a tus padres? —Sí, los llamé ayer.

1. —¿Tú _____ ejercicio esta mañana en el gimnasio? —No, hice ejercicio en el parque.
2. —Y ustedes, ¿_____ ya? —Sí, desayunamos en el hotel.
3. —Y Juan y Felipe, ¿adónde _____ ? —Fueron al cine.
4. —Paco, ¿(nosotros) _____ la cuenta del gimnasio? —Sí, la recibimos la semana pasada.
5. —Señor Martín, ¿_____ algo ya? —Sí, pesqué uno grande. Ya me puedo ir a casa contento.
6. —Inés, ¿_____ mi pelota de fútbol? —Sí, la vi esta mañana en el coche.
7. —Yo no _____ café todavía. ¿Alguien quiere acompañarme? —No, gracias. Yo ya tomé mi café en casa.
8. —¿Ya te _____ el doctor que puedes comer chocolate? —Sí, me lo dijo ayer.

5

Antes de graduarse Di lo que cada una de estas personas ya había hecho o no había hecho todavía antes de graduarse de la universidad. Sigue el modelo. **6 pts.**

> **modelo**
>
> yo / ya conocer a muchos amigos
> *Yo ya había conocido a muchos amigos.*

1. Margarita / ya dejar de fumar
2. tú / ya aprender a mantenerse en forma
3. Julio / ya casarse
4. Mabel y yo / ya practicar yoga
5. los hermanos Falsero / todavía no perder un partido de voleyball
6. yo / ya entrenarse para el maratón

6

Manteniéndote en forma Escribe al menos cinco oraciones para describir cómo te has mantenido en forma este semestre. Di qué cosas han cambiado este semestre en relación con el año pasado. Por ejemplo, ¿qué cosas has hecho o practicado este semestre que nunca habías probado antes? **10 pts.**

7

Poema Completa este fragmento de un poema de Nezahualcóyotl con el pretérito perfecto de indicativo de los verbos. **¡2 puntos EXTRA!**

" _____ (Llegar) aquí,
soy Yoyontzin.
Sólo busco las flores
sobre la tierra, _____ (venir)
a cortarlas. "

Practice more at **vhlcentral.com**.

Lectura

Antes de leer

Estrategia
Making inferences

For dramatic effect and to achieve a smoother writing style, authors often do not explicitly supply the reader with all the details of a story or poem. Clues in the text can help you infer those things the writer chooses not to state in a direct manner. You simply "read between the lines" to fill in the missing information and draw conclusions. To practice making inferences, read these statements:

A Liliana le encanta ir al gimnasio. Hace años que empezó a levantar pesas.

Based on this statement alone, what inferences can you draw about Liliana?

El autor

Ve a la página 445 de tu libro y lee la biografía de Gabriel García Márquez.

El título

Sin leer el texto del cuento (*story*), lee el título. Escribe cinco oraciones que empiecen con la frase "Un día de éstos".

El cuento

Éstas son algunas palabras que vas a encontrar al leer *Un día de éstos*. Busca su significado en el diccionario. Según estas palabras, ¿de qué piensas que trata (*is about*) el cuento?

alcalde	lágrimas
dentadura postiza	muela
displicente	pañuelo
enjuto	rencor
guerrera	teniente

Un día de éstos
Gabriel García Márquez

El lunes amaneció tibio° y sin lluvia. Don Aurelio Escovar, dentista sin título y buen madrugador°, abrió su gabinete° a las seis. Sacó de la vidriera° una dentadura postiza° montada aún° en el molde de yeso° y puso sobre la mesa un puñado° de instrumentos que ordenó de mayor a menor, como en una exposición. Llevaba una camisa a rayas, sin cuello, cerrada arriba con un botón dorado°, y los pantalones sostenidos con cargadores° elásticos. Era rígido, enjuto, con una mirada que raras veces correspondía a la situación, como la mirada de los sordos°.

Cuando tuvo las cosas dispuestas sobre la mesa rodó la fresa° hacia el sillón de resortes y se sentó a pulir° la dentadura postiza. Parecía no pensar en lo que hacía, pero trabajaba con obstinación, pedaleando en la fresa incluso cuando no se servía de ella.

Después de las ocho hizo una pausa para mirar el cielo por la ventana y vio dos gallinazos° pensativos que se secaban al sol en el caballete° de la casa vecina. Siguió trabajando con la idea de que antes del almuerzo volvería a llover°. La voz destemplada° de su hijo de once años lo sacó de su abstracción.

—Papá.

—Qué.

—Dice el alcalde que si le sacas una muela.

—Dile que no estoy aquí.

Estaba puliendo un diente de oro°. Lo retiró a la distancia del brazo y lo examinó con los ojos a medio cerrar. En la salita de espera volvió a gritar su hijo.

—Dice que sí estás porque te está oyendo.

El dentista siguió examinando el diente. Sólo cuando lo puso en la mesa con los trabajos terminados, dijo:

---

amaneció tibio *dawn broke warm* **madrugador** *early riser* **gabinete** *office* **vidriera** *glass cabinet* **dentadura postiza** *dentures* **montada aún** *still set* **yeso** *plaster* **puñado** *handful* **dorado** *gold* **sostenidos con cargadores** *held by suspenders* **sordos** *deaf* **rodó la fresa** *he turned the drill* **pulir** *to polish* **gallinazos** *vultures* **caballete** *ridge* **volvería a llover** *it would rain again* **voz destemplada** *harsh voice* **oro** *gold* **cajita de cartón** *small cardboard box* **puente** *bridge* **te pega un tiro** *he will shoot you* **Sin apresurarse** *Without haste* **gaveta** *drawer* **Hizo girar** *He turned* **apoyada** *resting* **umbral** *threshold* **mejilla** *cheek* **hinchada** *swollen* **barba** *beard* **marchitos** *faded* **hervían** *were boiling* **pomos de loza** *china bottles* **cancel de tela** *cloth screen* **se acercaba** *was approaching* **talones** *heels* **mandíbula** *jaw* **cautelosa** *cautious* **cacerola** *saucepan* **pinzas** *pliers* **escupidera** *spittoon* **aguamanil** *washstand* **cordal** *wisdom tooth* **gatillo** *pliers* **se aferró** *clung* **barras** *arms* **descargó** *unloaded* **vacío helado** *icy hollowness* **riñones** *kidneys* **no soltó un suspiro** *he didn't let out a sigh* **muñeca** *wrist* **amarga ternura** *bitter tenderness* **teniente** *lieutenant* **crujido** *crunch* **a través de** *through* **sudoroso** *sweaty* **jadeante** *panting* **se desabotonó** *he unbuttoned* **a tientas** *blindly* **bolsillo** *pocket* **trapo** *cloth* **cielorraso desfondado** *ceiling with the paint sagging* **telaraña polvorienta** *dusty spiderweb* **haga buches de** *rinse your mouth out with* **vaina** *thing*

—Mejor.

Volvió a operar la fresa. De una cajita de cartón° donde guardaba las cosas por hacer, sacó un puente° de varias piezas y empezó a pulir el oro.

—Papá.

—Qué.

Aún no había cambiado de expresión.

—Dice que si no le sacas la muela te pega un tiro°.

Sin apresurarse°, con un movimiento extremadamente tranquilo, dejó de pedalear en la fresa, la retiró del sillón y abrió por completo la gaveta° inferior de la mesa. Allí estaba el revólver.

—Bueno —dijo—. Dile que venga a pegármelo.

Hizo girar° el sillón hasta quedar de frente a la puerta, la mano apoyada° en el borde de la gaveta. El alcalde apareció en el umbral°. Se había afeitado la mejilla° izquierda, pero en la otra, hinchada° y dolorida, tenía una barba° de cinco días. El dentista vio en sus ojos marchitos° muchas noches de desesperación. Cerró la gaveta con la punta de los dedos y dijo suavemente:

—Siéntese.

—Buenos días —dijo el alcalde.

—Buenos —dijo el dentista.

Mientras hervían° los instrumentos, el alcalde apoyó el cráneo en el cabezal de la silla y se sintió mejor. Respiraba un olor glacial. Era un gabinete pobre: una vieja silla de madera, la fresa de pedal y una vidriera con pomos de loza°. Frente a la silla, una ventana con un cancel de tela° hasta la altura de un hombre. Cuando sintió que el dentista se acercaba°, el alcalde afirmó los talones° y abrió la boca.

Don Aurelio Escovar le movió la cabeza hacia la luz. Después de observar la muela dañada, ajustó la mandíbula° con una presión cautelosa° de los dedos.

—Tiene que ser sin anestesia —dijo.

—¿Por qué?

—Porque tiene un absceso.

El alcalde lo miró en los ojos.

—Está bien —dijo, y trató de sonreír. El dentista no le correspondió. Llevó a la mesa de trabajo la cacerola° con los instrumentos hervidos y los sacó del agua con unas pinzas° frías, todavía sin apresurarse. Después rodó la escupidera° con la punta del zapato y fue a lavarse las manos en el aguamanil°. Hizo todo sin mirar al alcalde. Pero el alcalde no lo perdió de vista.

Era una cordal° inferior. El dentista abrió las piernas y apretó la muela con el gatillo° caliente. El alcalde se aferró a las barras° de la silla, descargó° toda su fuerza en los pies y sintió un vacío helado° en los riñones°, pero no soltó un suspiro°. El dentista sólo movió la muñeca°. Sin rencor, más bien con una amarga ternura°, dijo:

—Aquí nos paga veinte muertos, teniente°.

El alcalde sintió un crujido° de huesos en la mandíbula y sus ojos se llenaron de lágrimas. Pero no suspiró hasta que no sintió salir la muela. Entonces la vio a través de° las lágrimas. Le pareció tan extraña a su dolor, que no pudo entender la tortura de sus cinco noches anteriores. Inclinado sobre la escupidera, sudoroso°, jadeante°, se desabotonó° la guerrera y buscó a tientas° el pañuelo en el bolsillo° del pantalón. El dentista le dio un trapo° limpio.

—Séquese las lágrimas —dijo.

El alcalde lo hizo. Estaba temblando. Mientras el dentista se lavaba las manos, vio el cielorraso desfondado° y una telaraña polvorienta° con huevos de araña e insectos muertos. El dentista regresó secándose. "Acuéstese —dijo— y haga buches de° agua de sal." El alcalde se puso de pie, se despidió con un displicente saludo militar, y se dirigió a la puerta estirando las piernas, sin abotonarse la guerrera.

—Me pasa la cuenta —dijo.

—¿A usted o al municipio?

El alcalde no lo miró. Cerró la puerta, y dijo, a través de la red metálica:

—Es la misma vaina°.

Después de leer

Comprensión

Completa las oraciones con la palabra o expresión correcta.

1. Don Aurelio Escovar es _____ sin título.
2. Al alcalde le duele _____.
3. Aurelio Escovar y el alcalde se llevan _____.
4. El alcalde amenaza (*threatens*) al dentista con pegarle un _____.
5. Finalmente, Aurelio Escovar _____ la muela al alcalde.
6. El alcalde llevaba varias noches sin _____.

Interpretación

En parejas, respondan a estas preguntas. Luego comparen sus respuestas con las de otra pareja.

1. ¿Cómo reacciona don Aurelio cuando escucha que el alcalde amenaza con pegarle un tiro? ¿Qué les dice esta actitud sobre las personalidades del dentista y del alcalde?
2. ¿Por qué creen que don Aurelio y el alcalde no se llevan bien?
3. ¿Creen que era realmente necesario no usar anestesia?
4. ¿Qué piensan que significa el comentario "aquí nos paga veinte muertos, teniente"? ¿Qué les dice esto del alcalde y su autoridad en el pueblo?
5. ¿Cómo se puede interpretar el saludo militar y la frase final del alcalde "es la misma vaina"?

Escritura

Estrategia

Organizing information logically

Many times a written piece may require you to include a great deal of information. You might want to organize your information in one of three different ways:

▶ chronologically (e.g., events in the history of a country)
▶ sequentially (e.g., steps in a recipe)
▶ in order of importance

Organizing your information beforehand will make both your writing and your message clearer to your readers. If you were writing a piece on weight reduction, for example, you would need to organize your ideas about two general areas: eating right and exercise. You would need to decide which of the two is more important according to your purpose in writing the piece. If your main idea is that eating right is the key to losing weight, you might want to start your piece with a discussion of good eating habits. You might want to discuss the following aspects of eating right in order of their importance:

▶ quantities of food
▶ selecting appropriate foods from the food pyramid
▶ healthy recipes
▶ percentage of fat in each meal
▶ calorie count
▶ percentage of carbohydrates in each meal
▶ frequency of meals

You would then complete the piece by following the same process to discuss the various aspects of the importance of getting exercise.

Tema

Escribir un plan personal de bienestar

Desarrolla un plan personal para mejorar tu bienestar, tanto físico como emocional. Tu plan debe describir:

1. lo que has hecho para mejorar tu bienestar y llevar una vida sana
2. lo que no has podido hacer todavía
3. las actividades que debes hacer en los próximos meses

Considera también estas preguntas:

La nutrición

▶ ¿Comes una dieta equilibrada?
▶ ¿Consumes suficientes vitaminas y minerales?
▶ ¿Consumes demasiada grasa?
▶ ¿Quieres aumentar de peso o adelgazar?
▶ ¿Qué puedes hacer para mejorar tu dieta?

El ejercicio

▶ ¿Haces ejercicio? ¿Con qué frecuencia?
▶ ¿Vas al gimnasio? ¿Qué tipo de ejercicios haces allí?
▶ ¿Practicas algún deporte?
▶ ¿Qué puedes hacer para mejorar tu bienestar físico?

El estrés

▶ ¿Sufres muchas presiones?
▶ ¿Qué actividades o problemas te causan estrés?
▶ ¿Qué haces (o debes hacer) para aliviar el estrés y sentirte más tranquilo/a?
▶ ¿Qué puedes hacer para mejorar tu bienestar emocional?

Escuchar Audio: Activities

Estrategia

**Listening for the gist/
Listening for cognates**

Combining these two strategies is an easy way to get a good sense of what you hear. When you listen for the gist, you get the general idea of what you're hearing, which allows you to interpret cognates and other words in a meaningful context. Similarly, the cognates give you information about the details of the story that you might not have understood when listening for the gist.

To practice these strategies, you will listen to a short paragraph. Write down the gist of what you hear and jot down a few cognates. Based on the gist and the cognates, what conclusions can you draw about what you heard?

Preparación

Mira la foto. ¿Qué pistas° te da de lo que vas a oír?

Ahora escucha

Escucha lo que dice Ofelia Cortez de Bauer. Anota algunos de los cognados que escuchas y también la idea general del discurso°.

_____
_____
_____
_____

Idea general: _____

Ahora contesta las siguientes preguntas.

1. ¿Cuál es el género° del discurso?
2. ¿Cuál es el tema?
3. ¿Cuál es el propósito°?

pistas *clues* discurso *speech* género *genre* propósito *purpose*
público *audience* debía haber incluido *should have included*

Comprensión

¿Cierto o falso?

Indica si lo que dicen estas oraciones es **cierto** o **falso**. Corrige las oraciones falsas.

	Cierto	Falso
1. La señora Bauer habla de la importancia de estar en buena forma y de hacer ejercicio.	○	○
2. Según ella, lo más importante es que lleves el programa sugerido por los expertos.	○	○
3. La señora Bauer participa en actividades individuales y de grupo.	○	○
4. El único objetivo del tipo de programa que ella sugiere es adelgazar.	○	○

Preguntas

Responde a las preguntas.

1. Imagina que el programa de radio sigue. Según las pistas que ella dio, ¿qué vas a oír en la segunda parte?
2. ¿A qué tipo de público° le interesa el tema del que habla la señora Bauer?
3. ¿Sigues los consejos de la señora Bauer? Explica tu respuesta.
4. ¿Qué piensas de los consejos que ella da? ¿Hay otra información que ella debía haber incluido°?

En pantalla

Anuncio

En 1990, el periodista argentino Víctor Sueiro vio "un túnel oscuro°, una luz blanca intensa que se hizo más fuerte" y sintió "una paz° total". Durante cuarenta segundos, una muerte clínica causada por un paro cardíaco° lo llevó a tener esa famosa visión. Después de "volver de la muerte", se dedicó° a escribir sobre el fin de la vida, los ángeles y misterios similares, y sus libros tuvieron gran éxito. A continuación vas a ver a Sueiro en un anuncio que, con humor, nos hace una invitación ecológica.

Vocabulario útil	
derrochando	*wasting*
energía eléctrica	*electric energy*
el más allá	*the afterlife*
una luz blanca	*a white light*

Preparación

¿Conoces a alguien a quien le ocurrió algo que parecía sobrenatural (*supernatural*)? Explica qué ocurrió, si es posible...

Preguntas

Contesta las preguntas con oraciones completas.

1. ¿Qué vio Víctor Sueiro cuando fue al más allá?
2. ¿Qué le piden que haga? ¿Por qué?
3. ¿Por qué es importante que apague la luz?
4. ¿Qué hace Víctor Sueiro cuando despierta?

Creencias

Víctor Sueiro estuvo clínicamente muerto por 40 segundos. Luego escribió un libro que decía que no debíamos tener miedo del más allá porque hay una luz hermosa al final. ¿Qué opinas de su historia? Usa el subjuntivo en tus respuestas.

modelo

> Dudo que haya una luz hermosa. No creo que Sueiro recuerde lo que vio...

oscuro *dark* paz *peace* paro cardíaco *cardiac arrest* se dedicó *he devoted himself*

Edenor

Tenemos información de que usted fue al más allá y volvió. ¿Es correcto?

¿Qué me está pidiendo?

¿Qué hacemos?

 **Video: TV Clip**

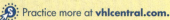 Practice more at **vhlcentral.com**.

Cortometraje

A veces, nos encontramos con alguien que conocemos pero no nos acordamos muy bien de cómo. El chico protagonista de *Cloe*, Dani, toma esta idea y la utiliza para acercarse a hablar con una chica en un café. Según él, se conocieron hace un par de años: su amigo Coque dio una fiesta de disfraces en su apartamento en La Latina, un barrio de Madrid.

Un corto de **Manuela Moreno**

CLOE

Protagonizado por **Manuela Burló** y **Tony Bernetti**
Una producción de **MOMENTO**

Expresiones útiles

la Caperucita Roja	*Little Red Riding Hood*
en la punta de la lengua	*on the tip of one's tongue*
la fiesta de disfraces	*costume party*
ir vestido de algo	*to dress up as something*
el Lobo Feroz	*Big Bad Wolf*
se pasó un poco	*he went too far*
el tipo éste	*this guy*
la trenza	*braid*

Para hablar del corto

caradura	*cheeky*
encontrarse con (alguien)	*to run into (someone)*
fingir	*to pretend*
mentir (e:ie)	*to lie*

Preparación

¿Alguna vez le has hablado a un desconocido (*stranger*) que creías conocer? ¿Alguna vez te ha hablado un desconocido que creía conocerte? ¿Qué sucedió?

Después de ver

Indica si lo que dice cada oración es **cierto** o **falso**. Corrige las oraciones falsas.

1. La chica protagonista se llama Cloe.
2. La chica dice que se conocieron en una fiesta de Navidad.
3. El chico dice que en la fiesta iba disfrazado del Lobo Feroz.
4. La chica no conoce al chico.
5. Al final, el chico se da cuenta de que ella también le ha mentido.

Conversar

Imagina que la conversación entre el chico y la chica se desarrolla de otra manera y la historia acaba de manera diferente. En parejas, escriban un final diferente para el corto. Luego, compártanlo con la clase.

 **Video: Short Film**

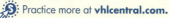 Practice more at **vhlcentral.com**.

Bolivia

El país en cifras

- **Área:** 1.098.580 km^2 (424.162 millas^2), *equivalente al área total de Francia y España*
- **Población:** 10.854.000

Los indígenas quechua y aimará constituyen más de la mitad° de la población de Bolivia. Estos grupos indígenas han mantenido sus culturas y lenguas tradicionales. Las personas de ascendencia° indígena y europea representan la tercera parte de la población. Los demás son de ascendencia europea nacida en Latinoamérica. Una gran mayoría de los bolivianos, más o menos el 70%, vive en el altiplano°.

- **Capital:** La Paz, sede° del gobierno, capital administrativa—1.840.000; Sucre, sede del Tribunal Supremo, capital constitucional y judicial
- **Ciudades principales:** Santa Cruz de la Sierra—1.916.000, Cochabamba, Oruro, Potosí

SOURCE: Population Division, UN Secretariat

- **Moneda:** peso boliviano
- **Idiomas:** español (oficial), aimará (oficial), quechua (oficial)

Bandera de Bolivia

Bolivianos célebres

- **Jesús Lara,** escritor (1898–1980)
- **Víctor Paz Estenssoro,** político y presidente (1907–2001)
- **María Luisa Pacheco,** pintora (1919–1982)
- **Matilde Casazola,** poeta (1942–)

mitad *half* ascendencia *descent* altiplano *high plateau* sede *seat*
paraguas *umbrella* cascada *waterfall*

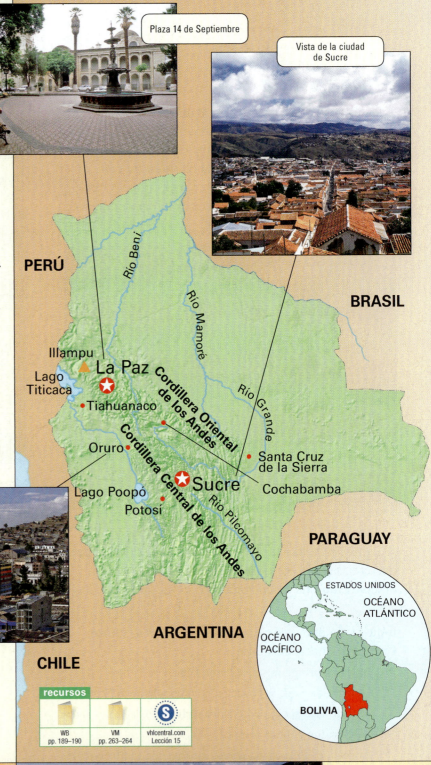

Plaza 14 de Septiembre

Vista de la ciudad de Sucre

PERÚ

BRASIL

Río Beni

Río Mamoré

Illampu

Lago Titicaca

La Paz

Tiahuanaco

Cordillera Oriental de los Andes

Río Grande

Oruro

Cordillera Central de los Andes

Santa Cruz de la Sierra

Sucre

Cochabamba

Lago Poopó

Potosí

Río Pilcomayo

PARAGUAY

Vista de la ciudad de Oruro

ARGENTINA

CHILE

ESTADOS UNIDOS

OCÉANO ATLÁNTICO

OCÉANO PACÍFICO

BOLIVIA

recursos

WB
pp. 189–190

VM
pp. 263–264

vhlcentral.com
Lección 15

¡Increíble pero cierto!

La Paz es la capital más alta del mundo. Su aeropuerto está situado a una altitud de 4.061 metros (13.325 pies). Ah, y si viajas en carro hasta La Paz, ¡no te olvides del paraguas°! En la carretera, que cruza 9.000 metros de densa selva, te encontrarás con una cascada°.

Lugares • **El lago Titicaca**

Titicaca, situado en los Andes de Bolivia y Perú, es el lago navegable más alto del mundo, a una altitud de 3.810 metros (12.500 pies). Con un área de más de 8.300 kilómetros^2 (3.200 millas^2), también es el segundo lago más grande de Suramérica, después del lago de Maracaibo (Venezuela). La mitología inca cuenta que los hijos del dios° Sol emergieron de las profundas aguas del lago Titicaca para fundar su imperio°.

Artes • **La música andina**

La música andina, compartida por Bolivia, Perú, Ecuador, Chile y Argentina, es el aspecto más conocido de su folclore. Hay muchos conjuntos° profesionales que dan a conocer° esta música popular, de origen indígena, alrededor° del mundo. Algunos de los grupos más importantes y que llevan más de treinta años actuando en escenarios internacionales son Los Kjarkas (Bolivia), Inti Illimani (Chile), Los Chaskis (Argentina) e Illapu (Chile).

Historia • **Tiahuanaco**

Tiahuanaco, que significa "Ciudad de los dioses", es un sitio arqueológico de ruinas preincaicas situado cerca de La Paz y del lago Titicaca. Se piensa que los antepasados° de los indígenas aimará fundaron este centro ceremonial hace unos 15.000 años. En el año 1100, la ciudad tenía unos 60.000 habitantes. En este sitio se pueden ver el Templo de Kalasasaya, el Monolito Ponce, el Templete Subterráneo, la Puerta del Sol y la Puerta de la Luna. La Puerta del Sol es un impresionante monumento que tiene tres metros de alto y cuatro de ancho° y que pesa unas 10 toneladas.

 ¿Qué aprendiste? Responde a las preguntas con una oración completa.

1. ¿Qué idiomas se hablan en Bolivia?
2. ¿Dónde vive la mayoría de los bolivianos?
3. ¿Cuál es la capital administrativa de Bolivia?
4. Según la mitología inca, ¿qué ocurrió en el lago Titicaca?
5. ¿De qué países es la música andina?
6. ¿Qué origen tiene esta música?
7. ¿Cómo se llama el sitio arqueológico situado cerca de La Paz y el lago Titicaca?
8. ¿Qué es la Puerta del Sol?

 Conexión Internet Investiga estos temas en **vhlcentral.com**.

 Practice more at **vhlcentral.com**.

1. Busca información sobre un(a) boliviano/a célebre. ¿Cuáles son algunos de los episodios más importantes de su vida? ¿Qué ha hecho esta persona? ¿Por qué es célebre?
2. Busca información sobre Tiahuanaco u otro sitio arqueológico en Bolivia. ¿Qué han descubierto los arqueólogos en ese sitio?

....

dios *god* **imperio** *empire* **conjuntos** *groups* **dan a conocer** *make known* **alrededor** *around* **antepasados** *ancestors* **ancho** *wide*

Paraguay

El país en cifras

▶ **Área:** 406.750 km^2 (157.046 millas^2), *el tamaño° de California*

▶ **Población:** 7.007.000

▶ **Capital:** Asunción—2.277.000

▶ **Ciudades principales:** Ciudad del Este, San Lorenzo, Lambaré, Fernando de la Mora

SOURCE: Population Division, UN Secretariat

▶ **Moneda:** guaraní

▶ **Idiomas:** español (oficial), guaraní (oficial)

Las tribus indígenas que habitaban la zona antes de la llegada de los españoles hablaban guaraní. Ahora el 90 por ciento de los paraguayos habla esta lengua, que se usa con frecuencia en canciones, poemas, periódicos y libros. Varios institutos y asociaciones, como el Teatro Guaraní, se dedican a preservar la cultura y la lengua guaraníes.

Bandera de Paraguay

Paraguayos célebres

▶ **Agustín Barrios,** guitarrista y compositor (1885–1944)

▶ **Josefina Plá,** escritora y ceramista (1909–1999)

▶ **Augusto Roa Bastos,** escritor (1917–2005)

▶ **Olga Blinder,** pintora (1921–2008)

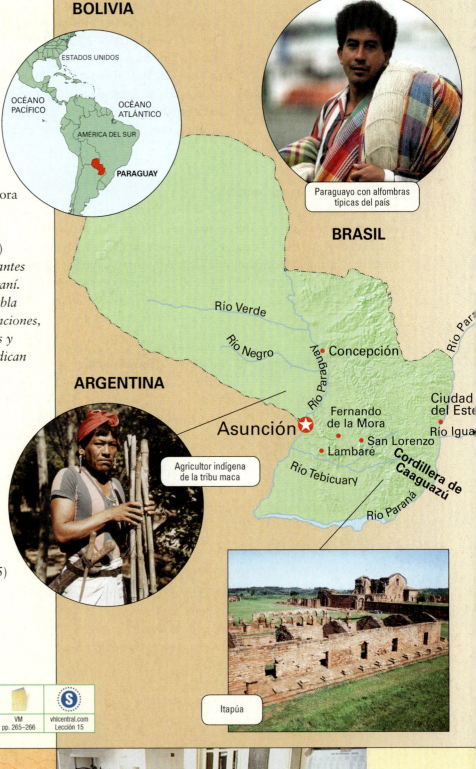

Paraguayo con alfombras típicas del país

Agricultor indígena de la tribu maca

Itapúa

recursos		
WB pp. 191–192	VM pp. 265–266	vhlcentral.com Lección 15

tamaño *size*   multara *fined*

¿Te imaginas qué pasaría si el gobierno multara° a los ciudadanos que no van a votar? En Paraguay es una obligación. Ésta es una ley nacional, que otros países también tienen, para obligar a los ciudadanos a participar en las elecciones. En Paraguay los ciudadanos que no van a votar tienen que pagar una multa al gobierno.

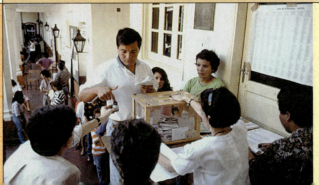

Artesanía • El ñandutí

La artesanía° más famosa de Paraguay se llama ñandutí y es un encaje° hecho a mano originario de Itauguá. En guaraní, la palabra ñandutí significa telaraña° y esta pieza recibe ese nombre porque imita el trazado° que crean los arácnidos. Estos encajes suelen ser° blancos, pero también los hay de colores, con formas geométricas o florales.

Ciencias • La represa Itaipú

La represa° Itaipú es una instalación hidroeléctrica que se encuentra en la frontera entre Paraguay y Brasil. Su construcción inició en 1974 y duró 8 años. La cantidad de concreto que se utilizó durante los primeros cinco años de esta obra fue similar a la que se necesita para construir un edificio de 350 pisos. Cien mil trabajadores paraguayos participaron en el proyecto. En 1984 se puso en funcionamiento la Central Hidroeléctrica de Itaipú y gracias a su cercanía con las famosas Cataratas de Iguazú, muchos turistas la visitan diariamente.

Naturaleza • Los ríos Paraguay y Paraná

Los ríos Paraguay y Paraná sirven de frontera natural entre Argentina y Paraguay, y son las principales rutas de transporte de este último país. El Paraná tiene unos 3.200 kilómetros navegables, y por esta ruta pasan barcos de más de 5.000 toneladas, los cuales viajan desde el estuario° del Río de la Plata hasta la ciudad de Asunción. El río Paraguay divide el Gran Chaco de la meseta° Paraná, donde vive la mayoría de los paraguayos.

 ¿Qué aprendiste? Responde a cada pregunta con una oración completa.

1. ¿Quién fue Augusto Roa Bastos?

2. ¿Cómo se llama la moneda de Paraguay?

3. ¿Qué es el ñandutí?

4. ¿De dónde es originario el ñandutí?

5. ¿Qué forma imita el ñandutí?

6. En total, ¿cuántos años tomó la construcción de la represa Itaipú?

7. ¿A cuántos paraguayos dio trabajo la construcción de la represa?

8. ¿Qué países separan los ríos Paraguay y Paraná?

9. ¿Qué distancia se puede navegar por el Paraná?

 Conexión Internet Investiga estos temas en **vhlcentral.com**.

1. Busca información sobre Alfredo Stroessner, el ex presidente de Paraguay. ¿Por qué se le considera un dictador?

2. Busca información sobre la historia de Paraguay. En tu opinión, ¿cuáles fueron los episodios decisivos en su historia?

 Practice more at **vhlcentral.com**.

....

artesanía *crafts* **encaje** *lace* **telaraña** *spiderweb* **trazado** *outline; design* **suelen ser** *are usually* **represa** *dam* **estuario** *estuary* **meseta** *plateau*

El bienestar

el bienestar	well-being
la droga	drug
el/la drogadicto/a	drug addict
el masaje	massage
el/la teleadicto/a	couch potato
adelgazar	to lose weight; to slim down
aliviar el estrés	to reduce stress
aliviar la tensión	to reduce tension
apurarse, darse prisa	to hurry; to rush
aumentar de peso, engordar	to gain weight
disfrutar (de)	to enjoy; to reap the benefits (of)
estar a dieta	to be on a diet
(no) fumar	(not) to smoke
llevar una vida sana	to lead a healthy lifestyle
sufrir muchas presiones	to be under a lot of pressure
tratar de (+ inf.)	to try (to do something)
activo/a	active
débil	weak
en exceso	in excess; too much
flexible	flexible
fuerte	strong
sedentario/a	sedentary; related to sitting
tranquilo/a	calm; quiet

En el gimnasio

la cinta caminadora	treadmill
la clase de ejercicios aeróbicos	aerobics class
el/la entrenador(a)	trainer
el músculo	muscle
calentarse (e:ie)	to warm up
entrenarse	to practice; to train
estar en buena forma	to be in good shape
hacer ejercicio	to exercise
hacer ejercicios aeróbicos	to do aerobics
hacer ejercicios de estiramiento	to do stretching exercises
hacer gimnasia	to work out
levantar pesas	to lift weights
mantenerse en forma	to stay in shape
sudar	to sweat

La nutrición

la bebida alcohólica	alcoholic beverage
la cafeína	caffeine
la caloría	calorie
el colesterol	cholesterol
la grasa	fat
la merienda	afternoon snack
el mineral	mineral
la nutrición	nutrition
el/la nutricionista	nutritionist
la proteína	protein
la vitamina	vitamin
comer una dieta equilibrada	to eat a balanced diet
consumir alcohol	to consume alcohol
descafeinado/a	decaffeinated

Expresiones útiles	See page 487.

recursos

LM p. 89 — vhlcentral.com Lección 15

Audio: Vocabulary

Consulta

Plan de escritura

1 Ideas y organización

Begin by organizing your writing materials. If you prefer to write by hand, you may want to have a few spare pens and pencils on hand, as well as an eraser or correction fluid. If you prefer to use a word-processing program, make sure you know how to type Spanish accent marks, the **tilde**, and Spanish punctuation marks. Then make a list of the resources you can consult while writing. Finally, make a list of the basic ideas you want to cover. Beside each idea, jot down a few Spanish words and phrases you may want to use while writing.

2 Primer borrador

Write your first draft, using the resources and ideas you gathered in **Ideas y organización**.

3 Comentario

Exchange papers with a classmate and comment on each other's work, using these questions as a guide. Begin by mentioning what you like about your classmate's writing.

a. How can your classmate make his or her writing clearer, more logical, or more organized?

b. What suggestions do you have for making the writing more interesting or complete?

c. Do you see any spelling or grammatical errors?

4 Redacción

Revise your first draft, keeping in mind your classmate's comments. Also, incorporate any new information you may have. Before handing in the final version, review your work using these guidelines:

a. Make sure each verb agrees with its subject. Then check the gender and number of each article, noun, and adjective.

b. Check your spelling and punctuation.

c. Consult your **Anotaciones para mejorar la escritura** (see description below) to avoid repetition of previous errors.

5 Evaluación y progreso

You may want to share what you've written with a classmate, a small group, or the entire class. After your instructor has returned your paper, review the comments and corrections. On a separate sheet of paper, write the heading **Anotaciones para mejorar** (*Notes for improving*) **la escritura** and list your most common errors. Place this list and your corrected document in your writing portfolio (**Carpeta de trabajos**) and consult it from time to time to gauge your progress.

Spanish Terms for Direction Lines and Classroom Use

Below is a list of useful terms that you might hear your instructor say in class. It also includes Spanish terms that appear in the direction lines of your textbook.

En las instrucciones *In direction lines*

Cambia/Cambien...	*Change...*
Camina/Caminen por la clase.	*Walk around the classroom.*
Ciertas o falsas	*True or false*
Cierto o falso	*True or false*
Circula/Circulen por la clase.	*Walk around the classroom.*
Completa las oraciones de una manera lógica.	*Complete the sentences logically.*
Con un(a) compañero/a...	*With a classmate...*
Contesta las preguntas.	*Answer the questions.*
Corrige las oraciones falsas.	*Correct the false statements.*
Cuenta/Cuenten...	*Tell...*
Di/Digan...	*Say...*
Discute/Discutan...	*Discuss...*
En grupos...	*In groups...*
En parejas...	*In pairs...*
Entrevista...	*Interview...*
Escúchala	*Listen to it*
Forma oraciones completas.	*Create/Make complete sentences.*
Háganse preguntas.	*Ask each other questions.*
Haz el papel de...	*Play the role of...*
Haz los cambios necesarios.	*Make the necessary changes.*
Indica/Indiquen si las oraciones...	*Indicate if the sentences...*
Intercambia/Intercambien...	*Exchange...*
Lee/Lean en voz alta.	*Read aloud.*
Pon/Pongan...	*Put...*
... que mejor completa...	*...that best completes...*
Reúnete...	*Get together...*
... se da/dan como ejemplo.	*...is/are given as a model.*
Toma nota...	*Take note...*
Tomen apuntes.	*Take notes.*
Túrnense...	*Take turns...*

Palabras útiles *Useful words*

la adivinanza	*riddle*
el anuncio	*advertisement/ad*
los apuntes	*notes*
el borrador	*draft*
la canción	*song*
la concordancia	*agreement*
el contenido	*contents*
el cortometraje	*short film*
eficaz	*efficient*
la encuesta	*survey*
el equipo	*team*
el esquema	*outline*
el folleto	*brochure*
las frases	*statements*
la hoja de actividades	*activity sheet/handout*
la hoja de papel	*piece of paper*
la información errónea	*incorrect information*
el/la lector(a)	*reader*
la lectura	*reading*
las oraciones	*sentences*
la ortografía	*spelling*
el papel	*role*
el párrafo	*paragraph*
el paso	*step*
la(s) persona(s) descrita(s)	*the person (people) described*
la pista	*clue*
por ejemplo	*for example*
el propósito	*purpose*
los recursos	*resources*
el reportaje	*report*
los resultados	*results*
según	*according to*
siguiente	*following*
la sugerencia	*suggestion*
el sustantivo	*noun*
el tema	*topic*
último	*last*
el último recurso	*last resort*

Verbos útiles *Useful verbs*

adivinar	to guess
anotar	to jot down
añadir	to add
apoyar	to support
averiguar	to find out
cambiar	to change
combinar	to combine
compartir	to share
comprobar (o:ue)	to check
corregir (e:i)	to correct
crear	to create
devolver (o:ue)	to return
doblar	to fold
dramatizar	to act out
elegir (e:i)	to choose/select
emparejar	to match
entrevistar	to interview
escoger	to choose
identificar	to identify
incluir	to include
informar	to report
intentar	to try
intercambiar	to exchange
investigar	to research
marcar	to mark
preguntar	to ask
recordar (o:ue)	to remember
responder	to answer
revisar	to revise
seguir (e:i)	to follow
seleccionar	to select
subrayar	to underline
traducir	to translate
tratar de	to be about

Expresiones útiles *Useful expressions*

Ahora mismo.	Right away.
¿Cómo no?	But of course.
¿Cómo se dice _____ en español?	How do you say _____ in Spanish?
¿Cómo se escribe _____?	How do you spell _____?
¿Comprende(n)?	Do you understand?
Con gusto.	With pleasure.
Con permiso.	Excuse me.
De acuerdo.	Okay.
De nada.	You're welcome.
¿De veras?	Really?
¿En qué página estamos?	What page are we on?
¿En serio?	Seriously?
Enseguida.	Right away.
hoy día	nowadays
Más despacio, por favor.	Slower, please.
Muchas gracias.	Thanks a lot.
No entiendo.	I don't understand.
No hay de qué.	Don't mention it.
No importa.	No problem./It doesn't matter.
¡No me digas!	You don't say!
No sé.	I don't know.
¡Ojalá!	Hopefully!
Perdone.	Pardon me.
Por favor.	Please.
Por supuesto.	Of course.
¡Qué bien!	Great!
¡Qué gracioso!	How funny!
¡Qué pena!	What a shame/pity!
¿Qué significa _____?	What does _____ mean?
Repite, por favor.	Please repeat.
Tengo una pregunta.	I have a question.
¿Tiene(n) alguna pregunta?	Do you have any questions?
Vaya(n) a la página dos.	Go to page 2.

Glossary of Grammatical Terms

ADJECTIVE A word that modifies, or describes, a noun or pronoun.

muchos libros	un hombre **rico**
many books	*a rich man*
las mujeres **altas**	
the tall women	

Demonstrative adjective An adjective that specifies which noun a speaker is referring to.

esta fiesta	**ese** chico
this party	*that boy*
aquellas flores	
those flowers	

Possessive adjective An adjective that indicates ownership or possession.

mi mejor vestido	Éste es **mi** hermano.
my best dress	*This is my brother.*

Stressed possessive adjective A possessive adjective that emphasizes the owner or possessor.

Es un libro **mío**.
It's my book./It's a book of mine.

Es amiga **tuya**; yo no la conozco.
She's a friend of yours; I don't know her.

ADVERB A word that modifies, or describes, a verb, adjective, or other adverb.

Pancho escribe **rápidamente**.
Pancho writes quickly.

Este cuadro es **muy** bonito.
This picture is very pretty.

ARTICLE A word that points out a noun in either a specific or a non-specific way.

Definite article An article that points out a noun in a specific way.

el libro	**la** maleta
the book	*the suitcase*
los diccionarios	**las** palabras
the dictionaries	*the words*

Indefinite article An article that points out a noun in a general, non-specific way.

un lápiz	**una** computadora
a pencil	*a computer*
unos pájaros	**unas** escuelas
some birds	*some schools*

CLAUSE A group of words that contains both a conjugated verb and a subject, either expressed or implied.

Main (or Independent) clause A clause that can stand alone as a complete sentence.

Pienso ir a cenar pronto.
I plan to go to dinner soon.

Subordinate (or Dependent) clause A clause that does not express a complete thought and therefore cannot stand alone as a sentence.

Trabajo en la cafetería **porque necesito dinero para la escuela**.
I work in the cafeteria because I need money for school.

COMPARATIVE A construction used with an adjective or adverb to express a comparison between two people, places, or things.

Este programa es **más interesante que** el otro.
This program is more interesting than the other one.

Tomás no es **tan alto como** Alberto.
Tomás is not as tall as Alberto.

CONJUGATION A set of the forms of a verb for a specific tense or mood or the process by which these verb forms are presented.

Preterite conjugation of **cantar**:

cant**é**	cant**amos**
cant**aste**	cant**asteis**
cant**ó**	cant**aron**

CONJUNCTION A word used to connect words, clauses, or phrases.

Susana es de Cuba **y** Pedro es de España.
Susana is from Cuba and Pedro is from Spain.

No quiero estudiar **pero** tengo que hacerlo.
I don't want to study, but I have to.

Relative pronoun A pronoun that connects a subordinate clause to a main clause.

El chico **que** nos escribió viene de visita mañana.
*The boy **who** wrote us is coming to visit tomorrow.*

Ya sé **lo que** tenemos que hacer.
*I already know **what** we have to do.*

Subject pronoun A pronoun that replaces the name or title of a person or thing, and acts as the subject of a verb.

Tú debes estudiar más.
You should study more.

Él llegó primero.
He arrived first.

SUBJECT A noun or pronoun that performs the action of a verb and is often implied by the verb.

María va al supermercado.
María goes to the supermarket.

(Ellos) Trabajan mucho.
They work hard.

Esos **libros** son muy caros.
*Those **books** are very expensive.*

SUPERLATIVE A word or construction used with an adjective or adverb to express the highest or lowest degree of a specific quality among three or more people, places, or things.

De todas mis clases, ésta es la **más interesante**.
*Of all my classes, this is the **most interesting**.*

Raúl es el **menos simpático** de los chicos.
*Raúl is the **least pleasant** of the boys.*

TENSE A set of verb forms that indicates the time of an action or state: past, present, or future.

Compound tense A two-word tense made up of an auxiliary verb and a present or past participle. In Spanish, there are two auxiliary verbs: **estar** and **haber**.

En este momento, **estoy estudiando**.
*At this time, **I am studying**.*

El paquete no **ha llegado** todavía.
*The package **has** not **arrived** yet.*

Simple tense A tense expressed by a single verb form.

María **estaba** enferma anoche.
*María **was** sick last night.*

Juana **hablará** con su mamá mañana.
*Juana **will speak** with her mom tomorrow.*

VERB A word that expresses actions or states-of-being.

Auxiliary verb A verb used with a present or past participle to form a compound tense. **Haber** is the most commonly used auxiliary verb in Spanish.

Los chicos **han** visto los elefantes.
*The children **have** seen the elephants.*

Espero que **hayas** comido.
*I hope you **have** eaten.*

Reflexive verb A verb that describes an action performed by the subject on itself and is always used with a reflexive pronoun.

Me compré un carro nuevo.
*I **bought myself** a new car.*

Pedro y Adela **se levantan** muy temprano.
*Pedro and Adela **get (themselves) up** very early.*

Spelling change verb A verb that undergoes a predictable change in spelling, in order to reflect its actual pronunciation in the various conjugations.

practicar	c→qu	practico	practiqué
dirigir	g→j	dirigí	dirijo
almorzar	z→c	almorzó	almorcé

Stem-changing verb A verb whose stem vowel undergoes one or more predictable changes in the various conjugations.

entender (e:ie)	entiendo
pedir (e:i)	piden
dormir (o:ue, u)	d**ue**rmo, d**u**rmieron

Verb Conjugation Tables

The verb lists

The list of verbs below, and the model-verb tables that start on page A-11, show you how to conjugate every verb taught in **PANORAMA**. Each verb in the list is followed by a model verb conjugated according to the same pattern. The number in parentheses indicates where in the verb tables you can find the conjugated forms of the model verb. If you want to find out how to conjugate **divertirse**, for example, look up number 33, **sentir**, the model for verbs that follow the **e:ie** stem-change pattern.

How to use the verb tables

In the tables you will find the infinitive, present and past participles, and all the simple forms of each model verb. The formation of the compound tenses of any verb can be inferred from the table of compound tenses, pages A-11–12, either by combining the past participle of the verb with a conjugated form of **haber** or by combining the present participle with a conjugated form of **estar**.

---

abrazar (z:c) like cruzar (37)

abrir like vivir (3) *except* past participle is **abierto**

aburrir(se) like vivir (3)

acabar de like hablar (1)

acampar like hablar (1)

acompañar like hablar (1)

aconsejar like hablar (1)

acordarse (o:ue) like contar (24)

acostarse (o:ue) like contar (24)

adelgazar (z:c) like cruzar (37)

afeitarse like hablar (1)

ahorrar like hablar (1)

alegrarse like hablar (1)

aliviar like hablar (1)

almorzar (o:ue) like contar (24) *except* (z:c)

alquilar like hablar (1)

andar like hablar (1) *except* preterite stem is **anduv-**

anunciar like hablar (1)

apagar (g:gu) like llegar (41)

aplaudir like vivir (3)

apreciar like hablar (1)

aprender like comer (2)

apurarse like hablar (1)

arrancar (c:qu) like tocar (43)

arreglar like hablar (1)

asistir like vivir (3)

aumentar like hablar (1)

ayudar(se) like hablar (1)

bailar like hablar (1)

bajar(se) like hablar (1)

bañarse like hablar (1)

barrer like comer (2)

beber like comer (2)

besar(se) like hablar (1)

borrar like hablar (1)

brindar like hablar (1)

bucear like hablar (1)

buscar (c:qu) like tocar (43)

caber (4)

caer(se) (5)

calentarse (e:ie) like pensar (30)

calzar (z:c) like cruzar (37)

cambiar like hablar (1)

caminar like hablar (1)

cantar like hablar (1)

casarse like hablar (1)

cazar (z:c) like cruzar (37)

celebrar like hablar (1)

cenar like hablar (1)

cepillarse like hablar (1)

cerrar (e:ie) like pensar (30)

cobrar like hablar (1)

cocinar like hablar (1)

comenzar (e:ie) (z:c) like empezar (26)

comer (2)

compartir like vivir (3)

comprar like hablar (1)

comprender like comer (2)

comprometerse like comer (2)

comunicarse (c:qu) like tocar (43)

conducir (c:zc) (6)

confirmar like hablar (1)

conocer (c:zc) (35)

conseguir (e:i) (g:gu) like seguir (32)

conservar like hablar (1)

consumir like vivir (3)

contaminar like hablar (1)

contar (o:ue) (24)

contratar like hablar (1)

contestar like hablar (1)

conversar like hablar (1)

controlar like hablar (1)

correr like comer (2)

costar (o:ue) like contar (24)

creer (y) (36)

cruzar (z:c) (37)

cuidar like hablar (1)

cumplir like vivir (3)

dañar like hablar (1)

dar (7)

deber like comer (2)

decidir like vivir (3)

decir (e:i) (8)

declarar like hablar (1)

dejar like hablar (1)

depositar like hablar (1)

desarrollar like hablar (1)

desayunar like hablar (1)

descansar like hablar (1)

descargar like llegar (41)

describir like vivir (3) *except* past participle is **descrito**

descubrir like vivir (3) *except* past participle is **descubierto**

desear like hablar (1)

despedirse (e:i) like pedir (29)

despertarse (e:ie) like pensar (30)

destruir (y) (38)

dibujar like hablar (1)

dirigir (g:j) like vivir (3) *except* (g:j)

disfrutar like hablar (1)

divertirse (e:ie) like sentir (33)

divorciarse like hablar (1)

doblar like hablar (1)

doler (o:ue) like volver (34) *except* past participle is regular

dormir(se) (o:ue, u) (25)

ducharse like hablar (1)

dudar like hablar (1)

durar like hablar (1)

echar like hablar (1)

elegir (e:i) like pedir (29) *except* (g:j)

emitir like vivir (3)

empezar (e:ie) (z:c) (26)

enamorarse like hablar (1)

encantar like hablar (1)

encontrar(se) (o:ue) like contar (24)

enfermarse like hablar (1)

engordar like hablar (1)

enojarse like hablar (1)

enseñar like hablar (1)

ensuciar like hablar (1)

entender (e:ie) (27)

entrenarse like hablar (1)

entrevistar like hablar (1)

enviar (envío) (39)

escalar like hablar (1)

escanear like hablar (1)

escoger (g:j) like proteger (42)

escribir like vivir (3) *except* past participle is **escrito**

escuchar like hablar (1)

esculpir like vivir (3)

esperar like hablar (1)

esquiar (esquío) like enviar (39)

establecer (c:zc) like conocer (35)

estacionar like hablar (1)

estar (9)

estornudar like hablar (1)

estudiar like hablar (1)

evitar like hablar (1)

explicar (c:qu) like tocar (43)

faltar like hablar (1)

fascinar like hablar (1)

firmar like hablar (1)

fumar like hablar (1)

funcionar like hablar (1)

ganar like hablar (1)

gastar like hablar (1)

grabar like hablar (1)

graduarse (gradúo) (40)

guardar like hablar (1)

gustar like hablar (1)

haber (hay) (10)

hablar (1)

hacer (11)

importar like hablar (1)

imprimir like vivir (3)

indicar (c:qu) like tocar (43)

informar like hablar (1)

insistir like vivir (3)

interesar like hablar (1)

invertir (e:ie) like sentir (33)

invitar like hablar (1)

ir(se) (12)

jubilarse like hablar (1)

jugar (u:ue) (g:gu) (28)

lastimarse like hablar (1)

lavar(se) like hablar (1)

leer (y) like creer (36)

levantar(se) like hablar (1)

limpiar like hablar (1)

llamar(se) like hablar (1)

llegar (g:gu) (41)

llenar like hablar (1)

llevar(se) like hablar (1)

llover (o:ue) like volver (34) *except* past participle is regular

luchar like hablar (1)

mandar like hablar (1)

manejar like hablar (1)

mantener(se) (e:ie) like tener (20)

maquillarse like hablar (1)

mejorar like hablar (1)

merendar (e:ie) like pensar (30)

mirar like hablar (1)

molestar like hablar (1)

montar like hablar (1)

morir (o:ue) like dormir (25) *except* past participle is **muerto**

mostrar (o:ue) like contar (24)

mudarse like hablar (1)

nacer (c:zc) like conocer (35)

nadar like hablar (1)

navegar (g:gu) like llegar (41)

necesitar like hablar (1)

negar (e:ie) like pensar (30) *except* (g:gu)

nevar (e:ie) like pensar (30)

obedecer (c:zc) like conocer (35)

obtener (e:ie) like tener (20)

ocurrir like vivir (3)

odiar like hablar (1)

ofrecer (c:zc) like conocer (35)

oír (13)

olvidar like hablar (1)

pagar (g:gu) like llegar (41)

parar like hablar (1)

parecer (c:zc) like conocer (35)

pasar like hablar (1)

pasear like hablar (1)

patinar like hablar (1)

pedir (e:i) (29)

peinarse like hablar (1)

pensar (e:ie) (30)

perder (e:ie) like entender (27)

pescar (c:qu) like tocar (43)

pintar like hablar (1)

planchar like hablar (1)

poder (o:ue) (14)

poner(se) (15)

practicar (c:qu) like tocar (43)

preferir (e:ie) like sentir (33)

preguntar like hablar (1)

prender like comer (2)

preocuparse like hablar (1)

preparar like hablar (1)

presentar like hablar (1)

prestar like hablar (1)

probar(se) (o:ue) like contar (24)

prohibir like vivir (3)

proteger (g:j) (42)

publicar (c:qu) like tocar (43)

quedar(se) like hablar (1)

querer (e:ie) (16)

quitar(se) like hablar (1)

recetar like hablar (1)

recibir like vivir (3)

reciclar like hablar (1)

recoger (g:j) like proteger (42)

recomendar (e:ie) like pensar (30)

recordar (o:ue) like contar (24)

reducir (c:zc) like conducir (6)

regalar like hablar (1)

regatear like hablar (1)

regresar like hablar (1)

reír(se) (e:i) (31)

relajarse like hablar (1)

renunciar like hablar (1)

repetir (e:i) like pedir (29)

resolver (o:ue) like volver (34)

respirar like hablar (1)

revisar like hablar (1)

rogar (o:ue) like contar (24) *except* (g:gu)

romper(se) like comer (2) *except* past participle is **roto**

saber (17)

sacar (c:qu) like tocar (43)

sacudir like vivir (3)

salir (18)

saludar(se) like hablar (1)

secar(se) (c:qu) like tocar (43)

seguir (e:i) (32)

sentarse (e:ie) like pensar (30)

sentir(se) (e:ie) (33)

separarse like hablar (1)

ser (19)

servir (e:i) like pedir (29)

solicitar like hablar (1)

sonar (o:ue) like contar (24)

sonreír (e:i) like reír(se) (31)

sorprender like comer (2)

subir like vivir (3)

sudar like hablar (1)

sufrir like vivir (3)

sugerir (e:ie) like sentir (33)

suponer like poner (15)

temer like comer (2)

tener (e:ie) (20)

terminar like hablar (1)

tocar (c:qu) (43)

tomar like hablar (1)

torcerse (o:ue) like volver (34) *except* (c:z) and past participle is regular; e.g., **yo tuerzo**

toser like comer (2)

trabajar like hablar (1)

traducir (c:zc) like conducir (6)

traer (21)

transmitir like vivir (3)

tratar like hablar (1)

usar like hablar (1)

vender like comer (2)

venir (e:ie, i) (22)

ver (23)

vestirse (e:i) like pedir (29)

viajar like hablar (1)

visitar like hablar (1)

vivir (3)

volver (o:ue) (34)

votar like hablar (1)

Regular verbs: simple tenses

Infinitive	INDICATIVE						SUBJUNCTIVE		IMPERATIVE
	Present	Imperfect	Preterite	Future	Conditional		Present	Past	
hablar	hablo	hablaba	hablé	hablaré	hablaría		hable	hablara	
	hablas	hablabas	hablaste	hablarás	hablarías		hables	hablaras	habla tú (no hables)
	habla	hablaba	habló	hablará	hablaría		hable	hablara	hable Ud.
Participles:	hablamos	hablábamos	hablamos	hablaremos	hablaríamos		hablemos	habláramos	hablemos
hablando	habláis	hablabais	hablasteis	hablaréis	hablaríais		habléis	hablarais	hablad (no habléis)
hablado	hablan	hablaban	hablaron	hablarán	hablarían		hablen	hablaran	hablen Uds.
comer	como	comía	comí	comeré	comería		coma	comiera	
	comes	comías	comiste	comerás	comerías		comas	comieras	come tú (no comas)
	come	comía	comió	comerá	comería		coma	comiera	coma Ud.
Participles:	comemos	comíamos	comimos	comeremos	comeríamos		comamos	comiéramos	comamos
comiendo	coméis	comíais	comisteis	comeréis	comeríais		comáis	comierais	comed (no comáis)
comido	comen	comían	comieron	comerán	comerían		coman	comieran	coman Uds.
vivir	vivo	vivía	viví	viviré	viviría		viva	viviera	
	vives	vivías	viviste	vivirás	vivirías		vivas	vivieras	vive tú (no vivas)
	vive	vivía	vivió	vivirá	viviría		viva	viviera	viva Ud.
Participles:	vivimos	vivíamos	vivimos	viviremos	viviríamos		vivamos	viviéramos	vivamos
viviendo	vivís	vivíais	vivisteis	viviréis	viviríais		viváis	vivierais	vivid (no viváis)
vivido	viven	vivían	vivieron	vivirán	vivirían		vivan	vivieran	vivan Uds.

All verbs: compound tenses

PERFECT TENSES

INDICATIVE								SUBJUNCTIVE			
Present Perfect		Past Perfect		Future Perfect		Conditional Perfect		Present Perfect		Past Perfect	
he	hablado	había	hablado	habré	hablado	habría	hablado	haya	hablado	hubiera	hablado
has	comido	habías	comido	habrás	comido	habrías	comido	hayas	comido	hubieras	comido
ha	vivido	había	vivido	habrá	vivido	habría	vivido	haya	vivido	hubiera	vivido
hemos		habíamos		habremos		habríamos		hayamos		hubiéramos	
habéis		habíais		habréis		habríais		hayáis		hubierais	
han		habían		habrán		habrían		hayan		hubieran	

PROGRESSIVE TENSES

	INDICATIVE				SUBJUNCTIVE	
	Present Progressive	Past Progressive	Future Progressive	Conditional Progressive	Present Progressive	Past Progressive
	estoy	estaba	estaré	estaría	esté	estuviera
	estás	estabas	estarás	estarías	estés	estuvieras
	está hablando	estaba hablando	estará hablando	estaría hablando	esté hablando	estuviera hablando
	estamos comiendo	estábamos comiendo	estaremos comiendo	estaríamos comiendo	estemos comiendo	estuviéramos comiendo
	estáis viviendo	estabais viviendo	estaréis viviendo	estaríais viviendo	estéis viviendo	estuvierais viviendo
	están	estaban	estarán	estarían	estén	estuvieran

Irregular verbs

	INDICATIVE					SUBJUNCTIVE		IMPERATIVE
Infinitive	Present	Imperfect	Preterite	Future	Conditional	Present	Past	
caber	**quepo**	cabía	**cupe**	**cabré**	**cabría**	**quepa**	**cupiera**	
	cabes	cabías	**cupiste**	**cabrás**	**cabrías**	**quepas**	**cupieras**	cabe tú (no **quepas**)
Participles:	cabe	cabía	**cupo**	**cabrá**	**cabría**	**quepa**	**cupiera**	**quepa** Ud.
cabiendo	cabemos	cabíamos	**cupimos**	**cabremos**	**cabríamos**	**quepamos**	**cupiéramos**	**quepamos**
cabido	cabéis	cabíais	**cupisteis**	**cabréis**	**cabríais**	**quepáis**	**cupierais**	cabed (no **quepáis**)
	caben	cabían	**cupieron**	**cabrán**	**cabrían**	**quepan**	**cupieran**	**quepan** Uds.
caer(se)	**caigo**	caía	caí	caeré	caería	**caiga**	**cayera**	
	caes	caías	**caíste**	caerás	caerías	**caigas**	**cayeras**	cae tú (no **caigas**)
Participles:	cae	caía	**cayó**	caerá	caería	**caiga**	**cayera**	**caiga** Ud.
cayendo	caemos	caíamos	**caímos**	caeremos	caeríamos	**caigamos**	**cayéramos**	**caigamos**
caído	caéis	caíais	**caísteis**	caeréis	caeríais	**caigáis**	**cayerais**	caed (no **caigáis**)
	caen	caían	**cayeron**	caerán	caerían	**caigan**	**cayeran**	**caigan** Uds.
conducir	**conduzco**	conducía	**conduje**	conduciré	conduciría	**conduzca**	**condujera**	
(c:zc)	conduces	conducías	**condujiste**	conducirás	conducirías	**conduzcas**	**condujeras**	conduce tú (no **conduzcas**)
	conduce	conducía	**condujo**	conducirá	conduciría	**conduzca**	**condujera**	**conduzca** Ud.
Participles:	conducimos	conducíamos	**condujimos**	conduciremos	conduciríamos	**conduzcamos**	**condujéramos**	**conduzcamos**
conduciendo	conducís	conducíais	**condujisteis**	conduciréis	conduciríais	**conduzcáis**	**condujerais**	conducid (no **conduzcáis**)
conducido	conducen	conducían	**condujeron**	conducirán	conducirían	**conduzcan**	**condujeran**	**conduzcan** Uds.

4   5   6

Infinitive	INDICATIVE					SUBJUNCTIVE		IMPERATIVE
	Present	Imperfect	Preterite	Future	Conditional	Present	Past	
7 dar	doy	daba	di	daré	daría	dé	diera	
	das	dabas	diste	darás	darías	des	dieras	da tú (no des)
Participles:	da	daba	dio	dará	daría	dé	diera	dé Ud.
dando	damos	dábamos	dimos	daremos	daríamos	demos	diéramos	demos
dado	dais	dabais	disteis	daréis	daríais	deis	dierais	dad (no deis)
	dan	daban	dieron	darán	darían	den	dieran	den Uds.
8 decir (e:i)	digo	decía	dije	diré	diría	diga	dijera	
	dices	decías	dijiste	dirás	dirías	digas	dijeras	di tú (no digas)
Participles:	dice	decía	dijo	dirá	diría	diga	dijera	diga Ud.
diciendo	decimos	decíamos	dijimos	diremos	diríamos	digamos	dijéramos	digamos
dicho	decís	decíais	dijisteis	diréis	diríais	digáis	dijerais	decid (no digáis)
	dicen	decían	dijeron	dirán	dirían	digan	dijeran	digan Uds.
9 estar	estoy	estaba	estuve	estaré	estaría	esté	estuviera	
	estás	estabas	estuviste	estarás	estarías	estés	estuvieras	está tú (no estés)
Participles:	está	estaba	estuvo	estará	estaría	esté	estuviera	esté Ud.
estando	estamos	estábamos	estuvimos	estaremos	estaríamos	estemos	estuviéramos	estemos
estado	estáis	estabais	estuvisteis	estaréis	estaríais	estéis	estuvierais	estad (no estéis)
	están	estaban	estuvieron	estarán	estarían	estén	estuvieran	estén Uds.
10 haber	he	había	hube	habré	habría	haya	hubiera	
	has	habías	hubiste	habrás	habrías	hayas	hubieras	
Participles:	ha	había	hubo	habrá	habría	haya	hubiera	
habiendo	hemos	habíamos	hubimos	habremos	habríamos	hayamos	hubiéramos	
habido	habéis	habíais	hubisteis	habréis	habríais	hayáis	hubierais	
	han	habían	hubieron	habrán	habrían	hayan	hubieran	
11 hacer	hago	hacía	hice	haré	haría	haga	hiciera	
	haces	hacías	hiciste	harás	harías	hagas	hicieras	haz tú (no hagas)
Participles:	hace	hacía	hizo	hará	haría	haga	hiciera	haga Ud.
haciendo	hacemos	hacíamos	hicimos	haremos	haríamos	hagamos	hiciéramos	hagamos
hecho	hacéis	hacíais	hicisteis	haréis	haríais	hagáis	hicierais	haced (no hagáis)
	hacen	hacían	hicieron	harán	harían	hagan	hicieran	hagan Uds.
12 ir	voy	iba	fui	iré	iría	vaya	fuera	
	vas	ibas	fuiste	irás	irías	vayas	fueras	ve tú (no vayas)
Participles:	va	iba	fue	irá	iría	vaya	fuera	vaya Ud.
yendo	vamos	íbamos	fuimos	iremos	iríamos	vayamos	fuéramos	vamos
ido	vais	ibais	fuisteis	iréis	iríais	vayáis	fuerais	id (no vayáis)
	van	iban	fueron	irán	irían	vayan	fueran	vayan Uds.
13 oír (y)	oigo	oía	oí	oiré	oiría	oiga	oyera	
	oyes	oías	oíste	oirás	oirías	oigas	oyeras	oye tú (no oigas)
Participles:	oye	oía	oyó	oirá	oiría	oiga	oyera	oiga Ud.
oyendo	oímos	oíamos	oímos	oiremos	oiríamos	oigamos	oyéramos	oigamos
oído	oís	oíais	oísteis	oiréis	oiríais	oigáis	oyerais	oíd (no oigáis)
	oyen	oían	oyeron	oirán	oirían	oigan	oyeran	oigan Uds.

Infinitive	INDICATIVE					SUBJUNCTIVE		IMPERATIVE
	Present	Imperfect	Preterite	Future	Conditional	Present	Past	
14 poder (o:ue)	**puedo**	podía	**pude**	**podré**	**podría**	**pueda**	**pudiera**	
	puedes	podías	**pudiste**	**podrás**	**podrías**	**puedas**	**pudieras**	**puede** tú (no **puedas**)
	puede	podía	**pudo**	**podrá**	**podría**	**pueda**	**pudiera**	**pueda** Ud.
Participles:	podemos	podíamos	**pudimos**	**podremos**	**podríamos**	podamos	**pudiéramos**	podamos
pudiendo	podéis	podíais	**pudisteis**	**podréis**	**podríais**	podáis	**pudierais**	poded (no podáis)
podido	**pueden**	podían	**pudieron**	**podrán**	**podrían**	**puedan**	**pudieran**	**puedan** Uds.
15 poner	**pongo**	ponía	**puse**	**pondré**	**pondría**	**ponga**	**pusiera**	
	pones	ponías	**pusiste**	**pondrás**	**pondrías**	**pongas**	**pusieras**	**pon** tú (no **pongas**)
	pone	ponía	**puso**	**pondrá**	**pondría**	**ponga**	**pusiera**	**ponga** Ud.
Participles:	ponemos	poníamos	**pusimos**	**pondremos**	**pondríamos**	**pongamos**	**pusiéramos**	**pongamos**
poniendo	ponéis	poníais	**pusisteis**	**pondréis**	**pondríais**	**pongáis**	**pusierais**	poned (no **pongáis**)
puesto	ponen	ponían	**pusieron**	**pondrán**	**pondrían**	**pongan**	**pusieran**	**pongan** Uds.
16 querer (e:ie)	**quiero**	quería	**quise**	**querré**	**querría**	**quiera**	**quisiera**	
	quieres	querías	**quisiste**	**querrás**	**querrías**	**quieras**	**quisieras**	**quiere** tú (no **quieras**)
	quiere	quería	**quiso**	**querrá**	**querría**	**quiera**	**quisiera**	**quiera** Ud.
Participles:	queremos	queríamos	**quisimos**	**querremos**	**querríamos**	queramos	**quisiéramos**	**queramos**
queriendo	queréis	queríais	**quisisteis**	**querréis**	**querríais**	queráis	**quisierais**	quered (no queráis)
querido	**quieren**	querían	**quisieron**	**querrán**	**querrían**	**quieran**	**quisieran**	**quieran** Uds.
17 saber	**sé**	sabía	**supe**	**sabré**	**sabría**	**sepa**	**supiera**	
	sabes	sabías	**supiste**	**sabrás**	**sabrías**	**sepas**	**supieras**	sabe tú (no **sepas**)
	sabe	sabía	**supo**	**sabrá**	**sabría**	**sepa**	**supiera**	**sepa** Ud.
Participles:	sabemos	sabíamos	**supimos**	**sabremos**	**sabríamos**	**sepamos**	**supiéramos**	**sepamos**
sabiendo	sabéis	sabíais	**supisteis**	**sabréis**	**sabríais**	**sepáis**	**supierais**	sabed (no **sepáis**)
sabido	saben	sabían	**supieron**	**sabrán**	**sabrían**	**sepan**	**supieran**	**sepan** Uds.
18 salir	**salgo**	salía	salí	**saldré**	**saldría**	**salga**	saliera	
	sales	salías	saliste	**saldrás**	**saldrías**	**salgas**	salieras	**sal** tú (no **salgas**)
	sale	salía	salió	**saldrá**	**saldría**	**salga**	saliera	**salga** Ud.
Participles:	salimos	salíamos	salimos	**saldremos**	**saldríamos**	**salgamos**	saliéramos	**salgamos**
saliendo	salís	salíais	salisteis	**saldréis**	**saldríais**	**salgáis**	salierais	salid (no **salgáis**)
salido	salen	salían	salieron	**saldrán**	**saldrían**	**salgan**	salieran	**salgan** Uds.
19 ser	**soy**	**era**	**fui**	seré	sería	**sea**	**fuera**	
	eres	**eras**	**fuiste**	serás	serías	**seas**	**fueras**	**sé** tú (no **seas**)
	es	**era**	**fue**	será	sería	**sea**	**fuera**	**sea** Ud.
Participles:	**somos**	**éramos**	**fuimos**	seremos	seríamos	**seamos**	**fuéramos**	**seamos**
siendo	**sois**	**erais**	**fuisteis**	seréis	seríais	**seáis**	**fuerais**	sed (no **seáis**)
sido	**son**	**eran**	**fueron**	serán	serían	**sean**	**fueran**	**sean** Uds.
20 tener (e:ie)	**tengo**	tenía	**tuve**	**tendré**	**tendría**	**tenga**	**tuviera**	
	tienes	tenías	**tuviste**	**tendrás**	**tendrías**	**tengas**	**tuvieras**	**ten** tú (no **tengas**)
	tiene	tenía	**tuvo**	**tendrá**	**tendría**	**tenga**	**tuviera**	**tenga** Ud.
Participles:	tenemos	teníamos	**tuvimos**	**tendremos**	**tendríamos**	**tengamos**	**tuviéramos**	**tengamos**
teniendo	tenéis	teníais	**tuvisteis**	**tendréis**	**tendríais**	**tengáis**	**tuvierais**	tened (no **tengáis**)
tenido	**tienen**	tenían	**tuvieron**	**tendrán**	**tendrían**	**tengan**	**tuvieran**	**tengan** Uds.

21 traer
Participles: trayendo, traído

	INDICATIVE					SUBJUNCTIVE		IMPERATIVE
Infinitive	Present	Imperfect	Preterite	Future	Conditional	Present	Past	
traer	traigo	traía	traje	traeré	traería	traiga	trajera	
	traes	traías	trajiste	traerás	traerías	traigas	trajeras	trae tú (no traigas)
	trae	traía	trajo	traerá	traería	traiga	trajera	traiga Ud.
Participles:	traemos	traíamos	trajimos	traeremos	traeríamos	traigamos	trajéramos	traigamos
trayendo	traéis	traíais	trajisteis	traeréis	traeríais	traigáis	trajerais	traed (no traigáis)
traído	traen	traían	trajeron	traerán	traerían	traigan	trajeran	traigan Uds.

22 venir (e:ie)
Participles: viniendo, venido

	INDICATIVE					SUBJUNCTIVE		IMPERATIVE
Infinitive	Present	Imperfect	Preterite	Future	Conditional	Present	Past	
venir (e:ie)	vengo	venía	vine	vendré	vendría	venga	viniera	
	vienes	venías	viniste	vendrás	vendrías	vengas	vinieras	ven tú (no vengas)
	viene	venía	vino	vendrá	vendría	venga	viniera	venga Ud.
Participles:	venimos	veníamos	vinimos	vendremos	vendríamos	vengamos	viniéramos	vengamos
viniendo	venís	veníais	vinisteis	vendréis	vendríais	vengáis	vinierais	venid (no vengáis)
venido	vienen	venían	vinieron	vendrán	vendrían	vengan	vinieran	vengan Uds.

23 ver
Participles: viendo, visto

	INDICATIVE					SUBJUNCTIVE		IMPERATIVE
Infinitive	Present	Imperfect	Preterite	Future	Conditional	Present	Past	
ver	veo	veía	vi	veré	vería	vea	viera	
	ves	veías	viste	verás	verías	veas	vieras	ve tú (no veas)
	ve	veía	vio	verá	vería	vea	viera	vea Ud.
Participles:	vemos	veíamos	vimos	veremos	veríamos	veamos	viéramos	veamos
viendo	veis	veíais	visteis	veréis	veríais	veáis	vierais	ved (no veáis)
visto	ven	veían	vieron	verán	verían	vean	vieran	vean Uds.

Stem-changing verbs

24 contar (o:ue)
Participles: contando, contado

	INDICATIVE					SUBJUNCTIVE		IMPERATIVE
Infinitive	Present	Imperfect	Preterite	Future	Conditional	Present	Past	
contar (o:ue)	cuento	contaba	conté	contaré	contaría	cuente	contara	
	cuentas	contabas	contaste	contarás	contarías	cuentes	contaras	cuenta tú (no cuentes)
	cuenta	contaba	contó	contará	contaría	cuente	contara	cuente Ud.
Participles:	contamos	contábamos	contamos	contaremos	contaríamos	contemos	contáramos	contemos
contando	contáis	contabais	contasteis	contaréis	contaríais	contéis	contarais	contad (no contéis)
contado	cuentan	contaban	contaron	contarán	contarían	cuenten	contaran	cuenten Uds.

25 dormir (o:ue)
Participles: durmiendo, dormido

	INDICATIVE					SUBJUNCTIVE		IMPERATIVE
Infinitive	Present	Imperfect	Preterite	Future	Conditional	Present	Past	
dormir (o:ue)	duermo	dormía	dormí	dormiré	dormiría	duerma	durmiera	
	duermes	dormías	dormiste	dormirás	dormirías	duermas	durmieras	duerme tú (no duermas)
	duerme	dormía	durmió	dormirá	dormiría	duerma	durmiera	duerma Ud.
Participles:	dormimos	dormíamos	dormimos	dormiremos	dormiríamos	durmamos	durmiéramos	durmamos
durmiendo	dormís	dormíais	dormisteis	dormiréis	dormiríais	durmáis	durmierais	dormid (no durmáis)
dormido	duermen	dormían	durmieron	dormirán	dormirían	duerman	durmieran	duerman Uds.

26 empezar (e:ie) (z:c)
Participles: empezando, empezado

	INDICATIVE					SUBJUNCTIVE		IMPERATIVE
Infinitive	Present	Imperfect	Preterite	Future	Conditional	Present	Past	
empezar (e:ie) (z:c)	empiezo	empezaba	empecé	empezaré	empezaría	empiece	empezara	
	empiezas	empezabas	empezaste	empezarás	empezarías	empieces	empezaras	empieza tú (no empieces)
	empieza	empezaba	empezó	empezará	empezaría	empiece	empezara	empiece Ud.
Participles:	empezamos	empezábamos	empezamos	empezaremos	empezaríamos	empecemos	empezáramos	empecemos
empezando	empezáis	empezabais	empezasteis	empezaréis	empezaríais	empecéis	empezarais	empezad (no empecéis)
empezado	empiezan	empezaban	empezaron	empezarán	empezarían	empiecen	empezaran	empiecen Uds.

		INDICATIVE					SUBJUNCTIVE		IMPERATIVE
Infinitive	Present	Imperfect	Preterite	Future	Conditional	Present	Past	
27 entender (e:ie) Participles: entendiendo entendido	entiendo entiendes entiende entendemos entendéis entienden	entendía entendías entendía entendíamos entendíais entendían	entendí entendiste entendió entendimos entendisteis entendieron	entenderé entenderás entenderá entenderemos entenderéis entenderán	entendería entenderías entendería entenderíamos entenderíais entenderían	entienda entiendas entienda entendamos entendáis entiendan	entendiera entendieras entendiera entendiéramos entendierais entendieran	entiende tú (no entiendas) entienda Ud. entendamos entended (no entendáis) entiendan Uds.
28 jugar (u:ue) (g:gu) Participles: jugando jugado	juego juegas juega jugamos jugáis juegan	jugaba jugabas jugaba jugábamos jugabais jugaban	jugué jugaste jugó jugamos jugasteis jugaron	jugaré jugarás jugará jugaremos jugaréis jugarán	jugaría jugarías jugaría jugaríamos jugaríais jugarían	juegue juegues juegue juguemos juguéis jueguen	jugara jugaras jugara jugáramos jugarais jugaran	juega tú (no juegues) juegue Ud. juguemos jugad (no juguéis) jueguen Uds.
29 pedir (e:i) Participles: pidiendo pedido	pido pides pide pedimos pedís piden	pedía pedías pedía pedíamos pedíais pedían	pedí pediste pidió pedimos pedisteis pidieron	pediré pedirás pedirá pediremos pediréis pedirán	pediría pedirías pediría pediríamos pediríais pedirían	pida pidas pida pidamos pidáis pidan	pidiera pidieras pidiera pidiéramos pidierais pidieran	pide tú (no pidas) pida Ud. pidamos pedid (no pidáis) pidan Uds.
30 pensar (e:ie) Participles: pensando pensado	pienso piensas piensa pensamos pensáis piensan	pensaba pensabas pensaba pensábamos pensabais pensaban	pensé pensaste pensó pensamos pensasteis pensaron	pensaré pensarás pensará pensaremos pensaréis pensarán	pensaría pensarías pensaría pensaríamos pensaríais pensarían	piense pienses piense pensemos penséis piensen	pensara pensaras pensara pensáramos pensarais pensaran	piensa tú (no pienses) piense Ud. pensemos pensad (no penséis) piensen Uds.
31 reír(se) (e:i) Participles: riendo reído	río ríes ríe reímos reís ríen	reía reías reía reíamos reíais reían	reí reíste rió reímos reísteis rieron	reiré reirás reirá reiremos reiréis reirán	reiría reirías reiría reiríamos reiríais reirían	ría rías ría riamos riáis rían	riera rieras riera riéramos rierais rieran	ríe tú (no rías) ría Ud. riamos reíd (no riáis) rían Uds.
32 seguir (e:i) (gu:g) Participles: siguiendo seguido	sigo sigues sigue seguimos seguís siguen	seguía seguías seguía seguíamos seguíais seguían	seguí seguiste siguió seguimos seguisteis siguieron	seguiré seguirás seguirá seguiremos seguiréis seguirán	seguiría seguirías seguiría seguiríamos seguiríais seguirían	siga sigas siga sigamos sigáis sigan	siguiera siguieras siguiera siguiéramos siguierais siguieran	sigue tú (no sigas) siga Ud. sigamos seguid (no sigáis) sigan Uds.
33 sentir (e:ie) Participles: sintiendo sentido	siento sientes siente sentimos sentís sienten	sentía sentías sentía sentíamos sentíais sentían	sentí sentiste sintió sentimos sentisteis sintieron	sentiré sentirás sentirá sentiremos sentiréis sentirán	sentiría sentirías sentiría sentiríamos sentiríais sentirían	sienta sientas sienta sintamos sintáis sientan	sintiera sintieras sintiera sintiéramos sintierais sintieran	siente tú (no sientas) sienta Ud. sintamos sentid (no sintáis) sientan Uds.

34 — volver (o:ue)

Participles: volviendo, vuelto

	INDICATIVE					SUBJUNCTIVE		IMPERATIVE
	Present	Imperfect	Preterite	Future	Conditional	Present	Past	
	vuelvo	volvía	volví	volveré	volvería	**vuelva**	volviera	
	vuelves	volvías	volviste	volverás	volverías	**vuelvas**	volvieras	**vuelve** tú (no **vuelvas**)
	vuelve	volvía	volvió	volverá	volvería	**vuelva**	volviera	**vuelva** Ud.
	volvemos	volvíamos	volvimos	volveremos	volveríamos	volvamos	volviéramos	volvamos
	volvéis	volvíais	volvisteis	volveréis	volveríais	volváis	volvierais	volved (no **volváis**)
	vuelven	volvían	volvieron	volverán	volverían	**vuelvan**	volvieran	**vuelvan** Uds.

Verbs with spelling changes only

35 — conocer (c:zc)

Participles: conociendo, conocido

	INDICATIVE					SUBJUNCTIVE		IMPERATIVE
	Present	Imperfect	Preterite	Future	Conditional	Present	Past	
	conozco	conocía	conocí	conoceré	conocería	**conozca**	conociera	
	conoces	conocías	conociste	conocerás	conocerías	**conozcas**	conocieras	conoce tú (no **conozcas**)
	conoce	conocía	conoció	conocerá	conocería	**conozca**	conociera	**conozca** Ud.
	conocemos	conocíamos	conocimos	conoceremos	conoceríamos	**conozcamos**	conociéramos	**conozcamos**
	conocéis	conocíais	conocisteis	conoceréis	conoceríais	**conozcáis**	conocierais	conoced (no **conozcáis**)
	conocen	conocían	conocieron	conocerán	conocerían	**conozcan**	conocieran	**conozcan** Uds.

36 — creer (y)

Participles: **creyendo**, **creído**

	INDICATIVE					SUBJUNCTIVE		IMPERATIVE
	Present	Imperfect	Preterite	Future	Conditional	Present	Past	
	creo	creía	**creí**	creeré	creería	crea	**creyera**	
	crees	creías	**creíste**	creerás	creerías	creas	**creyeras**	cree tú (no creas)
	cree	creía	**creyó**	creerá	creería	crea	**creyera**	crea Ud.
	creemos	creíamos	**creímos**	creeremos	creeríamos	creamos	**creyéramos**	creamos
	creéis	creíais	**creísteis**	creeréis	creeríais	creáis	**creyerais**	creed (no creáis)
	creen	creían	**creyeron**	creerán	creerían	crean	**creyeran**	crean Uds.

37 — cruzar (z:c)

Participles: cruzando, cruzado

	INDICATIVE					SUBJUNCTIVE		IMPERATIVE
	Present	Imperfect	Preterite	Future	Conditional	Present	Past	
	cruzo	cruzaba	**crucé**	cruzaré	cruzaría	**cruce**	cruzara	
	cruzas	cruzabas	cruzaste	cruzarás	cruzarías	**cruces**	cruzaras	cruza tú (no **cruces**)
	cruza	cruzaba	cruzó	cruzará	cruzaría	**cruce**	cruzara	**cruce** Ud.
	cruzamos	cruzábamos	cruzamos	cruzaremos	cruzaríamos	**crucemos**	cruzáramos	**crucemos**
	cruzáis	cruzabais	cruzasteis	cruzaréis	cruzaríais	**crucéis**	cruzarais	cruzad (no **crucéis**)
	cruzan	cruzaban	cruzaron	cruzarán	cruzarían	**crucen**	cruzaran	**crucen** Uds.

38 — destruir (y)

Participles: **destruyendo**, destruido

	INDICATIVE					SUBJUNCTIVE		IMPERATIVE
	Present	Imperfect	Preterite	Future	Conditional	Present	Past	
	destruyo	destruía	destruí	destruiré	destruiría	**destruya**	**destruyera**	
	destruyes	destruías	destruiste	destruirás	destruirías	**destruyas**	**destruyeras**	**destruye** tú (no **destruyas**)
	destruye	destruía	**destruyó**	destruirá	destruiría	**destruya**	**destruyera**	**destruya** Ud.
	destruimos	destruíamos	destruimos	destruiremos	destruiríamos	**destruyamos**	**destruyéramos**	**destruyamos**
	destruís	destruíais	destruisteis	destruiréis	destruiríais	**destruyáis**	**destruyerais**	destruid (no **destruyáis**)
	destruyen	destruían	**destruyeron**	destruirán	destruirían	**destruyan**	**destruyeran**	**destruyan** Uds.

39 — enviar (envío)

Participles: enviando, enviado

	INDICATIVE					SUBJUNCTIVE		IMPERATIVE
	Present	Imperfect	Preterite	Future	Conditional	Present	Past	
	envío	enviaba	envié	enviaré	enviaría	**envíe**	enviara	
	envías	enviabas	enviaste	enviarás	enviarías	**envíes**	enviaras	**envía** tú (no **envíes**)
	envía	enviaba	envió	enviará	enviaría	**envíe**	enviara	**envíe** Ud.
	enviamos	enviábamos	enviamos	enviaremos	enviaríamos	**enviemos**	enviáramos	enviemos
	enviáis	enviabais	enviasteis	enviaréis	enviaríais	**enviéis**	enviarais	enviad (no **enviéis**)
	envían	enviaban	enviaron	enviarán	enviarían	**envíen**	enviaran	**envíen** Uds.

	INDICATIVE					SUBJUNCTIVE		IMPERATIVE
Infinitive	Present	Imperfect	Preterite	Future	Conditional	Present	Past	
40 graduarse (gradúo)	**gradúo**	graduaba	gradué	graduaré	graduaría	**gradúe**	graduara	
	gradúas	graduabas	graduaste	graduarás	graduarías	**gradúes**	graduaras	**gradúa** tú (no **gradúes**)
	gradúa	graduaba	graduó	graduará	graduaría	**gradúe**	graduara	**gradúe** Ud.
Participles:	graduamos	graduábamos	graduamos	graduaremos	graduaríamos	graduemos	graduáramos	graduemos
graduando	graduáis	graduabais	graduasteis	graduaréis	graduaríais	graduéis	graduarais	graduad (no graduéis)
graduado	**gradúan**	graduaban	graduaron	graduarán	graduarían	**gradúen**	graduaran	**gradúen** Uds.
41 llegar (g:gu)	llego	llegaba	**llegué**	llegaré	llegaría	**llegue**	llegara	
	llegas	llegabas	llegaste	llegarás	llegarías	**llegues**	llegaras	llega tú (no **llegues**)
	llega	llegaba	llegó	llegará	llegaría	**llegue**	llegara	**llegue** Ud.
Participles:	llegamos	llegábamos	llegamos	llegaremos	llegaríamos	**lleguemos**	llegáramos	**lleguemos**
llegando	llegáis	llegabais	llegasteis	llegaréis	llegaríais	**lleguéis**	llegarais	llegad (no **lleguéis**)
llegado	llegan	llegaban	llegaron	llegarán	llegarían	**lleguen**	llegaran	**lleguen** Uds.
42 proteger (g:j)	**protejo**	protegía	protegí	protegeré	protegería	**proteja**	protegiera	
	proteges	protegías	protegiste	protegerás	protegerías	**protejas**	protegieras	protege tú (no **protejas**)
	protege	protegía	protegió	protegerá	protegería	**proteja**	protegiera	**proteja** Ud.
Participles:	protegemos	protegíamos	protegimos	protegeremos	protegeríamos	**protejamos**	protegiéramos	**protejamos**
protegiendo	protegéis	protegíais	protegisteis	protegeréis	protegeríais	**protejáis**	protegierais	proteged (no **protejáis**)
protegido	protegen	protegían	protegieron	protegerán	protegerían	**protejan**	protegieran	**protejan** Uds.
43 tocar (c:qu)	toco	tocaba	**toqué**	tocaré	tocaría	**toque**	tocara	
	tocas	tocabas	tocaste	tocarás	tocarías	**toques**	tocaras	toca tú (no **toques**)
	toca	tocaba	tocó	tocará	tocaría	**toque**	tocara	**toque** Ud.
Participles:	tocamos	tocábamos	tocamos	tocaremos	tocaríamos	**toquemos**	tocáramos	**toquemos**
tocando	tocáis	tocabais	tocasteis	tocaréis	tocaríais	**toquéis**	tocarais	tocad (no **toquéis**)
tocado	tocan	tocaban	tocaron	tocarán	tocarían	**toquen**	tocaran	**toquen** Uds.

Guide to Vocabulary

Note on alphabetization

For purposes of alphabetization, **ch** and **ll** are not treated as separate letters, but **ñ** follows **n**. Therefore, in this glossary you will find that **año**, for example, appears after **anuncio**.

Abbreviations used in this glossary

adj.	adjective	*form.*	formal	*pl.*	plural
adv.	adverb	*indef.*	indefinite	*poss.*	possessive
art.	article	*interj.*	interjection	*prep.*	preposition
conj.	conjunction	*i.o.*	indirect object	*pron.*	pronoun
def.	definite	*m.*	masculine	*ref.*	reflexive
d.o.	direct object	*n.*	noun	*sing.*	singular
f.	feminine	*obj.*	object	*sub.*	subject
fam.	familiar	*p.p.*	past participle	*v.*	verb

Spanish-English

A

a *prep.* at; to 1
  ¿A qué hora...? At what time...? 1
  a bordo aboard 1
  a dieta on a diet 15
  a la derecha to the right 2
  a la izquierda to the left 2
  a la plancha grilled 8
  a la(s) + *time* at + *time* 1
  a menos que unless 13
  a menudo *adv.* often 10
  a nombre de in the name of 5
  a plazos in installments 14
  A sus órdenes. At your service. 11
  a tiempo *adv.* on time 10
  a veces *adv.* sometimes 10
  a ver let's see
¡Abajo! *adv.* Down! 15
abeja *f.* bee
abierto/a *adj.* open 5, 14
abogado/a *m., f.* lawyer
abrazar(se) *v.* to hug; to embrace (each other) 11
abrazo *m.* hug
abrigo *m.* coat 6
abril *m.* April 5
abrir *v.* to open 3
abuelo/a *m., f.* grandfather; grandmother 3
abuelos *pl.* grandparents 3
aburrido/a *adj.* bored; boring 5
aburrir *v.* to bore 7
aburrirse *v.* to get bored
acabar de (+ inf.) *v.* to have just done something 6
acampar *v.* to camp 5
accidente *m.* accident 10
acción *f.* action
  de acción action (genre)

aceite *m.* oil 8
aceptar: ¡Acepto casarme contigo! I'll marry you!
ácido/a *adj.* acid 13
acompañar *v.* to accompany 14
aconsejar *v.* to advise 12
acontecimiento *m.* event
acordarse (de) (o:ue) *v.* to remember 7
acostarse (o:ue) *v.* to go to bed 7
activo/a *adj.* active 15
actor *m.* actor
actriz *f.* actor
actualidades *f., pl.* news; current events
acuático/a *adj.* aquatic 4
adelgazar *v.* to lose weight; to slim down 15
además (de) *adv.* furthermore; besides 10
adicional *adj.* additional
adiós *m.* good-bye 1
adjetivo *m.* adjective
administración de empresas *f.* business administration 2
adolescencia *f.* adolescence 9
¿adónde? *adv.* where (to)? (destination) 2
aduana *f.* customs 5
aeróbico/a *adj.* aerobic 15
aeropuerto *m.* airport 5
afectado/a *adj.* affected 13
afeitarse *v.* to shave 7
aficionado/a *adj.* fan 4
afirmativo/a *adj.* affirmative
afuera *adv.* outside 5
afueras *f., pl.* suburbs; outskirts 12
agencia de viajes *f.* travel agency 5
agente de viajes *m., f.* travel agent 5
agosto *m.* August 5
agradable *adj.* pleasant 5

agua *f.* water 8
  agua mineral mineral water 8
aguantar *v.* to endure, to hold up 14
ahora *adv.* now 2
  ahora mismo right now 5
ahorrar *v.* to save (money) 14
ahorros *m.* savings 14
aire *m.* air 5
ajo *m.* garlic 8
al (*contraction of* **a** + **el**) 2
  al aire libre open-air 6
  al contado in cash 14
  (al) este (to the) east 14
  al fondo (de) at the end (of) 12
  al lado de beside 2
  (al) norte (to the) north 14
  (al) oeste (to the) west 14
  (al) sur (to the) south 14
alcoba *f.* bedroom 12
alcohol *m.* alcohol 15
alcohólico/a *adj.* alcoholic 15
alegrarse (de) *v.* to be happy 13
alegre *adj.* happy; joyful 5
alegría *f.* happiness 9
alemán, alemana *adj.* German 3
alérgico/a *adj.* allergic 10
alfombra *f.* carpet; rug 12
algo *pron.* something; anything 7
algodón *m.* cotton 6
alguien *pron.* someone; somebody; anyone 7
algún, alguno/a(s) *adj.* any; some 7
alimento *m.* food
  alimentación *f.* diet
aliviar *v.* to reduce 15
  aliviar el estrés/la tensión to reduce stress/tension 15
allá *adv.* over there 2
allí *adv.* there 2
  allí mismo right there 14
alma *f.* soul 9
almacén *m.* department store 6

almohada *f.* pillow 12
almorzar (o:ue) *v.* to have lunch 4
almuerzo *m.* lunch 4, 8
aló *interj.* hello (*on the telephone*) 11
alquilar *v.* to rent 12
alquiler *m.* rent (payment) 12
altar *m.* altar 9
altillo *m.* attic 12
alto/a *adj.* tall 3
aluminio *m.* aluminum 13
ama de casa *m., f.* housekeeper; caretaker 12
amable *adj.* nice; friendly 5
amarillo/a *adj.* yellow 6
amigo/a *m., f.* friend 3
amistad *f.* friendship 9
amor *m.* love 9
   amor a primera vista love at first sight 9
anaranjado/a *adj.* orange 6
ándale *interj.* come on 14
andar *v.* **en patineta** to skateboard 4
ángel *m.* angel 9
anillo *m.* ring
animal *m.* animal 13
aniversario (de bodas) *m.* (wedding) anniversary 9
anoche *adv.* last night 6
anteayer *adv.* the day before yesterday 6
antes *adv.* before 7
   antes (de) que *conj.* before 13
   antes de *prep.* before 7
antibiótico *m.* antibiotic 10
antipático/a *adj.* unpleasant 3
anunciar *v.* to announce; to advertise
anuncio *m.* advertisement
año *m.* year 5
   año pasado last year 6
apagar *v.* to turn off 11
aparato *m.* appliance
apartamento *m.* apartment 12
apellido *m.* last name 3
apenas *adv.* hardly; scarcely 10
aplaudir *v.* to applaud
apreciar *v.* to appreciate
aprender (a + inf.) *v.* to learn 3
apurarse *v.* to hurry; to rush 15
aquel, aquella *adj.* that; those (over there) 6
aquél, aquélla *pron.* that; those (over there) 6
aquello *neuter, pron.* that; that thing; that fact 6
aquellos/as *pl. adj.* those (over there) 6
aquéllos/as *pl. pron.* those (ones) (over there) 6
aquí *adv.* here 1
   Aquí está(n)... Here is/are... 5
   aquí mismo right here 11
árbol *m.* tree 13

archivo *m.* file 11
arete *m.* earing 6
Argentina *f.* Argentina 1
argentino/a *adj.* Argentine 3
armario *m.* closet 12
arqueología *f.* archaeology 2
arqueólogo/a *m., f.* archaeologist
arquitecto/a *m., f.* architect
arrancar *v.* to start (*a car*) 11
arreglar *v.* to fix; to arrange 11; to neaten; to straighten up 12
arreglarse *v.* to get ready 7; to fix oneself (*clothes, hair, etc. to go out*) 7
arriba: hasta arriba to the top 15
arroba *f.* @ symbol 11
arroz *m.* rice 8
arte *m.* art 2
artes *f., pl.* arts
artesanía *f.* craftsmanship; crafts
artículo *m.* article
artista *m., f.* artist 3
artístico/a *adj.* artistic
arveja *m.* pea 8
asado/a *adj.* roast 8
ascenso *m.* promotion
ascensor *m.* elevator 5
así *adv.* like this; so (*in such a way*) 10
asistir (a) *v.* to attend 3
aspiradora *f.* vacuum cleaner 12
aspirante *m., f.* candidate; applicant
aspirina *f.* aspirin 10
atún *m.* tuna 8
aumentar *v.* to grow; to get bigger 13
aumentar *v.* **de peso** to gain weight 15
aumento *m.* increase
   aumento de sueldo pay raise
aunque although
autobús *m.* bus 1
automático/a *adj.* automatic
auto(móvil) *m.* auto(mobile) 5
autopista *f.* highway 11
ave *f.* bird 13
avenida *f.* avenue
aventura *f.* adventure
   de aventura adventure (genre)
avergonzado/a *adj.* embarrassed 5
avión *m.* airplane 5
¡Ay! *interj.* Oh!
   ¡Ay, qué dolor! Oh, what pain!
ayer *adv.* yesterday 6
ayudar(se) *v.* to help (each other) 11, 12
azúcar *m.* sugar 8
azul *adj. m., f.* blue 6

bailar *v.* to dance 2
bailarín/bailarina *m., f.* dancer
baile *m.* dance
bajar(se) de *v.* to get off of/out of (a vehicle) 11
bajo/a *adj.* short (*in height*) 3
bajo control under control 7
balcón *m.* balcony 12
balde *m.* bucket 5
ballena *f.* whale 13
baloncesto *m.* basketball 4
banana *f.* banana 8
banco *m.* bank 14
banda *f.* band
bandera *f.* flag
bañarse *v.* to bathe; to take a bath 7
baño *m.* bathroom 7
barato/a *adj.* cheap 6
barco *m.* boat 5
barrer *v.* to sweep 12
   barrer el suelo *v.* to sweep the floor 12
barrio *m.* neighborhood 12
bastante *adv.* enough; rather 10; pretty 13
basura *f.* trash 12
baúl *m.* trunk 11
beber *v.* to drink 3
bebida *f.* drink 8
   bebida alcohólica *f.* alcoholic beverage 15
béisbol *m.* baseball 4
bellas artes *f., pl.* fine arts
belleza *f.* beauty 14
beneficio *m.* benefit
besar(se) *v.* to kiss (each other) 11
beso *m.* kiss 9
biblioteca *f.* library 2
bicicleta *f.* bicycle 4
bien *adj.* well 1
bienestar *m.* well-being 15
bienvenido(s)/a(s) *adj.* welcome 12
billete *m.* paper money; ticket
billón *m.* trillion
biología *f.* biology 2
bisabuelo/a *m., f.* great-grandfather/great-grandmother 3
bistec *m.* steak 8
bizcocho *m.* biscuit
blanco/a *adj.* white 6
blog *m.* blog 11
(blue)jeans *m., pl.* jeans 6
blusa *f.* blouse 6
boca *f.* mouth 10
boda *f.* wedding 9
boleto *m.* ticket 2
bolsa *f.* purse, bag 6
bombero/a *m., f.* firefighter
bonito/a *adj.* pretty 3
borrador *m.* eraser 2
borrar *v.* to erase 11

bosque *m.* forest 13
  bosque tropical tropical forest; rainforest 13
bota *f.* boot 6
botella *f.* bottle 9
  botella de vino bottle of wine 9
botones *m., f. sing.* bellhop 5
brazo *m.* arm 10
brindar *v.* to toast (*drink*) 9
bucear *v.* to scuba dive 4
bueno *adv.* well
buen, bueno/a *adj.* good 3, 6
  buena forma good shape (*physical*) 15
  Buena idea. Good idea.
  Buenas noches. Good evening; Good night. 1
  Buenas tardes. Good afternoon. 1
  buenísimo/a extremely good
  Bueno. Hello. (*on telephone*) 11
  Buenos días. Good morning. 1
bulevar *m.* boulevard
buscar *v.* to look for 2
buzón *m.* mailbox 14

C

caballero *m.* gentleman, sir 8
caballo *m.* horse 5
cabe: no cabe duda de there's no doubt 13
cabeza *f.* head 10
cada *adj. m., f.* each 6
caerse *v.* to fall (down) 10
café *m.* café 4; *adj. m., f.* brown 6; *m.* coffee 8
cafeína *f.* caffeine 14
cafetera *f.* coffee maker 12
cafetería *f.* cafeteria 2
caído/a *p.p.* fallen 14
caja *f.* cash register 14
cajero/a *m., f.* cashier 14
  cajero automático *m.* ATM 14
calavera de azúcar *f.* skull made out of sugar 9
calcetín (calcetines) *m.* sock(s) 6
calculadora *f.* calculator 2
caldo *m.* soup
calentamiento global *m.* global warming 13
calentarse (e:ie) *v.* to warm up 15
calidad *f.* quality 6
calle *f.* street 11
calor *m.* heat 4
caloría *f.* calorie 15
calzar *v.* to take size... shoes 6
cama *f.* bed 5
cámara digital *f.* digital camera 11
cámara de video *f.* video camera 11
camarero/a *m., f.* waiter/waitress 8

camarón *m.* shrimp 8
cambiar (de) *v.* to change 9
cambio: de cambio in change 2
cambio *m.* **climático** climate change 13
cambio *m.* **de moneda** currency exchange
caminar *v.* to walk 2
camino *m.* road
camión *m.* truck; bus
camisa *f.* shirt 6
camiseta *f.* t-shirt 6
campo *m.* countryside 5
canadiense *adj.* Canadian 3
canal *m.* (TV) channel 11
canción *f.* song
candidato/a *m., f.* candidate
canela *f.* cinnamon 10
cansado/a *adj.* tired 5
cantante *m., f.* singer
cantar *v.* to sing 2
capital *f.* capital city 1
capó *m.* hood 11
cara *f.* face 7
caramelo *m.* caramel 9
carne *f.* meat 8
  carne de res *f.* beef 8
carnicería *f.* butcher shop 14
caro/a *adj.* expensive 6
carpintero/a *m., f.* carpenter
carrera *f.* career
carretera *f.* highway 11
carro *m.* car; automobile 11
carta *f.* letter 4; (playing) card 5
cartel *m.* poster 12
cartera *f.* wallet 4, 6
cartero *m.* mail carrier 14
casa *f.* house; home 2
casado/a *adj.* married 9
casarse (con) *v.* to get married (to) 9
casi *adv.* almost 10
catorce *adj.* fourteen 1
cazar *v.* to hunt 13
cebolla *f.* onion 8
cederrón *m.* CD-ROM 11
celebrar *v.* to celebrate 9
cementerio *m.* cemetery 9
cena *f.* dinner 8
cenar *v.* to have dinner 2
centro *m.* downtown 4
  centro comercial shopping mall 6
cepillarse los dientes/el pelo *v.* to brush one's teeth/one's hair 7
cerámica *f.* pottery
cerca de *prep.* near 2
cerdo *m.* pork 8
cereales *m., pl.* cereal; grains 8
cero *m.* zero 1
cerrado/a *adj.* closed 5, 14
cerrar (e:ie) *v.* to close 4
cerveza *f.* beer 8
césped *m.* grass
ceviche *m.* marinated fish dish 8
  ceviche de camarón *m.* lemon-marinated shrimp 8

chaleco *m.* vest
champán *m.* champagne 9
champiñón *m.* mushroom 8
champú *m.* shampoo 7
chaqueta *f.* jacket 6
chau *fam. interj.* bye 1
cheque *m.* (bank) check 14
  cheque (de viajero) *m.* (traveler's) check 14
chévere *adj., fam.* terrific
chico/a *m., f.* boy/girl 1
chino/a *adj.* Chinese 3
chocar (con) *v.* to run into
chocolate *m.* chocolate 9
choque *m.* collision
chuleta *f.* chop (*food*) 8
  chuleta de cerdo *f.* pork chop 8
cibercafé *m.* cybercafé
ciclismo *m.* cycling 4
cielo *m.* sky 13
cien(to) one hundred 2
ciencia *f.* science 2
  ciencias ambientales environmental sciences 2
  de ciencia ficción *f.* science fiction (genre)
científico/a *m., f.* scientist
cierto *m.* certain 13
  es cierto it's certain 13
  no es cierto it's not certain 13
cima *f.* top, peak 15
cinco five 1
cincuenta fifty 2
cine *m.* movie theater 4
cinta *f.* (audio)tape
cinta caminadora *f.* treadmill 15
cinturón *m.* belt 6
circulación *f.* traffic 11
cita *f.* date; appointment 9
ciudad *f.* city 4
ciudadano/a *m., f.* citizen
Claro (que sí). *fam.* Of course.
clase *f.* class 2
  clase de ejercicios aeróbicos *f.* aerobics class 15
clásico/a *adj.* classical
cliente/a *m., f.* customer 6
clínica *f.* clinic 10
cobrar *v.* to cash (a check) 14
coche *m.* car; automobile 11
cocina *f.* kitchen; stove 9, 12
cocinar *v.* to cook 12
cocinero/a *m., f.* cook, chef
cofre *m.* hood 14
cola *f.* line 14
colesterol *m.* cholesterol 15
color *m.* color 6
comedia *f.* comedy; play
comedor *m.* dining room 12
comenzar (e:ie) *v.* to begin 4
comer *v.* to eat 3
comercial *adj.* commercial; business-related
comida *f.* food; meal 4, 8

como like; as 8
¿cómo? what?; how? 1
   ¿Cómo es...? What's... like? 3
   ¿Cómo está usted? *form.*
      How are you? 1
   ¿Cómo estás? *fam.* How are
      you? 1
   ¿Cómo les fue...? *pl.* How
      did ... go for you? 15
   ¿Cómo se llama usted?
      (form.) What's your name? 1
   ¿Cómo te llamas? *fam.*
      What's your name? 1
cómoda *f.* chest of drawers 12
cómodo/a *adj.* comfortable 5
compañero/a de clase *m., f.*
   classmate 2
compañero/a de cuarto *m., f.*
   roommate 2
compañía *f.* company; firm
compartir *v.* to share 3
completamente *adv.* completely 5
compositor(a) *m., f.* composer
comprar *v.* to buy 2
compras *f., pl.* purchases 5
   ir de compras go shopping 5
comprender *v.* to understand 3
comprobar *v.* to check
comprometerse (con) *v.* to get
   engaged (to) 9
computación *f.* computer science 2
computadora *f.* computer 1
computadora portátil *f.* portable
   computer; laptop 11
comunicación *f.* communication
comunicarse (con) *v.* to
   communicate (with)
comunidad *f.* community 1
con *prep.* with 2
   Con él/ella habla. Speaking./
      This is he/she. (*on telephone*) 11
   con frecuencia *adv.* frequently 10
   Con permiso. Pardon me;
      Excuse me. 1
   con tal (de) que provided
      (that) 13
concierto *m.* concert
concordar *v.* to agree
concurso *m.* game show; contest
conducir *v.* to drive 6, 11
conductor(a) *m., f.* driver 1
conexión *f.* **inalámbrica** wireless
   (connection) 11
confirmar *v.* to confirm 5
confirmar *v.* **una reservación** *f.*
   to confirm a reservation 5
confundido/a *adj.* confused 5
congelador *m.* freezer 12
congestionado/a *adj.* congested;
   stuffed-up 10
conmigo *pron.* with me 4, 9
conocer *v.* to know; to be
   acquainted with 6
conocido *adj.; p.p.* known
conseguir (e:i) *v.* to get; to obtain 4

consejero/a *m., f.* counselor;
   advisor
consejo *m.* advice
conservación *f.* conservation 13
conservar *v.* to conserve 13
construir *v.* to build
consultorio *m.* doctor's office 10
consumir *v.* to consume 15
contabilidad *f.* accounting 2
contador(a) *m., f.* accountant
contaminación *f.* pollution 13
   contaminación del aire/del
      agua air/water pollution 13
contaminado/a *adj.* polluted 13
contaminar *v.* to pollute 13
contar (o:ue) *v.* to count; to tell 4
contar (con) *v.* to count (on) 12
contento/a *adj.* happy; content 5
contestadora *f.* answering
   machine 11
contestar *v.* to answer 2
contigo *fam. pron.* with you 5, 9
contratar *v.* to hire
control *m.* control 7
   control remoto remote
      control 11
controlar *v.* to control 13
conversación *f.* conversation 1
conversar *v.* to converse, to chat 2
copa *f.* wineglass; goblet 12
corazón *m.* heart 10
corbata *f.* tie 6
corredor(a) *m., f.* **de bolsa**
   stockbroker
correo *m.* mail; post office 14
   correo electrónico *m.*
      e-mail 4
   correo de voz *m.* voice mail 11
correr *v.* to run 3
cortesía *f.* courtesy
cortinas *f., pl.* curtains 12
corto/a *adj.* short (*in length*) 6
cosa *f.* thing 1
Costa Rica *f.* Costa Rica 1
costar (o:ue) *f.* to cost 6
costarricense *adj.* Costa Rican 3
cráter *m.* crater 13
creer *v.* to believe 13
   creer (en) *v.* to believe (in) 3
   no creer (en) *v.* not to
      believe (in) 13
creído/a *adj., p.p.* believed 14
crema de afeitar *f.* shaving
   cream 5, 7
crimen *m.* crime; murder
cruzar *v.* to cross 14
cuaderno *m.* notebook 1
cuadra *f.* (city) block 14
¿cuál(es)? which?; which one(s)? 2
   ¿Cuál es la fecha de hoy?
      What is today's date? 5
cuadro *m.* picture 12
cuadros *m., pl.* plaid 6
cuando when 7; 13
¿cuándo? when? 2
¿cuánto(s)/a(s)? how much/how
   many? 1

   ¿Cuánto cuesta...? How
      much does... cost? 6
   ¿Cuántos años tienes? How
      old are you? 3
cuarenta forty 2
cuarto de baño *m.* bathroom 7
cuarto *m.* room 2; 7
cuarto/a *adj.* fourth 5
   menos cuarto quarter to (time)
   y cuarto quarter after (time) 1
cuatro four 1
cuatrocientos/as four hundred 2
Cuba *f.* Cuba 1
cubano/a *adj.* Cuban 3
cubiertos *m., pl.* silverware
cubierto/a *p.p.* covered
cubrir *v.* to cover
cuchara *f.* (table or large) spoon 12
cuchillo *m.* knife 12
cuello *m.* neck 10
cuenta *f.* bill 8; account 14
   cuenta corriente *f.* checking
      account 14
   cuenta de ahorros *f.* savings
      account 14
cuento *m.* short story
cuerpo *m.* body 10
cuidado *m.* care 3
cuidar *v.* to take care of 13
   ¡Cuídense! Take care! 14
cultura *f.* culture 2
cumpleaños *m., sing.* birthday 9
cumplir años *v.* to have a
   birthday 9
cuñado/a *m., f.* brother-in-law;
   sister-in-law 3
currículum *m.* résumé
curso *m.* course 2

D

danza *f.* dance
dañar *v.* to damage; to break
   down 10
dar *v.* to give 6, 9
   dar un consejo *v.* to give advice
   darse con *v.* to bump into; to
      run into (something) 10
   darse prisa *v.* to hurry; to rush
      15
de *prep.* of; from 1
   ¿De dónde eres? *fam.*
      Where are you from? 1
   ¿De dónde es usted? *form.*
      Where are you from? 1
   ¿De parte de quién? Who is
      speaking/calling? (*on telephone*)
      11
   ¿de quién...? whose...? (*sing.*) 1
   ¿de quiénes...? whose...? (*pl.*) 1
   de algodón (made) of cotton 6
   de aluminio (made) of
      aluminum 13
   de buen humor in a good
      mood 5

de compras shopping 5
de cuadros plaid 6
de excursión hiking 4
de hecho in fact
de ida y vuelta roundtrip 5
de la mañana in the morning; A.M. 1
de la noche in the evening; at night; P.M. 1
de la tarde in the afternoon; in the early evening; P.M. 1
de lana (made) of wool 6
de lunares polka-dotted 6
de mal humor in a bad mood 5
de mi vida of my life 15
de moda in fashion 6
De nada. You're welcome. 1
de niño/a as a child 10
de parte de on behalf of 11
de plástico (made) of plastic 13
de rayas striped 6
de repente suddenly 6
de seda (made) of silk 6
de vaqueros western (genre)
de vez en cuando from time to time 4
de vidrio (made) of glass 13
debajo de *prep.* below; under 2
deber (+ *inf.*) *v.* should; must; ought to 3
  Debe ser... It must be... 6
deber *m.* responsibility; obligation
debido a due to (the fact that)
débil *adj.* weak 15
decidido/a *adj.* decided 14
decidir (+ *inf.*) *v.* to decide 3
décimo/a *adj.* tenth 5
decir (e:i) *v.* **(que)** to say (that); to tell (that) 4, 9
  decir la respuesta to say the answer 4
  decir la verdad to tell the truth 4
  decir mentiras to tell lies 4
declarar *v.* to declare; to say
dedo *m.* finger 10
dedo del pie *m.* toe 10
deforestación *f.* deforestation 13
dejar *v.* to let 12; to quit; to leave behind
  dejar de (+ *inf.*) *v.* to stop (*doing something*) 13
  dejar una propina *v.* to leave a tip 9
del (*contraction of* **de** + **el**) of the; from the
delante de *prep.* in front of 2
delgado/a *adj.* thin; slender 3
delicioso/a *adj.* delicious 8
demás *adj.* the rest
demasiado *adj., adv.* too much 6
dentista *m., f.* dentist 10
dentro de (diez años) within (ten years); inside
dependiente/a *m., f.* clerk 6

deporte *m.* sport 4
deportista *m.* sports person
deportivo/a *adj.* sports-related 4
depositar *v.* to deposit 14
derecha *f.* right 2
derecho *adj.* straight (ahead) 14
  a la derecha de to the right of 2
derechos *m., pl.* rights
desarrollar *v.* to develop 13
desastre (natural) *m.* (natural) disaster
desayunar *v.* to have breakfast 2
desayuno *m.* breakfast 8
descafeinado/a *adj.* decaffeinated 15
descansar *v.* to rest 2
descargar *v.* to download 11
descompuesto/a *adj.* not working; out of order 11
describir *v.* to describe 3
descrito/a *p.p.* described 14
descubierto/a *p.p.* discovered 14
descubrir *v.* to discover 13
desde *prep.* from 6
desear *v.* to wish; to desire 2
desempleo *m.* unemployment
desierto *m.* desert 13
desigualdad *f.* inequality
desordenado/a *adj.* disorderly 5
despacio *adv.* slowly 10
despedida *f.* farewell; good-bye
despedir (e:i) *v.* to fire
despedirse (de) (e:i) *v.* to say goodbye (to) 7
despejado/a *adj.* clear (*weather*)
despertador *m.* alarm clock 7
despertarse (e:ie) *v.* to wake up 7
después *adv.* afterwards; then 7
  después de after 7
  después de que *conj.* after 13
destruir *v.* to destroy 13
detrás de *prep.* behind 2
día *m.* day 1
  día de fiesta holiday 9
diario *m.* diary 1; newspaper
  diario/a *adj.* daily 7
dibujar *v.* to draw 2
dibujo *m.* drawing
  dibujos animados *m., pl.* cartoons
diccionario *m.* dictionary 1
dicho/a *p.p.* said 14
diciembre *m.* December 5
dictadura *f.* dictatorship
diecinueve nineteen 1
dieciocho eighteen 1
dieciséis sixteen 1
diecisiete seventeen 1
diente *m.* tooth 7
dieta *f.* diet 15
  comer una dieta equilibrada to eat a balanced diet 15
diez ten 1
difícil *adj.* difficult; hard 3
Diga. Hello. (*on telephone*) 11
diligencia *f.* errand 14

dinero *m.* money 6
dirección *f.* address 14
  dirección electrónica *f.* e-mail address 11
director(a) *m., f.* director; (*musical*) conductor
dirigir *v.* to direct
disco compacto compact disc (CD) 11
discriminación *f.* discrimination
discurso *m.* speech
diseñador(a) *m., f.* designer
diseño *m.* design
disfraz *m.* costume
disfrutar (de) *v.* to enjoy; to reap the benefits (of) 15
disminuir *v.* to reduce
diversión *f.* fun activity; entertainment; recreation 4
divertido/a *adj.* fun 7
divertirse (e:ie) *v.* to have fun 9
divorciado/a *adj.* divorced 9
divorciarse (de) *v.* to get divorced (from) 9
divorcio *m.* divorce 9
doblar *v.* to turn 14
doble *adj.* double
doce twelve 1
doctor(a) *m., f.* doctor 3; 10
documental *m.* documentary
documentos de viaje *m., pl.* travel documents
doler (o:ue) *v.* to hurt 10
dolor *m.* ache; pain 10
  dolor de cabeza *m.* headache 10
doméstico/a *adj.* domestic 12
domingo *m.* Sunday 2
don *m.* Mr.; sir 1
doña *f.* Mrs.; ma'am 1
donde *prep.* where
  ¿Dónde está...? Where is...? 2
  ¿dónde? where? 1
dormir (o:ue) *v.* to sleep 4
dormirse (o:ue) *v.* to go to sleep; to fall asleep 7
dormitorio *m.* bedroom 12
dos two 1
  dos veces *f.* twice; two times 6
doscientos/as two hundred 2
drama *m.* drama; play
dramático/a *adj.* dramatic
dramaturgo/a *m., f.* playwright
droga *f.* drug 15
drogadicto/a *adj.* drug addict 15
ducha *f.* shower 7
ducharse *v.* to shower; to take a shower 7
duda *f.* doubt 13
dudar *v.* to doubt 13
  no dudar *v.* not to doubt 13
dueño/a *m., f.* owner; landlord 8
dulces *m., pl.* sweets; candy 9
durante *prep.* during 7
durar *v.* to last

E

e *conj.* (*used instead of* **y** *before words beginning with* **i** *and* **hi**) and 4
echar *v.* to throw
  echar (una carta) al buzón *v.* to put (a letter) in the mailbox 14; to mail 14
ecología *f.* ecology 13
ecologista *m., f.* ecologist 13; *adj.* ecological 13
economía *f.* economics 2
ecoturismo *m.* ecotourism 13
Ecuador *m.* Ecuador 1
ecuatoriano/a *adj.* Ecuadorian 3
edad *f.* age 9
edificio *m.* building 12
  edificio de apartamentos apartment building 12
(en) efectivo *m.* cash 6
ejercer *v.* to practice/exercise (a degree/profession)
ejercicio *m.* exercise 15
  ejercicios aeróbicos aerobic exercises 15
  ejercicios de estiramiento stretching exercises 15
ejército *m.* army
el *m., sing., def. art.* the 1
él *sub. pron.* he 1; *adj. pron.* him
elecciones *f., pl.* election
electricista *m., f.* electrician
electrodoméstico *m.* electric appliance 12
elegante *adj. m., f.* elegant 6
elegir (e:i) *v.* to elect
ella *sub. pron.* she 1; *obj. pron.* her
ellos/as *sub. pron.* they 1; them 1
embarazada *adj.* pregnant 10
emergencia *f.* emergency 10
emitir *v.* to broadcast
emocionante *adj. m., f.* exciting
empezar (e:ie) *v.* to begin 4
empleado/a *m., f.* employee 5
empleo *m.* job; employment
empresa *f.* company; firm
en *prep.* in; on; at 2
  en casa at home 7
  en caso (de) que in case (that) 13
  en cuanto as soon as 13
  en efectivo in cash 14
  en exceso in excess; too much 15
  en línea in-line 4
  ¡En marcha! Let's get going! 15
  en mi nombre in my name
  en punto on the dot; exactly; sharp (*time*) 1
  en qué in what; how 2
  ¿En qué puedo servirles? How can I help you? 5
  en vivo live 7
enamorado/a (de) *adj.* in love (with) 5
enamorarse (de) *v.* to fall in love (with) 9

encantado/a *adj.* delighted; pleased to meet you 1
encantar *v.* to like very much; to love (*inanimate objects*) 7
  ¡Me encantó! I loved it! 15
encima de *prep.* on top of 2
encontrar (o:ue) *v.* to find 4
encontrar(se) (o:ue) *v.* to meet (each other); to run into (each other) 11
  encontrarse con to meet up with 7
encuesta *f.* poll; survey
energía *f.* energy 13
  energía nuclear nuclear energy 13
  energía solar solar energy 13
enero *m.* January 5
enfermarse *v.* to get sick 10
enfermedad *f.* illness 10
enfermero/a *m., f.* nurse 10
enfermo/a *adj.* sick 10
enfrente de *adv.* opposite; facing 14
engordar *v.* to gain weight 15
enojado/a *adj.* mad; angry 5
enojarse (con) *v.* to get angry (with) 7
ensalada *f.* salad 8
ensayo *m.* essay 3
enseguida *adv.* right away
enseñar *v.* to teach 2
ensuciar *v.* to get (something) dirty 12
entender (e:ie) *v.* to understand 4
enterarse *v.* to find out
entonces *adv.* so, then 5, 7
entrada *f.* entrance 12; ticket
entre *prep.* between; among 2
entregar *v.* to hand in 11
entremeses *m., pl.* hors d'oeuvres; appetizers 8
entrenador(a) *m., f.* trainer 15
entrenarse *v.* to practice; to train 15
entrevista *f.* interview
entrevistador(a) *m., f.* interviewer
entrevistar *v.* to interview
envase *m.* container 13
enviar *v.* to send; to mail 14
equilibrado/a *adj.* balanced 15
equipado/a *adj.* equipped 15
equipaje *m.* luggage 5
equipo *m.* team 4
equivocado/a *adj.* wrong 5
eres *fam.* you are 1
es he/she/it is 1
  Es bueno que... It's good that... 12
  Es de... He/She is from... 1
  es extraño it's strange 13
  es igual it's the same 5
  Es importante que... It's important that... 12
  es imposible it's impossible 13
  es improbable it's improbable 13
  Es malo que... It's bad that... 12

  Es mejor que... It's better that... 12
  Es necesario que... It's necessary that... 12
  es obvio it's obvious 13
  es ridículo it's ridiculous 13
  es seguro it's sure 13
  es terrible it's terrible 13
  es triste it's sad 13
  Es urgente que... It's urgent that... 12
  Es la una. It's one o'clock. 1
  es una lástima it's a shame 13
  es verdad it's true 13
esa(s) *f., adj.* that; those 6
ésa(s) *f., pron.* that (one); those (ones) 6
escalar *v.* to climb 4
  escalar montañas *v.* to climb mountains 4
escalera *f.* stairs; stairway 12
escalón *m.* step 15
escanear *v.* to scan 11
escoger *v.* to choose 8
escribir *v.* to write 3
  escribir un mensaje electrónico to write an e-mail message 4
  escribir una postal to write a postcard 4
  escribir una carta to write a letter 4
escrito/a *p.p.* written 14
escritor(a) *m., f.* writer
escritorio *m.* desk 2
escuchar *v.* to listen to
  escuchar la radio to listen (to) the radio 2
  escuchar música to listen (to) music 2
escuela *f.* school 1
esculpir *v.* to sculpt
escultor(a) *m., f.* sculptor
escultura *f.* sculpture
ese *m., sing., adj.* that 6
ése *m., sing., pron.* that one 6
eso *neuter, pron.* that; that thing 6
esos *m., pl., adj.* those 6
ésos *m., pl., pron.* those (ones) 6
España *f.* Spain 1
español *m.* Spanish (*language*) 2
español(a) *adj. m., f.* Spanish 3
espárragos *m., pl.* asparagus 8
especialidad: las especialidades del día today's specials 8
especialización *f.* major 2
espectacular *adj.* spectacular 15
espectáculo *m.* show
espejo *m.* mirror 7
esperar *v.* to hope; to wish 13
  esperar (+ *infin.*) *v.* to wait (for); to hope 2
esposo/a *m., f.* husband/wife; spouse 3
esquí (acuático) *m.* (water) skiing 4

esquiar *v.* to ski 4
esquina *m.* corner 14
está he/she/it is, you are
  Está (muy) despejado. It's
   (very) clear. (*weather*)
  Está lloviendo. It's raining. 5
  Está nevando. It's snowing. 5
  Está (muy) nublado. It's
   (very) cloudy. (*weather*) 5
  Está bien. That's fine. 11
esta(s) *f., adj.* this; these 6
  esta noche tonight 4
ésta(s) *f., pron.* this (one); these
  (ones) 6
  Ésta es... *f.* This is...
   (*introducing someone*) 1
establecer *v.* to establish
estación *f.* station; season 5
  estación de autobuses
   bus station 5
  estación del metro subway
   station 5
  estación de tren train
   station 5
estacionamiento *m.* parking
  lot 14
estacionar *v.* to park 11
estadio *m.* stadium 2
estado civil *m.* marital status 9
Estados Unidos *m., pl.* (EE.UU.;
  E.U.) United States 1
estadounidense *adj. m., f.* from
  the United States 3
estampado/a *adj.* print
estampilla *f.* stamp 14
estante *m.* bookcase;
  bookshelves 12
estar *v.* to be 2
  estar a (veinte kilómetros)
   de aquí to be (20 kilometers)
   from here 11
  estar a dieta to be on a diet
   15
  estar aburrido/a to be
   bored 5
  estar afectado/a (por) to be
   affected (by) 13
  estar bajo control to be under
   control 7
  estar cansado/a to be tired 5
  estar contaminado/a to be
   polluted 13
  estar de acuerdo to agree
   Estoy de acuerdo. I agree.
   No estoy de acuerdo.
    I don't agree.
  estar de moda to be in
   fashion 6
  estar de vacaciones *f., pl.* to
   be on vacation 5
  estar en buena forma to be
   in good shape 15
  estar enfermo/a to be sick 10
  estar harto/a de... to be sick
  of...
  estar listo/a to be ready 15
  estar perdido/a to be lost 14

estar roto/a to be broken 10
estar seguro/a to be sure 5
estar torcido/a to be twisted;
  to be sprained 10
No está nada mal. It's not bad
  at all. 5
estatua *f.* statue
este *m.* east 14
este *m., sing., adj.* this 6
éste *m., sing., pron.* this (one) 6
  Éste es... *m.* This is...
   (*introducing someone*) 1
estéreo *m.* stereo 11
estilo *m.* style
estiramiento *m.* stretching 15
esto *neuter pron.* this; this thing 6
estómago *m.* stomach 10
estornudar *v.* to sneeze 10
estos *m., pl., adj.* these 6
éstos *m., pl., pron.* these (ones) 6
estrella *f.* star 13
  estrella de cine *m., f.* movie
   star
estrés *m.* stress 15
estudiante *m., f.* student 1, 2
estudiantil *adj. m., f.* student 2
estudiar *v.* to study 2
estufa *f.* stove 12
estupendo/a *adj.* stupendous 5
etapa *f.* stage 9
evitar *v.* to avoid 13
examen *m.* test; exam 2
  examen médico physical
   exam 10
excelente *adj. m., f.* excellent 5
exceso *m.* excess; too much 15
excursión *f.* hike; tour;
  excursion 4
excursionista *m., f.* hiker
éxito *m.* success
experiencia *f.* experience
explicar *v.* to explain 2
explorar *v.* to explore
expresión *f.* expression
extinción *f.* extinction 13
extranjero/a *adj.* foreign
extrañar *v.* to miss
extraño/a *adj.* strange 13

F

fábrica *f.* factory 13
fabuloso/a *adj* fabulous 5
fácil *adj.* easy 3
falda *f.* skirt 6
faltar *v.* to lack; to need 7
familia *f.* family 3
famoso/a *adj.* famous
farmacia *f.* pharmacy 10
fascinar *v.* to fascinate 7
favorito/a *adj.* favorite 4
fax *m.* fax (machine) 11
febrero *m.* February 5
fecha *f.* date 5
feliz *adj.* happy 5

¡Felicidades! Congratulations! 9
¡Felicitaciones!
  Congratulations! 9
¡Feliz cumpleaños! Happy
  birthday! 9
fenomenal *adj.* great,
  phenomenal 5
feo/a *adj.* ugly 3
festival *m.* festival
fiebre *f.* fever 10
fiesta *f.* party 9
fijo/a *adj.* fixed, set 6
fin *m.* end 4
  fin de semana weekend 4
finalmente *adv.* finally 15
firmar *v.* to sign (*a document*) 14
física *f.* physics 2
flan (de caramelo) *m.* baked
  (caramel) custard 9
flexible *adj.* flexible 15
flor *f.* flower 13
folclórico/a *adj.* folk; folkloric
folleto *m.* brochure
fondo *m.* end 12
forma *f.* shape 15
formulario *m.* form 14
foto(grafía) *f.* photograph 1
francés, francesa *adj. m., f.*
  French 3
frecuentemente *adv.* frequently 10
frenos *m., pl.* brakes
frente (frío) *m.* (cold) front 5
fresco/a *adj.* cool 5
frijoles *m., pl.* beans 8
frío/a *adj.* cold 5
frito/a *adj.* fried 8
fruta *f.* fruit 8
frutería *f.* fruit store 14
frutilla *f.* strawberry 8
fuera *adv.* outside
fuerte *adj. m., f.* strong 15
fumar *v.* to smoke 15
  (no) fumar *v.* (not) to smoke 15
funcionar *v.* to work 11; to
  function
fútbol *m.* soccer 4
fútbol americano *m.* football 4
futuro/a *adj.* future
  en el futuro in the future

G

gafas (de sol) *f., pl.* (sun)glasses 6
gafas (oscuras) *f., pl.* (sun)glasses
galleta *f.* cookie 9
ganar *v.* to win 4; to earn (*money*)
ganga *f.* bargain 6
garaje *m.* garage; (mechanic's)
  repair shop 11; garage (*in a
  house*) 12
garganta *f.* throat 10
gasolina *f.* gasoline 11
gasolinera *f.* gas station 11
gastar *v.* to spend (*money*) 6
gato *m.* cat 13

gemelo/a *m., f.* twin 3
genial *adj.* great
gente *f.* people 3
geografía *f.* geography 2
gerente *m., f.* manager 8
gimnasio *m.* gymnasium 4
gobierno *m.* government 13
golf *m.* golf 4
gordo/a *adj.* fat 3
grabar *v.* to record 11
gracias *f., pl.* thank you; thanks 1
  Gracias por invitarme. Thanks for having me. 9
graduarse (de/en) *v.* to graduate (from/in) 9
gran, grande *adj.* big; large 3
grasa *f.* fat 15
gratis *adj. m., f.* free of charge 14
grave *adj.* grave; serious 10
gravísimo/a *adj.* extremely serious 13
grillo *m.* cricket
gripe *f.* flu 10
gris *adj. m., f.* gray 6
gritar *v.* to scream, to shout 7
grito *m.* scream 5
guantes *m., pl.* gloves 6
guapo/a *adj.* handsome; good-looking 3
guardar *v.* to save (on a computer) 11
guerra *f.* war
guía *m., f.* guide
gustar *v.* to be pleasing to; to like 2
  Me gustaría... I would like...
gusto *m.* pleasure 1
  El gusto es mío. The pleasure is mine. 1
  Gusto de verlo/la. *(form.)* It's nice to see you.
  Gusto de verte. *(fam.)* It's nice to see you.
  Mucho gusto. Pleased to meet you. 1
  ¡Qué gusto verlo/la! *(form.)* How nice to see you!
  ¡Qué gusto verte! *(fam.)* How nice to see you!

haber *(auxiliar) v.* to have (done something) 15
  Ha sido un placer. It's been a pleasure. 15
habitación *f.* room 5
  habitación doble double room 5
  habitación individual single room 5
hablar *v.* to talk; to speak 2
hacer *v.* to do; to make 4
  Hace buen tiempo. The weather is good. 5
  Hace (mucho) calor. It's (very) hot. *(weather)* 5

Hace fresco. It's cool. *(weather)* 5
Hace (mucho) frío. It's (very) cold. *(weather)* 5
Hace mal tiempo. The weather is bad. 5
Hace (mucho) sol. It's (very) sunny. *(weather)* 5
Hace (mucho) viento. It's (very) windy. *(weather)* 5
hacer cola to stand in line 14
hacer diligencias to run errands 14
hacer ejercicio to exercise 15
hacer ejercicios aeróbicos to do aerobics 15
hacer ejercicios de estiramiento to do stretching exercises 15
hacer el papel (de) to play the role (of)
hacer gimnasia to work out 15
hacer juego (con) to match (with) 6
hacer la cama to make the bed 12
hacer las maletas to pack (one's) suitcases 5
hacer quehaceres domésticos to do household chores 12
hacer (wind)surf to (wind)surf 5
hacer turismo to go sightseeing
hacer un viaje to take a trip 5
¿Me harías el honor de casarte conmingo? Would you do me the honor of marrying me?
hacia *prep.* toward 14
hambre *f.* hunger 3
hamburguesa *f.* hamburger 8
hasta *prep.* until 6; toward
  Hasta la vista. See you later. 1
  Hasta luego. See you later. 1
  Hasta mañana. See you tomorrow. 1
  hasta que until 13
  Hasta pronto. See you soon. 1
hay there is; there are 1
  Hay (mucha) contaminación. It's (very) smoggy.
  Hay (mucha) niebla. It's (very) foggy.
  Hay que It is necessary that 14
  No hay duda de There's no doubt 13
  No hay de qué. You're welcome. 1
hecho/a *p.p.* done 14
heladería *f.* ice cream shop 14
helado/a *adj.* iced 8
helado *m.* ice cream 9
hermanastro/a *m., f.* stepbrother/stepsister 3
hermano/a *m., f.* brother/sister 3
hermano/a mayor/menor *m., f.* older/younger brother/sister 3

hermanos *m., pl.* siblings (brothers and sisters) 3
hermoso/a *adj.* beautiful 6
hierba *f.* grass 13
hijastro/a *m., f.* stepson/stepdaughter 3
hijo/a *m., f.* son/daughter 3
  hijo/a único/a *m., f.* only child 3
  hijos *m., pl.* children 3
híjole *interj.* wow 6
historia *f.* history 2; story
hockey *m.* hockey 4
hola *interj.* hello; hi 1
hombre *m.* man 1
  hombre de negocios *m.* businessman
hora *f.* hour 1; the time
horario *m.* schedule 2
horno *m.* oven 12
  horno de microondas *m.* microwave oven 12
horror *m.* horror
  de horror horror (genre)
hospital *m.* hospital 10
hotel *m.* hotel 5
hoy *adv.* today 2
  hoy día *adv.* nowadays
  Hoy es... Today is... 2
hueco *m.* hole 4
huelga *f.* strike (*labor*)
hueso *m.* bone 10
huésped *m., f.* guest 5
huevo *m.* egg 8
humanidades *f., pl.* humanities 2
huracán *m.* hurricane

ida *f.* one way (*travel*)
idea *f.* idea 4
iglesia *f.* church 4
igualdad *f.* equality
igualmente *adv.* likewise 1
impermeable *m.* raincoat 6
importante *adj. m., f.* important 3
importar *v.* to be important to; to matter 7
imposible *adj. m., f.* impossible 13
impresora *f.* printer 11
imprimir *v.* to print 11
improbable *adj. m., f.* improbable 13
impuesto *m.* tax
incendio *m.* fire
increíble *adj. m., f.* incredible 5
indicar cómo llegar *v.* to give directions 14
individual *adj.* private (*room*) 5
infección *f.* infection 10
informar *v.* to inform
informe *m.* report; paper (*written work*)
ingeniero/a *m., f.* engineer 3

inglés *m.* English (*language*) 2
inglés, inglesa *adj.* English 3
inodoro *m.* toilet 7
insistir (en) *v.* to insist (on) 12
inspector(a) de aduanas *m., f.*
 customs inspector 1
inteligente *adj. m., f.* intelligent 3
intento *m.* attempt 11
intercambiar *v.* to exchange
interesante *adj. m., f.*
 interesting 3
interesar *v.* to be interesting to;
 to interest 7
internacional *adj. m., f.*
 international
Internet Internet 11
inundación *f.* flood
invertir (e:ie) *v.* to invest
invierno *m.* winter 5
invitado/a *m., f.* guest 9
 invitar *v.* to invite 9
inyección *f.* injection 10
ir *v.* to go 4
 ir a (+ inf.) to be going to do
 something 4
 ir de compras to go shopping 5
 **ir de excursión (a las
 montañas)** to go on a hike
 (in the mountains) 4
 ir de pesca to go fishing
 ir de vacaciones to go on
 vacation 5
 ir en autobús to go by bus 5
 ir en auto(móvil) to go by
 auto(mobile); to go by car 5
 ir en avión to go by plane 5
 ir en barco to go by boat 5
 ir en metro to go by subway
 ir en motocicleta to go by
 motorcycle 5
 ir en taxi to go by taxi 5
 ir en tren to go by train
irse *v.* to go away; to leave 7
italiano/a *adj.* Italian 3
izquierdo/a *adj.* left 2
 a la izquierda de to the left
 of 2

J

jabón *m.* soap 7
jamás *adv.* never; not ever 7
jamón *m.* ham 8
japonés, japonesa *adj.*
 Japanese 3
jardín *m.* garden; yard 12
jefe, jefa *m., f.* boss
jengibre *m.* ginger 10
joven *adj. m., f., sing.* (**jóvenes** *pl.*)
 young 3
 joven *m., f., sing.* (**jóvenes** *pl.*)
 youth; young person 1
joyería *f.* jewelry store 14
jubilarse *v.* to retire (*from work*) 9
juego *m.* game

jueves *m., sing.* Thursday 2
jugador(a) *m., f.* player 4
jugar (u:ue) *v.* to play 4
 jugar a las cartas *f., pl.* to
 play cards 5
jugo *m.* juice 8
 jugo de fruta *m.* fruit juice 8
julio *m.* July 5
jungla *f.* jungle 13
junio *m.* June 5
juntos/as *adj.* together 9
juventud *f.* youth 9

K

kilómetro *m.* kilometer 1

L

la *f., sing., def. art.* the 1
 la *f., sing., d.o. pron.* her, it,
 form. you 5
laboratorio *m.* laboratory 2
lago *m.* lake 13
lámpara *f.* lamp 12
lana *f.* wool 6
langosta *f.* lobster 8
lápiz *m.* pencil 1
largo/a *adj.* long 6
las *f., pl., def. art.* the 1
 las *f., pl., d.o. pron.* them; *form.*
 you 5
lástima *f.* shame 13
lastimarse *v.* to injure oneself 10
 lastimarse el pie to injure
 one's foot 10
lata *f.* (*tin*) can 13
lavabo *m.* sink 7
lavadora *f.* washing machine 12
lavandería *f.* laundromat 14
lavaplatos *m., sing.* dishwasher 12
lavar *v.* to wash 12
 lavar (el suelo, los platos) to
 wash (the floor, the dishes) 12
lavarse *v.* to wash oneself 7
 lavarse la cara to wash one's
 face 7
 lavarse las manos to wash
 one's hands 7
le *sing., i.o. pron.* to/for him, her,
 form. you 6
 Le presento a… *form.* I would
 like to introduce you to (name). 1
lección *f.* lesson 1
leche *f.* milk 8
lechuga *f.* lettuce 8
leer *v.* to read 3
 leer correo electrónico
 to read e-mail 4
 leer un periódico to read a
 newspaper 4
 leer una revista to read a
 magazine 4
leído/a *p.p.* read 14
lejos de *prep.* far from 2

lengua *f.* language 2
 lenguas extranjeras *f., pl.*
 foreign languages 2
lentes de contacto *m., pl.*
 contact lenses
 lentes (de sol) (sun)glasses
lento/a *adj.* slow 11
les *pl., i.o. pron.* to/for them, *form.*
 you 6
letrero *m.* sign 14
levantar *v.* to lift 15
 levantar pesas to lift
 weights 15
levantarse *v.* to get up 7
ley *f.* law 13
libertad *f.* liberty; freedom
libre *adj. m., f.* free 4
librería *f.* bookstore 2
libro *m.* book 2
licencia de conducir *f.* driver's
 license 11
limón *m.* lemon 8
limpiar *v.* to clean 12
 limpiar la casa *v.* to clean the
 house 12
limpio/a *adj.* clean 5
línea *f.* line 4
listo/a *adj.* ready; smart 5
literatura *f.* literature 2
llamar *v.* to call 11
 llamar por teléfono to call on
 the phone
llamarse *v.* to be called; to be
 named 7
llanta *f.* tire 11
llave *f.* key 5; wrench 11
llegada *f.* arrival 5
llegar *v.* to arrive 2
llenar *v.* to fill 11, 14
 llenar el tanque to fill the
 tank 11
 llenar (un formulario) to fill
 out (a form) 14
lleno/a *adj.* full 11
llevar *v.* to carry 2; *v.* to wear;
 to take 6
 llevar una vida sana to lead
 a healthy lifestyle 15
 llevarse bien/mal (con) to
 get along well/badly (with) 9
llorar *v.* to cry 15
llover (o:ue) *v.* to rain 5
 Llueve. It's raining. 5
lluvia *f.* rain
lo *m., sing. d.o. pron.* him, it, *form.*
 you 5
 ¡Lo he pasado de película!
 I've had a fantastic time!
 lo mejor the best (thing)
 lo que that which; what 12
 Lo siento. I'm sorry. 1
loco/a *adj.* crazy 6
locutor(a) *m., f.* (TV or radio)
 announcer
lodo *m.* mud
los *m., pl., def. art.* the 1

los *m. pl., d.o. pron.* them, *form.* you 5
luchar (contra/por) *v.* to fight; to struggle (against/for)
luego *adv.* then 7; *adv.* later 1
lugar *m.* place 2, 4
luna *f.* moon 13
lunares *m.* polka dots 6
lunes *m., sing.* Monday 2
luz *f.* light; electricity 12

M

madrastra *f.* stepmother 3
madre *f.* mother 3
madurez *f.* maturity; middle age 9
maestro/a *m., f.* teacher
magnífico/a *adj.* magnificent 5
maíz *m.* corn 8
mal, malo/a *adj.* bad 3
maleta *f.* suitcase 1
mamá *f.* mom 3
mandar *v.* to order 12; to send; to mail 14
manejar *v.* to drive 11
manera *f.* way
mano *f.* hand 1
manta *f.* blanket 12
mantener (e:ie) *v.* to maintain 15
  mantenerse en forma to stay in shape 15
mantequilla *f.* butter 8
manzana *f.* apple 8
mañana *f.* morning, a.m. 1; tomorrow 1
mapa *m.* map 2
maquillaje *m.* makeup 7
maquillarse *v.* to put on makeup 7
mar *m.* sea 5
maravilloso/a *adj.* marvelous 5
mareado/a *adj.* dizzy; nauseated 10
margarina *f.* margarine 8
mariscos *m., pl.* shellfish 8
marrón *adj. m., f.* brown 6
martes *m., sing.* Tuesday 2
marzo *m.* March 5
más *pron.* more 2
  más de (+ number) more than 8
  más tarde later (on) 7
  más... que more... than 8
masaje *m.* massage 15
matemáticas *f., pl.* mathematics 2
materia *f.* course 2
matrimonio *m.* marriage 9
máximo/a *adj.* maximum 11
mayo *m.* May 5
mayonesa *f.* mayonnaise 8
mayor *adj.* older 3
  el/la mayor *adj.* eldest 8; oldest
me *sing., d.o. pron.* me 5; *sing. i.o. pron.* to/for me 6
  Me duele mucho. It hurts me a lot. 10

Me gusta... I like... 2
No me gustan nada. I don't like them at all. 2
Me gustaría(n)... I would like...
Me llamo... My name is... 1
Me muero por... I'm dying to (for)...
mecánico/a *m., f.* mechanic 11
mediano/a *adj.* medium
medianoche *f.* midnight 1
medias *f., pl.* pantyhose, stockings 6
medicamento *m.* medication 10
medicina *f.* medicine 10
médico/a *m., f.* doctor 3; *adj.* medical 10
medio/a *adj.* half 3
  medio ambiente *m.* environment 13
  medio/a hermano/a *m., f.* half-brother/half-sister 3
  mediodía *m.* noon 1
  medios de comunicación *m., pl.* means of communication; media
  y media thirty minutes past the hour (time) 1
mejor *adj.* better 8
  el/la mejor *m., f.* the best 8
mejorar *v.* to improve 13
melocotón *m.* peach 8
menor *adj.* younger 3
  el/la menor *m., f.* youngest 8
menos *adv.* less 10
  menos cuarto..., menos quince... quarter to... (time) 1
  menos de (+ number) fewer than 8
  menos... que less... than 8
mensaje *m.* **de texto** text message 11
mensaje electrónico *m.* e-mail message 4
mentira *f.* lie 4
menú *m.* menu 8
mercado *m.* market 6
  mercado al aire libre open-air market 6
merendar (e:ie) *v.* to snack 8; to have an afternoon snack
merienda *f.* afternoon snack 15
mes *m.* month 5
mesa *f.* table 2
mesita *f.* end table 12
  mesita de noche night stand 12
meterse en problemas *v.* to get into trouble 13
metro *m.* subway 5
mexicano/a *adj.* Mexican 3
México *m.* Mexico 1
mí *pron., obj. of prep.* me 8
mi(s) *poss. adj.* my 3
microonda *f.* microwave 12
  horno de microondas *m.* microwave oven 12

miedo *m.* fear 3
miel *f.* honey 10
mientras *adv.* while 10
miércoles *m., sing.* Wednesday 2
mil *m.* one thousand 2
  mil millones billion
milla *f.* mile 11
millón *m.* million 2
millones (de) *m.* millions (of)
mineral *m.* mineral 15
minuto *m.* minute 1
mío(s)/a(s) *poss.* my; (of) mine 11
mirar *v.* to look (at); to watch 2
  mirar (la) televisión to watch television 2
mismo/a *adj.* same 3
mochila *f.* backpack 2
moda *f.* fashion 6
módem *m.* modem
moderno/a *adj.* modern
molestar *v.* to bother; to annoy 7
monitor *m.* (computer) monitor 11
  monitor(a) *m., f.* trainer
mono *m.* monkey 13
montaña *f.* mountain 4
montar *v.* **a caballo** to ride a horse 5
montón: un montón de a lot of 4
monumento *m.* monument 4
morado/a *adj.* purple 6
moreno/a *adj.* brunet(te) 3
morir (o:ue) *v.* to die 8
mostrar (o:ue) *v.* to show 4
motocicleta *f.* motorcycle 5
motor *m.* motor
muchacho/a *m., f.* boy; girl 3
mucho/a *adj., adv.* a lot of; much 2; many 3
  (Muchas) gracias. Thank you (very much); Thanks (a lot). 1
  muchas veces *adv.* a lot; many times 10
  Muchísimas gracias. Thank you very, very much. 9
  Mucho gusto. Pleased to meet you. 1
muchísimo very much 2
mudarse *v.* to move (from one house to another) 12
muebles *m., pl.* furniture 12
muela *f.* tooth
muerte *f.* death 9
muerto/a *p.p.* died 14
mujer *f.* woman 1
  mujer de negocios *f.* business woman
  mujer policía *f.* female police officer
multa *f.* fine
mundial *adj. m., f.* worldwide
mundo *m.* world 8, 13
muro *m.* wall 15
músculo *m.* muscle 15
museo *m.* museum 4
música *f.* music 2
musical *adj. m., f.* musical

músico/a *m., f.* musician
muy *adv.* very 1
  Muy amable. That's very kind of you. 5
  (Muy) bien, gracias. (Very) well, thanks. 1

N

nacer *v.* to be born 9
nacimiento *m.* birth 9
nacional *adj. m., f.* national
nacionalidad *f.* nationality 1
nada nothing 1; not anything 7
  nada mal not bad at all 5
nadar *v.* to swim 4
nadie *pron.* no one, nobody, not anyone 7
naranja *f.* orange 8
nariz *f.* nose 10
natación *f.* swimming 4
natural *adj. m., f.* natural 13
naturaleza *f.* nature 13
navegador *m.* **GPS** GPS 11
navegar (en Internet) *v.* to surf (the Internet) 11
Navidad *f.* Christmas 9
necesario/a *adj.* necessary 12
necesitar (+ inf.) *v.* to need 2
negar (e:ie) *v.* to deny 13
  no negar (e:ie) *v.* not to deny 13
negocios *m., pl.* business; commerce
negro/a *adj.* black 6
nervioso/a *adj.* nervous 5
nevar (e:ie) *v.* to snow 5
  Nieva. It's snowing. 5
ni...ni neither... nor 7
niebla *f.* fog
nieto/a *m., f.* grandson/ granddaughter 3
nieve *f.* snow
ningún, ninguno/a(s) *adj.* no; none; not any 7
niñez *f.* childhood 9
niño/a *m., f.* child 3
no no; not 1
  ¿no? right? 1
  No cabe duda de... There is no doubt... 13
  No es para tanto. It's not a big deal. 12
  no es seguro it's not sure 13
  no es verdad it's not true 13
  No está nada mal. It's not bad at all. 5
  no estar de acuerdo to disagree
  No estoy seguro. I'm not sure.
  no hay there is not; there are not 1
  No hay de qué. You're welcome. 1
  No hay duda de... There is no doubt... 13

No hay problema. No problem. 7
¡No me diga(s)! You don't say!
No me gustan nada. I don't like them at all. 2
no muy bien not very well 1
No quiero. I don't want to. 4
No sé. I don't know.
No se preocupe. (*form.*) Don't worry. 7
No te preocupes. (*fam.*) Don't worry. 7
no tener razón to be wrong 3
noche *f.* night 1
nombre *m.* name 1
norte *m.* north 14
norteamericano/a *adj.* (North) American 3
nos *pl., d.o. pron.* us 5; *pl., i.o. pron.* to/for us 6
  Nos vemos. See you. 1
nosotros/as *sub. pron.* we 1; *ob. pron.* us
noticia *f.* news 11
noticias *f., pl.* news
noticiero *m.* newscast
novecientos/as nine hundred 2
noveno/a *adj.* ninth 5
noventa ninety 2
noviembre *m.* November 5
novio/a *m., f.* boyfriend/ girlfriend 3
nube *f.* cloud 13
nublado/a *adj.* cloudy 5
  Está (muy) nublado. It's very cloudy. 5
nuclear *adj. m. f.* nuclear 13
nuera *f.* daughter-in-law 3
nuestro(s)/a(s) *poss. adj.* our 3; (of ours) 11
nueve nine 1
nuevo/a *adj.* new 6
número *m.* number 1; (shoe) size 6
nunca *adj.* never; not ever 7
nutrición *f.* nutrition 15
nutricionista *m., f.* nutritionist 15

O

o or 7
o... o; either... or 7
obedecer *v.* to obey
obra *f.* work (*of art, literature, music, etc.*)
  obra maestra *f.* masterpiece
obtener *v.* to obtain; to get
obvio/a *adj.* obvious 13
océano *m.* ocean
ochenta eighty 2
ocho eight 1
ochocientos/as eight hundred 2
octavo/a *adj.* eighth 5
octubre *m.* October 5

ocupación *f.* occupation
ocupado/a *adj.* busy 5
ocurrir *v.* to occur; to happen
odiar *v.* to hate 9
oeste *m.* west 14
oficina *f.* office 12
oficio *m.* trade
ofrecer *v.* to offer 6
oído *m.* (sense of) hearing; inner ear 10
  oído/a *p.p.* heard 14
oír *v.* to hear 4
  Oiga/Oigan. *form., sing./pl.* Listen. (*in conversation*) 1
  Oye. *fam., sing.* Listen. (*in conversation*) 1
ojalá (que) *interj.* I hope (that); I wish (that) 13
ojo *m.* eye 10
olvidar *v.* to forget 10
once eleven 1
ópera *f.* opera
operación *f.* operation 10
ordenado/a *adj.* orderly 5
ordinal *adj.* ordinal (*number*)
oreja *f.* (outer) ear 10
organizarse *v.* to organize oneself 12
orquesta *f.* orchestra
ortografía *f.* spelling
ortográfico/a *adj.* spelling
os *fam., pl. d.o. pron.* you 5; *fam., pl. i.o. pron.* to/for you 6
otoño *m.* autumn 5
otro/a *adj.* other; another 6
  otra vez again

P

paciente *m., f.* patient 10
padrastro *m.* stepfather 3
padre *m.* father 3
  padres *m., pl.* parents 3
pagar *v.* to pay 6, 9
  pagar a plazos to pay in installments 14
  pagar al contado to pay in cash 14
  pagar en efectivo to pay in cash 14
  pagar la cuenta to pay the bill 9
página *f.* page 11
  página principal *f.* home page 11
país *m.* country 1
paisaje *m.* landscape 5
pájaro *m.* bird 13
palabra *f.* word 1
paleta helada *f.* popsicle 4
pálido/a *adj.* pale 14
pan *m.* bread 8
  pan tostado *m.* toasted bread 8
panadería *f.* bakery 14
pantalla *f.* screen 11
  pantalla táctil *f.* touch screen 11

pantalones *m., pl.* pants 6
  pantalones cortos *m., pl.* shorts 6
pantuflas *f.* slippers 7
papa *f.* potato 8
  papas fritas *f., pl.* fried potatoes; French fries 8
papá *m.* dad 3
  papás *m., pl.* parents 3
papel *m.* paper 2; role
papelera *f.* wastebasket 2
paquete *m.* package 14
par *m.* pair 6
  par de zapatos pair of shoes 6
para *prep.* for; in order to; by; used for; considering 11
  para que so that 13
parabrisas *m., sing.* windshield 11
parar *v.* to stop 11
parecer *v.* to seem 6
pared *f.* wall 12
pareja *f.* (married) couple; partner 9
parientes *m., pl.* relatives 3
parque *m.* park 4
párrafo *m.* paragraph
parte: de parte de on behalf of 11
partido *m.* game; match (*sports*) 4
pasado/a *adj.* last; past 6
  pasado *p.p.* passed
pasaje *m.* ticket 5
  pasaje de ida y vuelta *m.* roundtrip ticket 5
pasajero/a *m., f.* passenger 1
pasaporte *m.* passport 5
pasar *v.* to go through 5
  pasar la aspiradora to vacuum 12
  pasar por el banco to go by the bank 14
  pasar por la aduana to go through customs
  pasar tiempo to spend time
  pasarlo bien/mal to have a good/bad time 9
pasatiempo *m.* pastime; hobby 4
pasear *v.* to take a walk; to stroll 4
  pasear en bicicleta to ride a bicycle 4
  pasear por to walk around 4
pasillo *m.* hallway 12
pasta *f.* **de dientes** toothpaste 7
pastel *m.* cake; pie 9
  pastel de chocolate *m.* chocolate cake 9
  pastel de cumpleaños *m.* birthday cake
pastelería *f.* pastry shop 14
pastilla *f.* pill; tablet 10
patata *f.* potato; 8
  patatas fritas *f., pl.* fried potatoes; French fries 8
patinar (en línea) *v.* to (inline) skate 4

patineta *f.* skateboard 4
patio *m.* patio; yard 12
pavo *m.* turkey 8
paz *f.* peace
pedir (e:i) *v.* to ask for; to request 4; to order (*food*) 8
  pedir prestado *v.* to borrow 14
  pedir un préstamo *v.* to apply for a loan 14
  Todos me dijeron que te pidiera disculpas de su parte. They all told me to ask you to excuse them/forgive them.
peinarse *v.* to comb one's hair 7
película *f.* movie 4
peligro *m.* danger 13
peligroso/a *adj.* dangerous
pelirrojo/a *adj.* red-haired 3
pelo *m.* hair 7
pelota *f.* ball 4
peluquería *f.* beauty salon 14
peluquero/a *m., f.* hairdresser
penicilina *f.* penicillin 10
pensar (e:ie) *v.* to think 4
  pensar (+ *inf.*) *v.* to intend to; to plan to (*do something*) 4
  pensar en *v.* to think about 4
pensión *f.* boardinghouse
peor *adj.* worse 8
  el/la peor *adj.* the worst 8
pera *f.* pear 8
perder (e:ie) *v.* to lose; to miss 4
perdido/a *adj.* lost 13, 14
Perdón. Pardon me.; Excuse me. 1
perezoso/a *adj.* lazy
perfecto/a *adj.* perfect 5
periódico *m.* newspaper 4
periodismo *m.* journalism 2
periodista *m., f.* journalist 3
permiso *m.* permission
pero *conj.* but 2
perro *m.* dog 13
persona *f.* person 3
personaje *m.* character
  personaje principal *m.* main character
pesas *f. pl.* weights 15
pesca *f.* fishing
pescadería *f.* fish market 14
pescado *m.* fish (*cooked*) 8
pescar *v.* to fish 5
peso *m.* weight 15
pez *m., sing.* (**peces** *pl.*) fish (*live*) 13
pie *m.* foot 10
piedra *f.* stone 13
pierna *f.* leg 10
pimienta *f.* black pepper 8
pintar *v.* to paint
pintor(a) *m., f.* painter
pintura *f.* painting; picture 12
piña *f.* pineapple 8
piscina *f.* swimming pool 4
piso *m.* floor (*of a building*) 5
pizarra *f.* blackboard 2
placer *m.* pleasure 15

Ha sido un placer. It's been a pleasure. 15
planchar la ropa *v.* to iron the clothes 12
planes *m., pl.* plans 4
planta *f.* plant 13
  planta baja *f.* ground floor 5
plástico *m.* plastic 13
plato *m.* dish (*in a meal*) 8; *m.* plate 12
  plato principal *m.* main dish 8
playa *f.* beach 5
plaza *f.* city or town square 4
plazos *m., pl.* periods; time 14
pluma *f.* pen 2
plumero *m.* duster 12
población *f.* population 13
pobre *adj. m., f.* poor 6
pobrecito/a *adj.* poor thing 3
pobreza *f.* poverty
poco/a *adj.* little; few 5; 10
poder (o:ue) *v.* to be able to; can 4
  ¿Podría pedirte algo? Could I ask you something?
  ¿Puedo dejar un recado? May I leave a message? 11
poema *m.* poem
poesía *f.* poetry
poeta *m., f.* poet
policía *f.* police (force) 11
política *f.* politics
político/a *m., f.* politician; *adj.* political
pollo *m.* chicken 8
  pollo asado *m.* roast chicken 8
ponchar *v.* to go flat
poner *v.* to put; to place 4; *v.* to turn on (*electrical appliances*) 11
  poner la mesa *v.* to set the table 12
  poner una inyección *v.* to give an injection 10
ponerse (+ *adj.*) *v.* to become (+ *adj.*) 7; to put on 7
  ponerle el nombre to name someone/something 9
por *prep.* in exchange for; for; by; in; through; around; along; during; because of; on account of; on behalf of; in search of; by way of; by means of 11
  por aquí around here 11
  por avión by plane
  por ejemplo for example 11
  por eso that's why; therefore 11
  por favor please 1
  por fin finally 11
  por la mañana in the morning 7
  por la noche at night 7
  por la tarde in the afternoon 7
  por lo menos *adv.* at least 10
  ¿por qué? why? 2
  Por supuesto. Of course.
  por teléfono by phone; on the phone
  por último finally 7

porque *conj.* because 2
portátil *m.* portable 11
portero/a *m., f.* doorman/
doorwoman 1
porvenir *m.* future
   ¡Por el porvenir! Here's to the
   future!
posesivo/a *adj.* possessive 3
posible *adj.* possible 13
   es posible it's possible 13
   no es posible it's not
   possible 13
postal *f.* postcard 4
postre *m.* dessert 9
practicar *v.* to practice 2
   practicar deportes *m., pl.* to
   play sports 4
precio (fijo) *m.* (fixed; set)
   price 6
preferir (e:ie) *v.* to prefer 4
pregunta *f.* question
preguntar *v.* to ask (*a question*) 2
premio *m.* prize; award
prender *v.* to turn on 11
prensa *f.* press
preocupado/a (por) *adj.* worried
   (about) 5
preocuparse (por) *v.* to worry
   (about) 7
preparar *v.* to prepare 2
preposición *f.* preposition
presentación *f.* introduction
presentar *v.* to introduce; to
   present; to put on (*a
   performance*)
   Le presento a... I would like
   to introduce you to (name).
   (*form.*) 1
   Te presento a... I would like
   to introduce you to (name).
   (*fam.*) 1
presiones *f., pl.* pressures 15
prestado/a *adj.* borrowed
préstamo *m.* loan 14
prestar *v.* to lend; to loan 6
primavera *f.* spring 5
primer, primero/a *adj.* first 2, 5
primo/a *m., f.* cousin 3
principal *adj. m., f.* main 8
prisa *f.* haste 3
   darse prisa *v.* to hurry;
   to rush 15
probable *adj. m., f.* probable 13
   es probable it's probable 13
   no es probable it's not
   probable 13
probar (o:ue) *v.* to taste; to try 8
probarse (o:ue) *v.* to try on 7
problema *m.* problem 1
profesión *f.* profession 3
profesor(a) *m., f.* teacher 1, 2
programa *m.* 1
   programa de computación
   m. software 11
   programa de entrevistas *m.*
   talk show

programa de realidad *m.*
   reality show
programador(a) *m., f.* computer
   programmer 3
prohibir *v.* to prohibit 10;
   to forbid
pronombre *m.* pronoun
pronto *adv.* soon 10
propina *f.* tip 8
propio/a *adj.* own
proteger *v.* to protect 13
proteína *f.* protein 15
próximo/a *adj.* next 3
proyecto *m.* project 11
prueba *f.* test; quiz 2
psicología *f.* psychology 2
psicólogo/a *m., f.* psychologist
publicar *v.* to publish
público *m.* audience
pueblo *m.* town 4
puerta *f.* door 2
Puerto Rico *m.* Puerto Rico 1
puertorriqueño/a *adj.* Puerto
   Rican 3
pues *conj.* well
puesto *m.* position; job
puesto/a *p.p.* put 14
puro/a *adj.* pure 13

Q

que *pron.* that; which; who 12
   ¿En qué...? In which...? 2
   ¡Qué...! How...!
   ¡Qué dolor! What pain!
   ¡Qué ropa más bonita!
   What pretty clothes! 6
   ¡Qué sorpresa! What a
   surprise!
   ¿qué? what? 1
   ¿Qué día es hoy? What day is
   it? 2
   ¿Qué hay de nuevo? What's
   new? 1
   ¿Qué hora es? What time
   is it? 1
   ¿Qué les parece? What do
   you (*pl.*) think?
   Qué onda? What's up? 14
   ¿Qué pasa? What's happening?
   What's going on? 1
   ¿Qué pasó? What happened? 11
   ¿Qué precio tiene? What is
   the price?
   ¿Qué tal...? How are you?;
   How is it going? 1; How
   is/are...? 2
   ¿Qué talla lleva/usa? What
   size do you wear? 6
   ¿Qué tiempo hace? How's
   the weather? 5
quedar *v.* to be left over; to fit
   (*clothing*) 7; to be left behind; to
   be located 14
quedarse *v.* to stay; to remain 7
quehaceres domésticos *m., pl.*
   household chores 12

quemado/a *adj.* burned (out) 11
quemar (un CD/DVD) *v.* to burn
   (a CD/DVD)
querer (e:ie) *v.* to want; to love 4
queso *m.* cheese 8
quien(es) *pron.* who; whom;
   that 12
   ¿quién(es)? who?; whom? 1
   ¿Quién es...? Who is...? 1
   ¿Quién habla? Who is
   speaking/calling? (*telephone*) 11
química *f.* chemistry 2
quince fifteen 1
   menos quince quarter to
   (time) 1
   y quince quarter after (time) 1
quinceañera *f.* young woman
   celebrating her fifteenth birthday 9
quinientos/as *adj.* five
   hundred 2
quinto/a *adj.* fifth 5
quisiera *v.* I would like
quitar el polvo *v.* to dust 12
quitar la mesa *v.* to clear the
   table 12
quitarse *v.* to take off 7
quizás *adv.* maybe 5

R

racismo *m.* racism
radio *f.* radio (*medium*) 2;
   m. radio (set) 2
radiografía *f.* X-ray 10
rápido/a *adv.* quickly 10
ratón *m.* mouse 11
ratos libres *m., pl.* spare (free)
   time 4
raya *f.* stripe 6
razón *f.* reason 3
rebaja *f.* sale 6
receta *f.* prescription 10
recetar *v.* to prescribe 10
recibir *v.* to receive 3
reciclaje *m.* recycling 13
reciclar *v.* to recycle 13
recién casado/a *m., f.* newlywed 9
recoger *v.* to pick up 13
recomendar (e:ie) *v.* to
   recommend 8, 12
recordar (o:ue) *v.* to remember 4
recorrer *v.* to tour an area
recorrido *m.* tour 13
recuperar *v.* to recover 11
recurso *m.* resource 13
   recurso natural *m.* natural
   resource 13
red *f.* network; Web 11
reducir *v.* to reduce 13
refresco *m.* soft drink 8
refrigerador *m.* refrigerator 12
regalar *v.* to give (a gift) 9
regalo *m.* gift 6
regatear *v.* to bargain 6
región *f.* region; area 13
regresar *v.* to return 2

regular *adv.* so-so.; OK 1
reído *p.p.* laughed 14
reírse (e:i) *v.* to laugh 9
relaciones *f., pl.* relationships
relajarse *v.* to relax 9
reloj *m.* clock; watch 2
renovable *adj.* renewable 13
renunciar (a) *v.* to resign
  (from)
repetir (e:i) *v.* to repeat 4
reportaje *m.* report
reportero/a *m., f.* reporter;
  journalist
representante *m., f.*
  representative
reproductor de CD *m.* CD
  player 11
reproductor de DVD *m.* DVD
  player 11
reproductor de MP3 *m.* MP3
  player 11
resfriado *m.* cold (*illness*) 10
residencia estudiantil *f.*
  dormitory 2
resolver (o:ue) *v.* to resolve; to
  solve 13
respirar *v.* to breathe 13
responsable *adj.* responsible 8
respuesta *f.* answer
restaurante *m.* restaurant 4
resuelto/a *p.p.* resolved 14
reunión *f.* meeting
revisar *v.* to check 11
  revisar el aceite *v.* to check
    the oil 11
revista *f.* magazine 4
rico/a *adj.* rich 6; *adj.* tasty;
  delicious 8
ridículo/a *adj.* ridiculous 13
río *m.* river 13
riquísimo/a *adj.* extremely
  delicious 8
rodilla *f.* knee 10
rogar (o:ue) *v.* to beg; to
  plead 12
rojo/a *adj.* red 6
romántico/a *adj.* romantic 9
romper *v.* to break 10
  romperse la pierna *v.* to break
    one's leg 10
  romper (con) *v.* to break up
    (with) 9
ropa *f.* clothing; clothes 6
  ropa interior *f.* underwear 6
rosado/a *adj.* pink 6
roto/a *adj.* broken 10, 14
rubio/a *adj.* blond(e) 3
ruso/a *adj.* Russian 3
rutina *f.* routine 7
  rutina diaria *f.* daily routine 7

S

sábado *m.* Saturday 2
saber *v.* to know; to know how 6;
  to taste 8
  saber a to taste like 8

sabrosísimo/a *adj.* extremely
  delicious 8
sabroso/a *adj.* tasty; delicious 8
sacar *v.* to take out
  sacar buenas notas to get
    good grades 2
  sacar fotos to take photos 5
  sacar la basura to take out
    the trash 12
  sacar(se) un diente to have a
    tooth removed 10
sacudir *v.* to dust 12
  sacudir los muebles to dust
    the furniture 12
sal *f.* salt 8
sala *f.* living room 12; room
  sala de emergencia(s)
    emergency room 10
salario *m.* salary
salchicha *f.* sausage 8
salida *f.* departure; exit 5
salir *v.* to leave 4; to go out
  salir (con) to go out (with);
    to date 9
  salir de to leave from
  salir para to leave for
    (*a place*)
salmón *m.* salmon 8
salón de belleza *m.* beauty
  salon 14
salud *f.* health 10
saludable *adj.* healthy 10
saludar(se) *v.* to greet (each
  other) 11
saludo *m.* greeting 1
  saludos a... greetings to... 1
sandalia *f.* sandal 6
sandía *f.* watermelon
sándwich *m.* sandwich 8
sano/a *adj.* healthy 10
se *ref. pron.* himself, herself,
  itself, *form.* yourself, themselves,
  yourselves 7
se *impersonal* one 10
  Se nos dañó... The... broke
    down. 11
  Se hizo... He/she/it became...
  Se nos pinchó una llanta.
    We had a flat tire. 11
secadora *f.* clothes dryer 12
secarse *v.* to dry oneself 7
sección de (no) fumar *f.* (non)
  smoking section 8
secretario/a *m., f.* secretary
secuencia *f.* sequence
sed *f.* thirst 3
seda *f.* silk 6
sedentario/a *adj.* sedentary;
  related to sitting 15
seguir (e:i) *v.* to follow; to
  continue 4
según according to
segundo/a *adj.* second 5
seguro/a *adj.* sure; safe 5
seis six 1
seiscientos/as six
  hundred 2
sello *m.* stamp 14
selva *f.* jungle 13
semáforo *m.* traffic light 14
semana *f.* week 2

fin *m.* **de semana** weekend 4
  semana *f.* **pasada** last week 6
semestre *m.* semester 2
sendero *m.* trail; trailhead 13
sentarse (e:ie) *v.* to sit down 7
sentir(se) (e:ie) *v.* to feel 7; to be
  sorry; to regret 13
señor (Sr.); don *m.* Mr.; sir 1
señora (Sra.); doña *f.* Mrs.;
  ma'am 1
señorita (Srta.) *f.* Miss 1
separado/a *adj.* separated 9
separarse (de) *v.* to separate
  (from) 9
septiembre *m.* September 5
séptimo/a *adj.* seventh 5
ser *v.* to be 1
  ser aficionado/a (a) to be a
    fan (of) 4
  ser alérgico/a (a) to be allergic
    (to) 10
  ser gratis to be free of
    charge 14
serio/a *adj.* serious
servicio *m.* service 15
servilleta *f.* napkin 12
servir (e:i) *v.* to serve 8; to help 5
sesenta sixty 2
setecientos/as *adj.* seven
  hundred 2
setenta seventy 2
sexismo *m.* sexism
sexto/a *adj.* sixth 5
sí *adv.* yes 1
si *conj.* if 4
SIDA *m.* AIDS
sido *p.p.* been 15
siempre *adv.* always 7
siete seven 1
silla *f.* seat 2
sillón *m.* armchair 12
similar *adj. m., f.* similar
simpático/a *adj.* nice; likeable 3
sin *prep.* without 2, 13
  sin duda without a doubt
  sin embargo however
  sin que *conj.* without 13
sino but (rather) 7
síntoma *m.* symptom 10
sitio *m.* place 3
sitio *m.* **web**; website 11
situado/a *p.p.* located
sobre *m.* envelope 14; *prep.*
  on; over 2
  sobre todo above all 13
(sobre)población *f.*
  (over)population 13
sobrino/a *m., f.* nephew; niece 3
sociología *f.* sociology 2
sofá *m.* couch; sofa 12
sol *m.* sun 4; 5; 13
solar *adj. m., f.* solar 13
soldado *m., f.* soldier
soleado/a *adj.* sunny
solicitar *v.* to apply (*for a job*)
solicitud (de trabajo) *f.* (job)
  application
sólo *adv.* only 3
solo/a *adj.* alone

soltero/a *adj.* single 9
solución *f.* solution 13
sombrero *m.* hat 6
Son las dos. It's two o'clock. 1
sonar (o:ue) *v.* to ring 11
sonreído *p.p.* smiled 14
sonreír (e:i) *v.* to smile 9
sopa *f.* soup 8
sorprender *v.* to surprise 9
sorpresa *f.* surprise 9
sótano *m.* basement; cellar 12
soy I am 1
  Soy de... I'm from... 1
  Soy yo. That's me.
su(s) *poss. adj.* his; her; its; *form.* your; their 3
subir(se) a *v.* to get on/into (*a vehicle*) 11
sucio/a *adj.* dirty 5
sudar *v.* to sweat 15
suegro/a *m., f.* father-in-law; mother-in-law 3
sueldo *m.* salary
suelo *m.* floor 12
sueño *m.* sleep 3
suerte *f.* luck 3
suéter *m.* sweater 6
sufrir *v.* to suffer 10
  sufrir muchas presiones to be under a lot of pressure 15
  sufrir una enfermedad to suffer an illness 10
sugerir (e:ie) *v.* to suggest 12
supermercado *m.* supermarket 14
suponer *v.* to suppose 4
sur *m.* south 14
sustantivo *m.* noun
suyo(s)/a(s) *poss.* (of) his/her; (of) hers; (of) its; (of) *form.* your, (of) yours, (of) their 11

T

tabla de (wind)surf *f.* surf board/sailboard 3
tal vez *adv.* maybe 5
talentoso/a *adj.* talented
talla *f.* size 6
  talla grande *f.* large
taller *m.* **mecánico** garage; mechanic's repairshop 11
también *adv.* also; too 2; 7
tampoco *adv.* neither; not either 7
tan *adv.* so 5
  tan... como as... as 8
  tan pronto como *conj.* as soon as 13
tanque *m.* tank 11
tanto *adv.* so much
  tanto... como as much... as 8
  tantos/as... como as many... as 8
tarde *adv.* late 7; *f.* afternoon; evening; P.M. 1
tarea *f.* homework 2
tarjeta *f.* (post) card
tarjeta de crédito *f.* credit card 6

tarjeta postal *f.* postcard 4
taxi *m.* taxi 5
taza *f.* cup 12
te *sing., fam., d.o. pron.* you 5; *sing., fam., i.o. pron.* to/for you 6
  Te presento a... *fam.* I would like to introduce you to (name). 1
  ¿Te gustaría? Would you like to?
  ¿Te gusta(n)...? Do you like...? 2
té *m.* tea 8
  té helado *m.* iced tea 8
teatro *m.* theater
teclado *m.* keyboard 11
técnico/a *m., f.* technician
tejido *m.* weaving
teleadicto/a *m., f.* couch potato 15
(teléfono) celular *m.* (cell) phone 11
telenovela *f.* soap opera
teletrabajo *m.* telecommuting
televisión *f.* television 2; 11
televisión por cable *f.* cable television 11
televisor *m.* television set 11
temer *v.* to fear 13
temperatura *f.* temperature 10
temporada *f.* period of time 5
temprano *adv.* early 7
tenedor *m.* fork 12
tener *v.* to have 3
  tener... años to be... years old 3
  Tengo... años. I'm... years old. 3
  tener (mucho) calor to be (very) hot 3
  tener (mucho) cuidado to be (very) careful 3
  tener dolor to have a pain 10
  tener éxito to be successful
  tener fiebre to have a fever 10
  tener (mucho) frío to be (very) cold 3
  tener ganas de (+ inf.) to feel like (*doing something*) 3
  tener (mucha) hambre *f.* to be (very) hungry 3
  tener (mucho) miedo (de) to be (very) afraid (of); to be (very) scared (of) 3
  tener miedo (de) que to be afraid that
  tener planes *m., pl.* to have plans 4
  tener (mucha) prisa to be in a (big) hurry 3
  tener que (+ inf.) *v.* to have to (*do something*) 3
  tener razón *f.* to be right 3
  tener (mucha) sed *f.* to be (very) thirsty 3
  tener (mucho) sueño to be (very) sleepy 3
  tener (mucha) suerte to be (very) lucky 3

  tener tiempo to have time 4
  tener una cita to have a date; to have an appointment 9
tenis *m.* tennis 4
tensión *f.* tension 15
tercer, tercero/a *adj.* third 5
terco/a *adj.* stubborn 10
terminar *v.* to end; to finish 2
  terminar de (+ inf.) *v.* to finish (*doing something*) 4
terremoto *m.* earthquake
terrible *adj. m., f.* terrible 13
ti *prep., obj. of prep., fam.* you
tiempo *m.* time 4; weather 5
  tiempo libre free time
tienda *f.* shop; store 6
tierra *f.* land; soil 13
tinto/a *adj.* red (wine) 8
tío/a *m., f.* uncle; aunt 3
tíos *m., pl.* aunts and uncles 3
título *m.* title
tiza *f.* chalk 2
toalla *f.* towel 7
tobillo *m.* ankle 10
tocar *v.* to play (*a musical instrument*); to touch
todavía *adv.* yet; still 3, 5
todo *m.* everything 5
  en todo el mundo throughout the world 13
  Todo está bajo control. Everything is under control. 7
  todo derecho straight (ahead) 14
todo(s)/a(s) *adj.* all 4; whole
todos *m., pl.* all of us; *m., pl.* everybody; everyone
todos los días *adv.* every day 10
tomar *v.* to take; to drink 2
  tomar clases *f., pl.* to take classes 2
  tomar el sol to sunbathe 4
  tomar en cuenta to take into account
  tomar fotos *f., pl.* to take photos 5
  tomar la temperatura to take someone's temperature 10
  tomar una decisión to make a decision 15
tomate *m.* tomato 8
tonto/a *adj.* silly; foolish 3
torcerse (o:ue) (el tobillo) *v.* to sprain (one's ankle) 10
torcido/a *adj.* twisted; sprained 10
tormenta *f.* storm
tornado *m.* tornado
tortilla *f.* tortilla 8
  tortilla de maíz corn tortilla 8
tortuga (marina) *f.* (sea) turtle 13
tos *f., sing.* cough 10
toser *v.* to cough 10
tostado/a *adj.* toasted 8
tostadora *f.* toaster 12
trabajador(a) *adj.* hard-working 3
trabajar *v.* to work 2
trabajo *m.* job; work

traducir *v.* to translate 6
traer *v.* to bring 4
tráfico *m.* traffic 11
tragedia *f.* tragedy
traído/a *p.p.* brought 14
traje *m.* suit 6
   traje (de baño) *m.* (bathing)
    suit 6
trajinera *f.* type of barge 3
tranquilo/a *adj.* calm; quiet 15
   Tranquilo. Don't worry.; Be
    cool. 7
   Tranquilo/a, cariño. Relax,
    sweetie. 11
transmitir *v.* to broadcast
tratar de (+ inf.) *v.* to try (*to do
   something*) 15
trece thirteen 1
treinta thirty 1, 2
   y treinta thirty minutes past the
    hour (time) 1
tren *m.* train 5
tres three 1
trescientos/as *adj.* three
   hundred 2
trimestre *m.* trimester; quarter 2
triste *adj.* sad 5
tú *fam. sub. pron.* you 1
   Tú eres... You are... 1
tu(s) *fam. poss. adj.* your 3
turismo *m.* tourism 5
turista *m., f.* tourist
turístico/a *adj.* touristic
tuyo(s)/a(s) *fam. poss. pron.*
   your; (of) yours 11

U

Ud. *form. sing.* you 1
Uds. *form., pl.* you 1
último/a *adj.* last 7
   la última vez the last time 7
un, uno/a *indef. art.* a; one 1
   uno/a *m., f., sing. pron.* one 1
    a la una at one o'clock 1
   una vez once; one time 6
   una vez más one more time 9
único/a *adj.* only 3; unique 9
universidad *f.* university;
   college 2
unos/as *m., f., pl. indef. art.*
   some 1
   los unos a los otros each
    other 11
   unos/as *pron.* some 1
urgente *adj.* urgent 12
usar *v.* to wear; to use 6
usted (Ud.) *form. sing.* you 1
   ustedes (Uds.) *form., pl.* you 1
útil *adj.* useful
uva *f.* grape 8

V

vaca *f.* cow 13
vacaciones *f. pl.* vacation 5

valle *m.* valley 13
vamos let's go 4
vaquero *m.* cowboy
   de vaqueros *m., pl.* western
    (genre)
varios/as *adj. m. f., pl.* various;
   several 8
vaso *m.* glass 12
veces *f., pl.* times 6
vecino/a *m., f.* neighbor 12
veinte twenty 1
veinticinco twenty-five 1
veinticuatro twenty-four 1
veintidós twenty-two 1
veintinueve twenty-nine 1
veintiocho twenty-eight 1
veintiséis twenty-six 1
veintisiete twenty-seven 1
veintitrés twenty-three 1
veintiún, veintiuno/a
   twenty-one 1
vejez *f.* old age 9
velocidad *f.* speed 11
   velocidad máxima *f.* speed
    limit 11
vencer *v.* to expire 14
vendedor(a) *m., f.* salesperson 6
vender *v.* to sell 6
venir *v.* to come 3
ventana *f.* window 2
ver *v.* to see 4
   a ver *v.* let's see 2
   ver películas *f., pl.* to see
    movies 4
verano *m.* summer 5
verbo *m.* verb
verdad *f.* truth
   ¿verdad? right? 1
verde *adj., m. f.* green 6
verduras *pl., f.* vegetables 8
vestido *m.* dress 6
vestirse (e:i) *v.* to get dressed 7
vez *f.* time 6
viajar *v.* to travel 2
viaje *m.* trip 5
viajero/a *m., f.* traveler 5
vida *f.* life 9
video *m.* video 1, 11
videoconferencia *f.*
   videoconference
videojuego *m.* video game 4
vidrio *m.* glass 13
viejo/a *adj.* old 3
viento *m.* wind 5
viernes *m., sing.* Friday 2
vinagre *m.* vinegar 8
vino *m.* wine 8
   vino blanco *m.* white wine 8
   vino tinto *m.* red wine 8
violencia *f.* violence
visitar *v.* to visit 4
   visitar monumentos *m., pl.*
    to visit monuments 4
visto/a *p.p.* seen 14
vitamina *f.* vitamin 15

viudo/a *adj.* widower/widow 9
vivienda *f.* housing 12
vivir *v.* to live 3
vivo/a *adj.* bright; lively; living
volante *m.* steering wheel 11
volcán *m.* volcano 13
vóleibol *m.* volleyball 4
volver (o:ue) *v.* to return 4
volver a ver(te, lo, la) *v.* to see
   (you, him, her) again
vos *pron.* you
vosotros/as *form., pl.* you 1
votar *v.* to vote
vuelta *f.* return trip
vuelto/a *p.p.* returned 14
vuestro(s)/a(s) *poss. adj.* your 3;
   (of) yours *fam.* 11

W

walkman *m.* walkman

Y

y *conj.* and 1
   y cuarto quarter after (time) 1
   y media half-past (time) 1
   y quince quarter after (time) 1
   y treinta thirty (minutes past
    the hour) 1
   ¿Y tú? *fam.* And you? 1
   ¿Y usted? *form.* And you? 1
ya *adv.* already 6
yerno *m.* son-in-law 3
yo *sub. pron.* I 1
   Yo soy... I'm... 1
yogur *m.* yogurt 8

Z

zanahoria *f.* carrot 8
zapatería *f.* shoe store 14
zapatos de tenis *m., pl.* tennis
   shoes, sneakers 6

English-Spanish

A

a **un/a** *m., f., sing.; indef. art.* 1
@ (*symbol*) **arroba** *f.* 11
A.M. **mañana** *f.* 1
able: be able to **poder (o:ue)** *v.* 4
aboard **a bordo** 1
above all **sobre todo** 13
accident **accidente** *m.* 10
accompany **acompañar** *v.* 14
account **cuenta** *f.* 14
  on account of **por** *prep.* 11
accountant **contador(a)** *m., f.*
accounting **contabilidad** *f.* 2
ache **dolor** *m.* 10
acquainted: be acquainted with
  conocer *v.* 6
action (genre) **de acción** *f.*
active **activo/a** *adj.* 15
actor **actor** *m.*, **actriz** *f.*
addict (*drug*) **drogadicto/a**
  adj. 15
additional **adicional** *adj.*
address **dirección** *f.* 14
adjective **adjetivo** *m.*
adolescence **adolescencia** *f.* 9
adventure (genre) **de aventura** *f.*
advertise **anunciar** *v.*
advertisement **anuncio** *m.*
advice **consejo** *m.* 6
  give advice **dar consejos** 6
advise **aconsejar** *v.* 12
advisor **consejero/a** *m., f.*
aerobic **aeróbico/a** *adj.* 15
  aerobics class **clase de**
   ejercicios aeróbicos 15
  to do aerobics **hacer ejercicios**
   aeróbicos 15
affected **afectado/a** *adj.* 13
  be affected (by) **estar** *v.*
   afectado/a (por) 13
affirmative **afirmativo/a** *adj.*
afraid: be (very) afraid (of) **tener**
  (mucho) miedo (de) 3
  be afraid that **tener miedo**
   (de) que
after **después de** *prep.* 7;
  después de que *conj.* 13
afternoon **tarde** *f.* 1
afterward **después** *adv.* 7
again **otra vez**
age **edad** *f.* 9
agree **concordar** *v.*
agree **estar** *v.* **de acuerdo**
  I agree. **Estoy de acuerdo.**
  I don't agree. **No estoy de**
   acuerdo.
agreement **acuerdo** *m.*
AIDS **SIDA** *m.*
air **aire** *m.* 13
  air pollution **contaminación**
   del aire 13
airplane **avión** *m.* 5
airport **aeropuerto** *m.* 5
alarm clock **despertador** *m.* 7
alcohol **alcohol** *m.* 15

to consume alcohol **consumir**
  alcohol 15
alcoholic **alcohólico/a** *adj.* 15
all **todo(s)/a(s)** *adj.* 4
  all of us **todos** 1
  all over the world **en todo el**
   mundo
allergic **alérgico/a** *adj.* 10
  be allergic (to) **ser alérgico/a**
   (a) 10
alleviate **aliviar** *v.*
almost **casi** *adv.* 10
alone **solo/a** *adj.*
along **por** *prep.* 11
already **ya** *adv.* 6
also **también** *adv.* 2; 7
altar **altar** *m.* 9
aluminum **aluminio** *m.* 13
  (made) of aluminum **de**
   aluminio 13
always **siempre** *adv.* 7
American (*North*)
  norteamericano/a *adj.* 3
among **entre** *prep.* 2
amusement **diversión** *f.*
and **y** 1, **e** (*before words beginning*
  with i or hi) 4
  And you? **¿Y tú?** *fam.* 1;
   ¿Y usted? *form.* 1
angel **ángel** *m.* 9
angry **enojado/a** *adj.* 5
  get angry (with) **enojarse** *v.*
   (con) 7
animal **animal** *m.* 13
ankle **tobillo** *m.* 10
anniversary **aniversario** *m.* 9
  (wedding) anniversary
   aniversario *m.* **(de bodas)** 9
announce **anunciar** *v.*
announcer (*TV/radio*) **locutor(a)**
  m., f.
annoy **molestar** *v.* 7
another **otro/a** *adj.* 6
answer **contestar** *v.* 2;
  respuesta *f.*
answering machine **contestadora** *f.*
antibiotic **antibiótico** *m.* 10
any **algún, alguno/a(s)** *adj.* 7
anyone **alguien** *pron.* 7
anything **algo** *pron.* 7
apartment **apartamento** *m.* 12
apartment building **edificio de**
  apartamentos 12
appear **parecer** *v.*
appetizers **entremeses** *m., pl.* 8
applaud **aplaudir** *v.*
apple **manzana** *f.* 8
appliance (electric)
  electrodoméstico *m.* 12
applicant **aspirante** *m., f.*
application **solicitud** *f.*
  job application **solicitud de**
   trabajo
apply (*for a job*) **solicitar** *v.*
  apply for a loan **pedir (e:ie)** *v.*
   un préstamo 14
appointment **cita** *f.* 9
  have an appointment **tener** *v.*
   una cita 9
appreciate **apreciar** *v.*

April **abril** *m.* 5
aquatic **acuático/a** *adj.*
archaeologist **arqueólogo/a**
  m., f.
archaeology **arqueología** *f.* 2
architect **arquitecto/a** *m., f.*
area **región** *f.* 13
Argentina **Argentina** *f.* 1
Argentine **argentino/a** *adj.* 3
arm **brazo** *m.* 10
armchair **sillón** *m.* 12
army **ejército** *m.*
around **por** *prep.* 11
  around here **por aquí** 11
arrange **arreglar** *v.* 11
arrival **llegada** *f.* 5
arrive **llegar** *v.* 2
art **arte** *m.* 2
  (fine) arts **bellas artes** *f., pl.*
article *m.* **artículo**
artist **artista** *m., f.* 3
artistic **artístico/a** *adj.*
arts **artes** *f., pl.*
as **como** 8
  as a child **de niño/a** 10
  as... as **tan... como** 8
  as many... as **tantos/as...**
   como 8
  as much... as **tanto...**
   como 8
  as soon as **en cuanto** *conj.* 13;
   tan pronto como *conj.* 13
ask (*a question*) **preguntar** *v.* 2
  ask for **pedir (e:i)** *v.* 4
asparagus **espárragos** *m., pl.* 8
aspirin **aspirina** *f.* 10
at **a** *prep.* 1; **en** *prep.* 2
  at + *time* **a la(s)** + *time* 1
  at home **en casa** 7
  at least **por lo menos** 10
  at night **por la noche** 7
  at the end (of) **al fondo (de)** 12
  At what time...? **¿A qué**
   hora...? 1
  At your service. **A sus**
   órdenes. 11
ATM **cajero automático** *m.* 14
attempt **intento** *m.* **11**
attend **asistir (a)** *v.* 3
attic **altillo** *m.* 12
attract **atraer** *v.* 4
audience **público** *m.*
August **agosto** *m.* 5
aunt **tía** *f.* 3
  aunts and uncles **tíos** *m., pl.* 3
automobile **automóvil** *m.* 5;
  carro *m.*; **coche** *m.* 11
autumn **otoño** *m.* 5
avenue **avenida** *f.*
avoid **evitar** *v.* 13
award **premio** *m.*

B

backpack **mochila** *f.* 2
bad **mal, malo/a** *adj.* 3
  It's bad that... **Es malo**
   que... 12

It's not at all bad. **No está nada mal.** 5
bag **bolsa** *f.* 6
bakery **panadería** *f.* 14
balanced **equilibrado/a** *adj.* 15
  to eat a balanced diet **comer una dieta equilibrada** 15
balcony **balcón** *m.* 12
ball **pelota** *f.* 4
banana **banana** *f.* 8
band **banda** *f.*
bank **banco** *m.* 14
bargain **ganga** *f.* 6; **regatear** *v.* 6
baseball (*game*) **béisbol** *m.* 4
basement **sótano** *m.* 12
basketball (*game*) **baloncesto** *m.* 4
bathe **bañarse** *v.* 7
bathing suit **traje** *m.* **de baño** 6
bathroom **baño** *m.* 7; **cuarto de baño** *m.* 7
be **ser** *v.* 1; **estar** *v.* 2
  be... years old **tener... años** 3
  be sick of... **estar harto/a de...**
beach **playa** *f.* 5
beans **frijoles** *m., pl.* 8
beautiful **hermoso/a** *adj.* 6
beauty **belleza** *f.* 14
  beauty salon **peluquería** *f.* 14; **salón** *m.* **de belleza** 14
because **porque** *conj.* 2
  because of **por** *prep.* 11
become (+ *adj.*) **ponerse (+ adj.)** 7; **convertirse** *v.*
bed **cama** *f.* 5
  go to bed **acostarse (o:ue)** *v.* 7
bedroom **alcoba** *f.*; **dormitorio** *m.* 12; **recámara** *f.*
beef **carne de res** *f.* 8
been **sido** *p.p.* 15
beer **cerveza** *f.* 8
before **antes** *adv.* 7; **antes de** *prep.* 7; **antes (de) que** *conj.* 13
beg **rogar (o:ue)** *v.* 12
begin **comenzar (e:ie)** *v.* 4; **empezar (e:ie)** *v.* 4
behalf: on behalf of **de parte de** 11
behind **detrás de** *prep.* 2
believe (in) **creer** *v.* **(en)** 3; **creer** *v.* 13
  not to believe **no creer** 13
believed **creído/a** *p.p.* 14
bellhop **botones** *m., f. sing.* 5
below **debajo de** *prep.* 2
belt **cinturón** *m.* 6
benefit **beneficio** *m.*
beside **al lado de** *prep.* 2
besides **además (de)** *adv.* 10
best **mejor** *adj.*
  the best **el/la mejor** *m., f.* 8; **lo mejor** *neuter*
better **mejor** *adj.* 8
  It's better that... **Es mejor que...** 12
between **entre** *prep.* 2
beverage **bebida** *f.*

alcoholic beverage **bebida alcohólica** *f.* 15
bicycle **bicicleta** *f.* 4
big **gran, grande** *adj.* 3
bill **cuenta** *f.* 9
billion **mil millones**
biology **biología** *f.* 2
bird **ave** *f.* 13; **pájaro** *m.* 13
birth **nacimiento** *m.* 9
birthday **cumpleaños** *m., sing.* 9
  have a birthday **cumplir** *v.* **años** 9
black **negro/a** *adj.* 6
blackboard **pizarra** *f.* 2
blanket **manta** *f.* 12
block (city) **cuadra** *f.* 14
blog **blog** *m.* 11
blond(e) **rubio/a** *adj.* 3
blouse **blusa** *f.* 6
blue **azul** *adj. m., f.* 6
boarding house **pensión** *f.*
boat **barco** *m.* 5
body **cuerpo** *m.* 10
bone **hueso** *m.* 10
book **libro** *m.* 2
bookcase **estante** *m.* 12
bookshelves **estante** *m.* 12
bookstore **librería** *f.* 2
boot **bota** *f.* 6
bore **aburrir** *v.* 7
bored **aburrido/a** *adj.* 5
  be bored **estar** *v.* **aburrido/a** 5
  get bored **aburrirse** *v.*
boring **aburrido/a** *adj.* 5
born: be born **nacer** *v.* 9
borrow **pedir (e:ie)** *v.* **prestado** 14
borrowed **prestado/a** *adj.*
boss **jefe** *m.*, **jefa** *f.*
bother **molestar** *v.* 7
bottle **botella** *f.* 9
  bottle of wine **botella de vino** 9
bottom **fondo** *m.*
boulevard **bulevar** *m.*
boy **chico** *m.* 1; **muchacho** *m.* 3
boyfriend **novio** *m.* 3
brakes **frenos** *m., pl.*
bread **pan** *m.* 8
break **romper** *v.* 10
  break (one's leg) **romperse (la pierna)** 10
break down **dañar** *v.* 10
  The... broke down. **Se nos dañó el/la...** 11
  break up (with) **romper** *v.* **(con)** 9
breakfast **desayuno** *m.* 2, 8
  have breakfast **desayunar** *v.* 2
breathe **respirar** *v.* 13
bring **traer** *v.* 4
broadcast **transmitir** *v.*; **emitir** *v.*
brochure **folleto** *m.*
broken **roto/a** *adj.* 10, 14
  be broken **estar roto/a** 10
brother **hermano** *m.* 3

brother-in-law **cuñado** *m., f.* 3
brothers and sisters **hermanos** *m., pl.* 3
brought **traído/a** *p.p.* 14
brown **café** *adj.* 6; **marrón** *adj.* 6
brunet(te) **moreno/a** *adj.* 3
brush **cepillar** *v.* 7
  brush one's hair **cepillarse el pelo** 7
  brush one's teeth **cepillarse los dientes** 7
bucket **balde** *m.* 5
build **construir** *v.* 4
building **edificio** *m.* 12
bump into (*something accidentally*) **darse con** 10; (*someone*) **encontrarse** *v.* 11
burn (a CD/DVD) **quemar** *v.* **(un CD/DVD)**
burned (out) **quemado/a** *adj.* 11
bus **autobús** *m.* 1
  bus station **estación** *f.* **de autobuses** 5
business **negocios** *m. pl.*
  business administration **administración** *f.* **de empresas** 2
  business-related **comercial** *adj.*
businessperson **hombre** *m.* **/ mujer** *f.* **de negocios**
busy **ocupado/a** *adj.* 5
but **pero** *conj.* 2; (*rather*) **sino** *conj.* (*in negative sentences*) 7
butcher shop **carnicería** *f.* 14
butter **mantequilla** *f.* 8
buy **comprar** *v.* 2
by **por** *prep.* 11; **para** *prep.* 11
  by means of **por** *prep.* 11
  by phone **por teléfono** 11
  by plane **en avión** 5
  by way of **por** *prep.* 11
bye **chau** *interj. fam.* 1

C

cable television **televisión** *f.* **por cable** *m.* 11
café **café** *m.* 4
cafeteria **cafetería** *f.* 2
caffeine **cafeína** *f.* 15
cake **pastel** *m.* 9
  chocolate cake **pastel de chocolate** *m.* 9
calculator **calculadora** *f.* 2
call **llamar** *v.* 11
  be called **llamarse** *v.* 7
  call on the phone **llamar por teléfono**
calm **tranquilo/a** *adj.* 15
calorie **caloría** *f.* 15
camera **cámara** *f.* 11
camp **acampar** *v.* 5
can (*tin*) **lata** *f.* 13
can **poder (o:ue)** *v.* 4
  Could I ask you something? **¿Podría pedirte algo?**

Canadian **canadiense** *adj.* 3

candidate **aspirante** *m., f.;*
candidate **candidato/a** *m., f.*

candy **dulces** *m., pl.* 9

capital city **capital** *f.* 1

car **coche** *m.* 11; **carro** *m.* 11;
auto(móvil) *m.* 5

caramel **caramelo** *m.* 9

card **tarjeta** *f.;* (*playing*)
carta *f.* 5

care **cuidado** *m.* 3
Take care! **¡Cuídense!** *v.* 15
take care of **cuidar** *v.* 13

career **carrera** *f.*

careful: be (very) careful **tener** *v.*
(mucho) cuidado 3

caretaker **ama** *m., f.* **de casa** 12

carpenter **carpintero/a** *m., f.*

carpet **alfombra** *f.* 12

carrot **zanahoria** *f.* 8

carry **llevar** *v.* 2

cartoons **dibujos** *m, pl.*
animados

case: in case (that) **en caso (de)**
que 13

cash (a check) **cobrar** *v.* 14;
cash **(en) efectivo** 6
cash register **caja** *f.* 6
pay in cash **pagar** *v.* **al contado**
14; **pagar en efectivo** 14

cashier **cajero/a** *m., f.*

cat **gato** *m.* 13

CD **disco compacto** *m.* 11

CD player **reproductor de CD**
m. 11

CD-ROM **cederrón** *m.* 11

celebrate **celebrar** *v.* 9

celebration **celebración** *f.*
young woman's fifteenth
birthday celebration
quinceañera *f.* 9

cellar **sótano** *m.* 12

(cell) phone **(teléfono)**
celular *m.* 11

cemetery **cementerio** *m.* 9

cereal **cereales** *m., pl.* 8

certain **cierto** *m.;* **seguro** *m.* 13
it's (not) certain **(no) es**
cierto/seguro 13

chalk **tiza** *f.* 2

champagne **champán** *m.* 9

change: in change **de cambio** 2

change **cambiar** *v.* **(de)** 9

channel (*TV*) **canal** *m.* 11

character (*fictional*) **personaje**
m. 11
(main) character *m.* **personaje**
(principal)

chat **conversar** *v.* 2

chauffeur **conductor(a)** *m., f.* 1

cheap **barato/a** *adj.* 6

check **comprobar (o:ue)** *v.;*
revisar *v.* 11; (*bank*) **cheque**
m. 14
check the oil **revisar el aceite** 11

checking account **cuenta** *f.*
corriente 14

cheese **queso** *m.* 8

chef **cocinero/a** *m., f.*

chemistry **química** *f.* 2

chest of drawers **cómoda** *f.* 12

chicken **pollo** *m.* 8

child **niño/a** *m., f.* 3

childhood **niñez** *f.* 9

children **hijos** *m., pl.* 3

Chinese **chino/a** *adj.* 3

chocolate **chocolate** *m.* 9
chocolate cake **pastel** *m.* **de**
chocolate 9

cholesterol **colesterol** *m.* 15

choose **escoger** *v.* 8

chop (*food*) **chuleta** *f.* 8

Christmas **Navidad** *f.* 9

church **iglesia** *f.* 4

cinnamon **canela** *f.* 10

citizen **ciudadano/a** *adj.*

city **ciudad** *f.* 4

class **clase** *f.* 2
take classes **tomar clases** 2

classical **clásico/a** *adj.*

classmate **compañero/a** *m., f.* **de**
clase 2

clean **limpio/a** *adj.* 5;
limpiar *v.* 12
clean the house *v.* **limpiar la**
casa 12

clear (*weather*) **despejado/a** *adj.*
clear the table **quitar la**
mesa 12
It's (very) clear. (*weather*)
Está (muy) despejado.

clerk **dependiente/a** *m., f.* 6

climate change **cambio climático**
m. 13

climb **escalar** *v.* 4
climb mountains **escalar**
montañas 4

clinic **clínica** *f.* 10

clock **reloj** *m.* 2

close **cerrar (e:ie)** *v.* 4

closed **cerrado/a** *adj.* 5

closet **armario** *m.* 12

clothes **ropa** *f.* 6
clothes dryer **secadora** *f.* 12

clothing **ropa** *f.* 6

cloud **nube** *f.* 13

cloudy **nublado/a** *adj.* 5
It's (very) cloudy. **Está (muy)**
nublado. 5

coat **abrigo** *m.* 6

coffee **café** *m.* 8
coffee maker **cafetera** *f.* 12

cold **frío** *m.* 5;
(*illness*) **resfriado** *m.* 10
be (*feel*) (very) cold **tener**
(mucho) frío 3
It's (very) cold. (*weather*) **Hace**
(mucho) frío. 5

college **universidad** *f.* 2

collision **choque** *m.*

color **color** *m.* 6

comb one's hair **peinarse** *v.* 7

come **venir** *v.* 3

come on **ándale** *interj.* 14

comedy **comedia** *f.*

comfortable **cómodo/a** *adj.* 5

commerce **negocios** *m., pl.*

commercial **comercial** *adj.*

communicate (with) **comunicarse**
v. **(con)**

communication **comunicación** *f.*
means of communication
medios *m. pl.* **de**
comunicación

community **comunidad** *f.* 1

company **compañía** *f.;*
empresa *f.*

comparison **comparación** *f.*

completely **completamente** *adv.*

composer **compositor(a)** *m., f.*

computer **computadora** *f.* 1
computer disc **disco** *m.*
computer monitor **monitor**
m. 11
computer programmer
programador(a) *m., f.* 3
computer science **computación**
f. 2

concert **concierto** *m.*

conductor (*musical*) **director(a)**
m., f.

confirm **confirmar** *v.* 5
confirm a reservation **confirmar**
una reservación 5

confused **confundido/a** *adj.* 5

congested **congestionado/a**
adj. 10

Congratulations! **¡Felicidades!;**
¡Felicitaciones! *f., pl.* 9

conservation **conservación** *f.* 13

conserve **conservar** *v.* 13

considering **para** *prep.* 11

consume **consumir** *v.* 15

container **envase** *m.* 13

contamination **contaminación** *f.*

content **contento/a** *adj.* 5

contest **concurso** *m.*

continue **seguir (e:i)** *v.* 4

control **control** *m.;* **controlar** *v.* 13
be under control **estar bajo**
control 7

conversation **conversación** *f.* 1

converse **conversar** *v.* 2

cook **cocinar** *v.* 12; **cocinero/a**
m., f.

cookie **galleta** *f.* 9

cool **fresco/a** *adj.* 5
Be cool. **Tranquilo.** 7
It's cool. (*weather*) **Hace**
fresco. 5

corn **maíz** *m.* 8

corner **esquina** *f.* 14

cost **costar (o:ue)** *v.* 6

Costa Rica **Costa Rica** *f.* 1

Costa Rican **costarricense** *adj.* 3

costume **disfraz** *m.*

cotton **algodón** *m.* 6
(made of) cotton **de algodón** 6

couch **sofá** *m.* 12

couch potato **teleadicto/a**
m., f. 15

cough **tos** *f.* 10; **toser** *v.* 10

counselor **consejero/a** *m., f.*

count (on) **contar (o:ue)** *v.*
(con) 4, 12

country (*nation*) **país** *m.* 1

countryside **campo** *m.* 5

(married) couple **pareja** *f.* 9
course **curso** *m.* 2; **materia** *f.* 2
courtesy **cortesía** *f.*
cousin **primo/a** *m.*, *f.* 3
cover **cubrir** *v.*
covered **cubierto/a** *p.p.*
cow **vaca** *f.* 13
crafts **artesanía** *f.*
craftsmanship **artesanía** *f.*
crater **cráter** *m.* 13
crazy **loco/a** *adj.* 6
create **crear** *v.*
credit **crédito** *m.* 6
    credit card **tarjeta** *f.* **de crédito** 6
crime **crimen** *m.*
cross **cruzar** *v.* 14
cry **llorar** *v.* 15
Cuba **Cuba** *f.* 1
Cuban **cubano/a** *adj.* 3
culture **cultura** *f.* 2
cup **taza** *f.* 12
currency exchange **cambio** *m.* **de moneda**
current events **actualidades** *f.*, *pl.*
curtains **cortinas** *f.*, *pl.* 12
custard (*baked*) **flan** *m.* 9
custom **costumbre** *f.* 1
customer **cliente/a** *m.*, *f.* 6
customs **aduana** *f.* 5
    customs inspector **inspector(a)** *m.*, *f.* **de aduanas** 5
cybercafé **cibercafé** *m.* 11
cycling **ciclismo** *m.* 4

D

dad **papá** *m.* 3
daily **diario/a** *adj.* 7
    daily routine **rutina** *f.* **diaria** 7
damage **dañar** *v.* 10
dance **bailar** *v.* 2; **danza** *f.*; **baile** *m.*
dancer **bailarín/bailarina** *m.*, *f.*
danger **peligro** *m.* 13
dangerous **peligroso/a** *adj.*
date (*appointment*) **cita** *f.* 9; (*calendar*) **fecha** *f.* 5; (*someone*) **salir** *v.* **con (alguien)** 9
    have a date **tener una cita** 9
daughter **hija** *f.* 3
daughter-in-law **nuera** *f.* 3
day **día** *m.* 1
    day before yesterday **anteayer** *adv.* 6
deal: It's not a big deal. **No es para tanto.** 12
death **muerte** *f.* 9
decaffeinated **descafeinado/a** *adj.* 15
December **diciembre** *m.* 5
decide **decidir** *v.* (**+ inf.**) 3
decided **decidido/a** *adj. p.p.* 14
declare **declarar** *v.*
deforestation **deforestación** *f.* 13

delicious **delicioso/a** *adj.* 8; **rico/a** *adj.* 8; **sabroso/a** *adj.* 8
delighted **encantado/a** *adj.* 1
dentist **dentista** *m.*, *f.* 10
deny **negar (e:ie)** *v.* 13
    not to deny **no dudar** 13
department store **almacén** *m.* 6
departure **salida** *f.* 5
deposit **depositar** *v.* 14
describe **describir** *v.* 3
described **descrito/a** *p.p.* 14
desert **desierto** *m.* 13
design **diseño** *m.*
designer **diseñador(a)** *m.*, *f.*
desire **desear** *v.* 2
desk **escritorio** *m.* 2
dessert **postre** *m.* 9
destroy **destruir** *v.* 13
develop **desarrollar** *v.* 13
diary **diario** *m.* 1
dictatorship **dictadura** *f.*
dictionary **diccionario** *m.* 1
die **morir (o:ue)** *v.* 8
died **muerto/a** *p.p.* 14
diet **dieta** *f.* 15; **alimentación**
    balanced diet **dieta equilibrada** 15
    be on a diet **estar a dieta** 15
difficult **difícil** *adj. m.*, *f.* 3
digital camera **cámara** *f.* **digital** 11
dining room **comedor** *m.* 12
dinner **cena** *f.* 2, 8
    have dinner **cenar** *v.* 2
direct **dirigir** *v.*
director **director(a)** *m.*, *f.*
dirty **ensuciar** *v.*; **sucio/a** *adj.* 5
    get (something) dirty **ensuciar** *v.* 12
disagree **no estar de acuerdo**
disaster **desastre** *m.*
discover **descubrir** *v.* 13
discovered **descubierto/a** *p.p.* 14
discrimination **discriminación** *f.*
dish **plato** *m.* 8, 12
    main dish *m.* **plato principal** 8
dishwasher **lavaplatos** *m.*, *sing.* 12
disk **disco** *m.*
disorderly **desordenado/a** *adj.* 5
dive **bucear** *v.* 4
divorce **divorcio** *m.* 9
divorced **divorciado/a** *adj.* 9
    get divorced (from) **divorciarse** *v.* **(de)** 9
dizzy **mareado/a** *adj.* 10
do **hacer** *v.* 4
    do aerobics **hacer ejercicios aeróbicos** 15
    do household chores **hacer quehaceres domésticos** 12
    do stretching exercises **hacer ejercicios de estiramiento** 15
    (I) don't want to. **No quiero.** 4
doctor **doctor(a)** *m.*, *f.* 3; 10; **médico/a** *m.*, *f.* 3
documentary (*film*) **documental** *m.*
dog **perro** *m.* 13

domestic **doméstico/a** *adj.*
    domestic appliance **electrodoméstico** *m.*
done **hecho/a** *p.p.* 14
door **puerta** *f.* 2
doorman/doorwoman **portero/a** *m.*, *f.* 1
dormitory **residencia** *f.* **estudiantil** 2
double **doble** *adj.* 5
    double room **habitación** *f.* **doble** 5
doubt **duda** *f.* 13; **dudar** *v.* 13
    not to doubt 13
    There is no doubt that... **No cabe duda de** 13; **No hay duda de** 13
Down with...! **¡Abajo el/la...!**
download **descargar** *v.* 11
downtown **centro** *m.* 4
drama **drama** *m.*
dramatic **dramático/a** *adj.*
draw **dibujar** *v.* 2
drawing **dibujo** *m.*
dress **vestido** *m.* 6
    get dressed **vestirse (e:i)** *v.* 7
drink **beber** *v.* 3; **bebida** *f.* 8; **tomar** *v.* 2
drive **conducir** *v.* 6; **manejar** *v.* 11
driver **conductor(a)** *m.*, *f.* 1
drug **droga** *f.* 15
    drug addict **drogadicto/a** *adj.* 15
dry oneself **secarse** *v.* 7
during **durante** *prep.* 7; **por** *prep.* 11
dust **sacudir** *v.* 12; **quitar** *v.* **el polvo** 12
dust the furniture **sacudir los muebles** 12
duster **plumero** *m.* 12
DVD player **reproductor** *m.* **de DVD** 11

E

each **cada** *adj.* 6
each other **los unos a los otros** 11
eagle **águila** *f.*
ear (outer) **oreja** *f.* 10
earring **arete** *m.* 6
early **temprano** *adv.* 7
earn **ganar** *v.*
earthquake **terremoto** *m.*
ease **aliviar** *v.*
east **este** *m.* 14
    to the east **al este** 14
easy **fácil** *adj. m.*, *f.* 3
eat **comer** *v.* 3
ecological **ecologista** *adj. m.*, *f.* 13
ecologist **ecologista** *m.*, *f.* 13
ecology **ecología** *f.* 13
economics **economía** *f.* 2
ecotourism **ecoturismo** *m.* 13
Ecuador **Ecuador** *m.* 1
Ecuadorian **ecuatoriano/a** *adj.* 3
effective **eficaz** *adj. m.*, *f.*
egg **huevo** *m.* 8

eight **ocho** 1
eight hundred **ochocientos/as** 2
eighteen **dieciocho** 1
eighth **octavo/a** 5
eighty **ochenta** 2
either... or **o... o** *conj.* 7
eldest **el/la mayor** 8
elect **elegir** *v.*
election **elecciones** *f. pl.*
electric appliance
  electrodoméstico *m.* 12
electrician **electricista** *m., f.*
electricity **luz** *f.* 12
elegant **elegante** *adj. m., f.* 6
elevator **ascensor** *m.* 5
eleven **once** 1
e-mail **correo** *m.* **electrónico** 4
e-mail address **dirrección** *f.*
  electrónica 11
  e-mail message **mensaje** *m.*
    electrónico 4
  read e-mail **leer** *v.* **el correo**
    electrónico 4
embarrassed **avergonzado/a**
  adj. 5 embrace (each other)
  abrazar(se) *v.* 11
emergency **emergencia** *f.* 10
  emergency room **sala** *f.* **de**
    emergencia 10
employee **empleado/a** *m., f.* 5
employment **empleo** *m.*
end **fin** *m.* 4; **terminar** *v.* 2
  end table **mesita** *f.* 12
endure **aguantar** *v.* 14
energy **energía** *f.* 13
engaged: get engaged (to)
  comprometerse *v.* **(con)** 9
engineer **ingeniero/a** *m., f.* 3
English (*language*) **inglés** *m.* 2;
  inglés, inglesa *adj.* 3
enjoy **disfrutar** *v.* **(de)** 15
enough **bastante** *adv.* 10
entertainment **diversión** *f.* 4
entrance **entrada** *f.* 12
envelope **sobre** *m.* 14
environment **medio ambiente**
  m. 13
environmental sciences **ciencias**
  ambientales 2
equality **igualdad** *f.*
equipped **equipado/a** *adj.* 15
erase **borrar** *v.* 11
eraser **borrador** *m.* 2
errand **diligencia** *f.* 14
essay **ensayo** *m.* 3
evening **tarde** *f.* 1
event **acontecimiento** *m.*
every day **todos los días** 10
everything **todo** *m.* 5
  Everything is under control.
    Todo está bajo control. 7
exactly **en punto** 1
exam **examen** *m.* 2
excellent **excelente** *adj.* 5
excess **exceso** *m.* 15
  in excess **en exceso** 15
exchange **intercambiar** *v.*
  in exchange for **por** 11
exciting **emocionante** *adj. m., f.*
excursion **excursión** *f.*

excuse **disculpar** *v.*
Excuse me. (*May I?*) **Con**
  permiso. 1; (*I beg your*
  pardon.) **Perdón.** 1
exercise **ejercicio** *m.* 15;
  hacer *v.* **ejercicio** 15;
  (a degree/profession) **ejercer** *v.*
exit **salida** *f.* 5
expensive **caro/a** *adj.* 6
experience **experiencia** *f.*
expire **vencer** *v.* 14
explain **explicar** *v.* 2
explore **explorar** *v.*
expression **expresión** *f.*
extinction **extinción** *f.* 13
extremely delicious **riquísimo/a**
  adj. 8
extremely serious **gravísimo**
  adj. 13
eye **ojo** *m.* 10

F

fabulous **fabuloso/a** *adj.* 5
face **cara** *f.* 7
facing **enfrente de** *prep.* 14
fact: in fact **de hecho**
factory **fábrica** *f.* 13
fall (down) **caerse** *v.* 10
  fall asleep **dormirse (o:ue)** *v.* 7
  fall in love (with) **enamorarse**
    v. **(de)** 9
fall (season) **otoño** *m.* 5
fallen **caído/a** *p.p.* 14
family **familia** *f.* 3
famous **famoso/a** *adj.*
fan **aficionado/a** *adj.* 4
  be a fan (of) **ser aficionado/a**
    (a) 4
far from **lejos de** *prep.* 2
farewell **despedida** *f.*
fascinate **fascinar** *v.* 7
fashion **moda** *f.* 6
  be in fashion **estar de moda** 6
fast **rápido/a** *adj.*
fat **gordo/a** *adj.* 3; **grasa** *f.* 15
father **padre** *m.* 3
father-in-law **suegro** *m.* 3
favorite **favorito/a** *adj.* 4
fax (machine) *fax* *m.* 11
fear **miedo** *m.* 3; **temer** *v.* 13
February **febrero** *m.* 5
feel **sentir(se) (e:ie)** *v.* 7
  feel like (*doing something*) **tener**
    ganas de (+ *inf.*) 3
festival **festival** *m.*
fever **fiebre** *f.* 10
  have a fever **tener** *v.* **fiebre** 10
few **pocos/as** *adj. pl.*
  fewer than **menos de**
    (+ *number*) 8
field: major field of study
  especialización *f.*
fifteen **quince** 1
  fifteen-year-old girl **quinceañera** *f.*

young woman celebrating her
  fifteenth birthday **quinceañera**
  f. 9
fifth **quinto/a** 5
fifty **cincuenta** 2
fight (for/against) **luchar** *v.* **(por/**
  contra)
figure (*number*) **cifra** *f.*
file **archivo** *m.* 11
fill **llenar** *v.* 11
  fill out (a form) **llenar (un**
    formulario) 14
  fill the tank **llenar el**
    tanque 11
finally **finalmente** *adv.* 15; **por**
  último 7; **por fin** 11
find **encontrar (o:ue)** *v.* 4
  find (each other) **encontrar(se)**
  find out **enterarse** *v.*
fine **multa** *f.*
  That's fine. **Está bien.** 11
(fine) arts **bellas artes** *f., pl.*
finger **dedo** *m.* 10
finish **terminar** *v.* 2
  finish (*doing something*)
    terminar *v.* **de (+ *inf.*)** 4
fire **incendio** *m.*; **despedir**
  (e:i) *v.*
firefighter **bombero/a** *m., f.*
firm **compañía** *f.*; **empresa** *f.*
first **primer, primero/a** 2, 5
fish (*food*) **pescado** *m.* 8;
  pescar *v.* 5; (*live*) **pez** *m., sing.*
  (peces *pl.*) 13
  fish market **pescadería** *f.* 14
fishing **pesca** *f.* 5
fit (*clothing*) **quedar** *v.* 7
five **cinco** 1
five hundred **quinientos/as** 2
fix (*put in working order*) **arreglar**
  v. 11; (*clothes, hair, etc. to*
  go out) **arreglarse** 7
fixed **fijo/a** *adj.* 6
flag **bandera** *f.*
flank steak **lomo** *m.* 8
flat tire: We had a flat tire. **Se nos**
  pinchó una llanta. 11
flexible **flexible** *adj.* 15
flood **inundación** *f.*
floor (*of a building*) **piso** *m.* 5;
  suelo *m.* 12
  ground floor **planta baja** *f.* 5
  top floor **planta** *f.* **alta**
flower **flor** *f.* 13
flu **gripe** *f.* 10
fog **niebla** *f.*
folk **folclórico/a** *adj.*
follow **seguir (e:i)** *v.* 4
food **comida** *f.* 4, 8
foolish **tonto/a** *adj.* 3
foot **pie** *m.* 10
football **fútbol** *m.* **americano** 4
for **para** *prep.* 11; **por** *prep.* 11
  for example **por ejemplo** 11
  for me **para mí** 8

forbid **prohibir** *v.*
foreign **extranjero/a** *adj.*
  foreign languages **lenguas**
    f., pl. **extranjeras** 2
forest **bosque** *m.* 13
forget **olvidar** *v.* 10
fork **tenedor** *m.* 12
form **formulario** *m.* 14
forty **cuarenta** *m.* 2
four **cuatro** 1
four hundred **cuatrocientos/as** 2
fourteen **catorce** 1
fourth **cuarto/a** *m., f.* 5
free **libre** *adj. m., f.* 4
  be free (of charge) **ser**
    gratis 14
  free time **tiempo libre**; spare
    (free) time **ratos libres** 4
freedom **libertad** *f.*
freezer **congelador** *m.* 12
French **francés, francesa** *adj.* 3
  French fries **papas** *f., pl.*
    fritas 8; **patatas** *f., pl.* **fritas** 8
frequently **frecuentemente**
  adv. 10; **con frecuencia** *adv.* 10
Friday **viernes** *m., sing.* 2
fried **frito/a** *adj.* 8
  fried potatoes **papas** *f., pl.*
    fritas 8; **patatas** *f., pl.*
    fritas 8
friend **amigo/a** *m., f.* 3
friendly **amable** *adj. m., f.* 5
friendship **amistad** *f.* 9
from **de** *prep.* 1; **desde** *prep.* 6
  from the United States
    estadounidense *m., f.*
    adj. 3
  from time to time **de vez en**
    cuando 10
  He/She/It is from… **Es de…**;
    I'm from… **Soy de…** 1
front: (cold) front **frente (frío)**
  m. 5
fruit **fruta** *f.* 8
  fruit juice **jugo** *m.* **de fruta** 8
  fruit store **frutería** *f.* 14
full **lleno/a** *adj.* 11
fun **divertido/a** *adj.* 7
  fun activity **diversión** *f.* 4
  have fun **divertirse (e:ie)** *v.* 9
function **funcionar** *v.*
furniture **muebles** *m., pl.* 12
furthermore **además (de)** *adv.* 10
future **futuro** *adj.*; **porvenir** *m.*
  Here's to the future! **¡Por el**
    porvenir!
  in the future **en el futuro**

G

gain weight **aumentar** *v.* **de**
  peso 15; **engordar** *v.* 15
game **juego** *m.*; (*match*)
  partido 4
  game show **concurso** *m.*
garage (*in a house*) **garaje** *m.* 12;
  garaje *m.* 11; **taller**
  (mecánico) 11

garden **jardín** *m.* 12
garlic **ajo** *m.* 8
gas station **gasolinera** *f.* 11
gasoline **gasolina** *f.* 11
gentleman **caballero** *m.* 8
geography **geografía** *f.* 2
German **alemán, alemana** *adj.* 3
get **conseguir (e:i)** *v.* 4; **obtener** *v.*
  get along well/badly (with)
    llevarse bien/mal (con) 9
  get bigger **aumentar** *v.* 13
  get bored **aburrirse** *v.*
  get good grades **sacar buenas**
    notas 2
  get into trouble **meterse en**
    problemas *v.* 13
  get off of (a vehicle) **bajar(se)** *v.*
    de 11
  get on/into (a vehicle) **subir(se)**
    v. **a** 11
  get out of (a vehicle) **bajar(se)**
    v. **de** 11
  get ready **arreglarse** *v.* 7
  get up **levantarse** *v.* 7
gift **regalo** *m.* 6
ginger **jengibre** *m.* 10
girl **chica** *f.* 1; **muchacha** *f.* 3
girlfriend **novia** *f.* 3
give **dar** *v.* 6, 9;
  (*as a gift*) **regalar** 9
  give directions **indicar cómo**
    llegar 14
glass (*drinking*) **vaso** *m.* 12;
  vidrio *m.* 13
  (made) of glass **de vidrio** 13
glasses **gafas** *f., pl.* 6
  sunglasses **gafas** *f., pl.*
    de sol 6
global warming **calentamiento**
  global *m.* 13
gloves **guantes** *m., pl.* 6
go **ir** *v.* 4
  go away **irse** 7
  go by boat **ir en barco** 5
  go by bus **ir en autobús** 5
  go by car **ir en auto(móvil)** 5
  go by motorcycle **ir en**
    motocicleta 5
  go by taxi **ir en taxi** 5
  go by the bank **pasar por el**
    banco 14
  go down **bajar(se)** *v.*
  go on a hike (in the mountains)
    ir de excursión (a las
    montañas) 4
  go out **salir** *v.* 9
  go out (with) **salir** *v.* **(con)** 9
  go up **subir** *v.*
  Let's go. **Vamos.** 4
goblet **copa** *f.* 12
going to: be going to (*do*
  something) **ir a (+ *inf.*)** 4
golf **golf** *m.* 4
good **buen, bueno/a** *adj.* 3, 6
  Good afternoon. **Buenas**
    tardes. 1

Good evening. **Buenas**
  noches. 1
  Good idea. **Buena idea.** 4
  Good morning. **Buenos días.** 1
  Good night. **Buenas noches.** 1
  It's good that… **Es bueno**
    que… 12
goodbye **adiós** *m.* 1
  say goodbye (to) **despedirse** *v.*
    (de) (e:i) 7
good-looking **guapo/a** *adj.* 3
government **gobierno** *m.* 13
GPS **navegador GPS** *m.* 11
graduate (from/in) **graduarse** *v.*
  (de/en) 9
grains **cereales** *m., pl.* 8
granddaughter **nieta** *f.* 3
grandfather **abuelo** *m.* 3
grandmother **abuela** *f.* 3
grandparents **abuelos** *m., pl.* 3
grandson **nieto** *m.* 3
grape **uva** *f.* 8
grass **hierba** *f.* 13
grave **grave** *adj.* 10
gray **gris** *adj. m., f.* 6
great **fenomenal** *adj. m., f.* 5;
  genial *adj.*
great-grandfather **bisabuelo** *m.* 3
great-grandmother **bisabuela** *f.* 3
green **verde** *adj. m., f.* 6
greet (each other) **saludar(se)**
  v. 11
greeting **saludo** *m.* 1
  Greetings to… **Saludos a…** 1
grilled **a la plancha** 8
ground floor **planta baja** *f.* 5
grow **aumentar** *v.* 13
guest (*at a house/hotel*) **huésped**
  m., f. 5 (*invited to a function*)
  invitado/a *m., f.* 9
guide **guía** *m., f.* 13
gymnasium **gimnasio** *m.* 4

H

hair **pelo** *m.* 7
hairdresser **peluquero/a** *m., f.*
half **medio/a** *adj.* 3
  half-brother **medio hermano** 3
  half-sister **media hermana** 3
  half-past… (*time*) **…y**
    media 1
hallway **pasillo** *m.* 12
ham **jamón** *m.* 8
hamburger **hamburguesa** *f.* 8
hand **mano** *f.* 1
hand in **entregar** *v.* 11
handsome **guapo/a** *adj.* 3
happen **ocurrir** *v.*
happiness **alegría** *v.* 9
Happy birthday!
  ¡Feliz cumpleaños! 9
happy **alegre** *adj.* 5; **contento/a**
  adj. 5; **feliz** *adj. m., f.* 5
  be happy **alegrarse** *v.* **(de)** 13
hard **difícil** *adj. m., f.* 3

hard-working **trabajador(a)**
  adj. 3
hardly **apenas** *adv.* 10
haste **prisa** *f.* 3
hat **sombrero** *m.* 6
hate **odiar** *v.* 9
have **tener** *v.* 3
  have time **tener tiempo** 4
  have to (*do something*) **tener
    que** (+ *inf.*) 3; **deber** (+ *inf.*)
  have a tooth removed **sacar(se)
    un diente** 10
he **él** 1
head **cabeza** *f.* 10
headache **dolor** *m.* **de cabeza** 10
health **salud** *f.* 10
healthy **saludable** *adj. m., f.* 10;
  sano/a *adj.* 10
  lead a healthy lifestyle **llevar** *v.*
    una vida sana 15
hear **oír** *v.* 4
heard **oído/a** *p.p.* 14
hearing: sense of hearing **oído**
  m. 10
heart **corazón** *m.* 10
heat **calor** *m.* 5
Hello. **Hola.** 1; (*on the telephone*)
  Aló. 11; **Bueno.** 11; **Diga.** 11
help **ayudar** *v.* 12; **servir (e:i)**
  v. 5
  help each other **ayudarse** *v.* 11
her **su(s)** *poss. adj.* 3; (*of*) hers
  suyo(s)/a(s) *poss.* 11
  her **la** *f., sing., d.o. pron.* 5
  to/for her **le** *f., sing., i.o. pron.* 6
here **aquí** *adv.* 4
  Here is/are... **Aquí está(n)...** 5
Hi. **Hola.** 1
highway **autopista** *f.* 11;
  carretera *f.* 11
hike **excursión** *f.* 4
  go on a hike **hacer una
    excursión** 5; **ir de
    excursión** 4
hiker **excursionista** *m., f.*
hiking **de excursión** 4
him: to/for him **le** *m., sing., i.o.*
  pron. 6
hire **contratar** *v.*
his **su(s)** *poss. adj.* 3; (*of*) his
  suyo(s)/a(s) *poss. pron.* 11
  his **lo** *m., sing., d.o. pron.* 5
history **historia** *f.* 2
hobby **pasatiempo** *m.* 4
hockey **hockey** *m.* 4
hold up **aguantar** *v.* 14
hole **hueco** *m.* 4
holiday **día** *m.* **de fiesta** 9
home **casa** *f.* 2
  home page **página** *f.*
    principal 11
homework **tarea** *f.* 2
honey **miel** *f.* 10
hood **capó** *m.* 11; **cofre** *m.* 11
hope **esperar** *v.* (+ *inf.*) 2;
  esperar *v.* 13
  I hope (that) **ojalá (que)** 13

horror (genre) **de horror** *m.*
hors d'oeuvres **entremeses** *m.,*
  pl. 8
horse **caballo** *m.* 5
hospital **hospital** *m.* 10
hot: be (*feel*) (very) hot **tener
    (mucho) calor** 3
  It's (very) hot. **Hace (mucho)
    calor.** 5
hotel **hotel** *m.* 5
hour **hora** *f.* 1
house **casa** *f.* 2
household chores **quehaceres** *m.*
  pl. **domésticos** 12
housekeeper **ama** *m., f.* **de casa** 12
housing **vivienda** *f.* 12
How...! **¡Qué...!**
  how **¿cómo?** *adv.* 1
  How are you? **¿Qué tal?** 1
  How are you? **¿Cómo estás?**
    fam. 1
  How are you? **¿Cómo está
    usted?** *form.* 1
  How can I help you? **¿En qué
    puedo servirles?** 5
  How did it go for you...?
    ¿Cómo le/les fue...? 15
  How is it going? **¿Qué tal?** 1
  How is/are...? **¿Qué tal...?** 2
  How is the weather? **¿Qué
    tiempo hace?** 15
  How much/many?
    ¿Cuánto(s)/a(s)? 1
  How much does... cost?
    ¿Cuánto cuesta...? 6
  How old are you? **¿Cuántos
    años tienes?** *fam.* 3
however **sin embargo**
hug (each other) **abrazar(se)**
  v. 11
humanities **humanidades** *f., pl.* 2
hundred **cien, ciento** 2
hunger **hambre** *f.* 3
hungry: be (very) hungry **tener** *v.*
  (mucha) hambre 3
hunt **cazar** *v.* 13
hurricane **huracán** *m.*
hurry **apurarse** *v.* 15; **darse prisa**
  v. 15
  be in a (big) hurry **tener** *v.*
    (mucha) prisa 3
hurt **doler (o:ue)** *v.* 10
  It hurts me a lot... **Me duele
    mucho...** 10
husband **esposo** *m.* 3

I

I **yo** 1
  I am... **Yo soy...** 1
  I hope (that) **Ojalá (que)**
    interj. 13
  I wish (that) **Ojalá (que)**
    interj. 13
ice cream **helado** *m.* 9
  ice cream shop **heladería** *f.* 14

iced **helado/a** *adj.* 8
  iced tea **té** *m.* **helado** 8
idea **idea** *f.* 4
if **si** *conj.* 4
illness **enfermedad** *f.* 10
important **importante** *adj.* 3
  be important to **importar** *v.* 7
  It's important that... **Es
    importante que...** 12
impossible **imposible** *adj.* 13
  it's impossible **es imposible** 13
improbable **improbable** *adj.* 13
  it's improbable **es
    improbable** 13
improve **mejorar** *v.* 13
in **en** *prep.* 2; **por** *prep.* 11
  in the afternoon **de la tarde** 1;
    por la tarde 7
  in a bad mood **de mal humor** 5
  in the direction of **para** *prep.* 1
  in the early evening **de la tarde** 1
  in the evening **de la noche** 1;
    por la tarde 7
  in a good mood **de buen
    humor** 5
  in the morning **de la
    mañana** 1; **por la
    mañana** 7
  in love (with)
    enamorado/a (de) 5
  in search of **por** *prep.* 11
in front of **delante de** *prep.* 2
increase **aumento** *m.*
incredible **increíble** *adj.* 5
inequality **desigualdad** *f.*
infection **infección** *f.* 10
inform **informar** *v.*
injection **inyección** *f.* 10
  give an injection *v.* **poner una
    inyección** 10
injure (oneself) **lastimarse** 10
  injure (one's foot) **lastimarse** *v.*
    (el pie) 10
inner ear **oído** *m.* 10
inside **dentro** *adv.*
insist (on) **insistir** *v.* **(en)** 12
installments: pay in installments
  pagar *v.* **a plazos** 14
intelligent **inteligente** *adj.* 3
intend to **pensar** *v.* (+ *inf.*) 4
interest **interesar** *v.* 7
interesting **interesante** *adj.* 3
  be interesting to **interesar** *v.* 7
international **internacional**
  adj. m., f.
Internet **Internet** 11
interview **entrevista** *f.*;
  entrevistar *v.*
interviewer **entrevistador(a)**
  m., f.
introduction **presentación** *f.*
  I would like to introduce you to
    (name). **Le presento a...**
    form. 1; **Te presento a...**
    fam. 1
invest **invertir (e:ie)** *v.*
invite **invitar** *v.* 9

iron (clothes) **planchar** *v.* **la ropa** 12
it **lo/la** *sing., d.o., pron.* 5
Italian **italiano/a** *adj.* 3
its **su(s)** *poss. adj.* 3; **suyo(s)/a(s)** *poss. pron.* 11
It's me. **Soy yo.**
it's the same **es igual** 5

March **marzo** *m.* 5
margarine **margarina** *f.* 8
marinated fish **ceviche** *m.* 8
 lemon-marinated shrimp
  ceviche *m.* **de camarón** 8
marital status **estado** *m.* **civil** 9
market **mercado** *m.* 6
 open-air market **mercado al**
  aire libre 6
marriage **matrimonio** *m.* 9
married **casado/a** *adj.* 9
 get married (to) **casarse** *v.*
  (con) 9
 I'll marry you! **¡Acepto**
  casarme contigo!
marvelous **maravilloso/a** *adj.* 5
massage **masaje** *m.* 15
masterpiece **obra maestra** *f.*
match (*sports*) **partido** *m.* 4
match (with) **hacer** *v.*
 juego (con) 6
mathematics **matemáticas**
 f., pl. 2
matter **importar** *v.* 7
maturity **madurez** *f.* 9
maximum **máximo/a** *adj.* 11
May **mayo** *m.* 5
May I leave a message? **¿Puedo**
 dejar un recado? 11
maybe **tal vez** 5; **quizás** 5
mayonnaise **mayonesa** *f.* 8
me **me** *sing., d.o. pron.* 5
 to/for me **me** *sing., i.o. pron.* 6
meal **comida** *f.* 4, 8
means of communication **medios**
 m., pl. **de comunicación**
meat **carne** *f.* 8
mechanic **mecánico/a** *m., f.* 11
 mechanic's repair shop **taller**
  mecánico 11
media **medios** *m., pl.* **de**
 comunicación
medical **médico/a** *adj.* 10
medication **medicamento** *m.* 10
medicine **medicina** *f.* 10
medium **mediano/a** *adj.*
meet (each other) **encontrar(se)**
 v. 11; **conocerse(se)** *v.* 8
 meet up with **encontrarse con** 7
meeting **reunión** *f.*
menu **menú** *m.* 8
message **mensaje** *m.*
Mexican **mexicano/a** *adj.* 3
Mexico **México** *m.* 1
microwave **microonda** *f.* 12
 microwave oven **horno** *m.* **de**
  microondas 12
middle age **madurez** *f.* 9
midnight **medianoche** *f.* 1
mile **milla** *f.* 11
milk **leche** *f.* 8
million **millón** *m.* 2
 million of **millón de** 2
mine **mío(s)/a(s)** *poss.* 11
mineral **mineral** *m.* 15
 mineral water **agua** *f.*
  mineral 8

minute **minuto** *m.* 1
mirror **espejo** *m.* 7
Miss **señorita (Srta.)** *f.* 1
miss **perder (e:ie)** *v.* 4;
 extrañar *v.*
mistaken **equivocado/a** *adj.*
modem **módem** *m.*
modern **moderno/a** *adj.*
mom **mamá** *f.* 3
Monday **lunes** *m., sing.* 2
money **dinero** *m.* 6
monitor **monitor** *m.* 11
monkey **mono** *m.* 13
month **mes** *m.* 5
monument **monumento** *m.* 4
moon **luna** *f.* 13
more **más** 2
 more… than **más… que** 8
 more than **más de (+**
  *number***)** 8
morning **mañana** *f.* 1
mother **madre** *f.* 3
mother-in-law **suegra** *f.* 3
motor **motor** *m.*
motorcycle **motocicleta** *f.* 5
mountain **montaña** *f.* 4
mouse **ratón** *m.* 11
mouth **boca** *f.* 10
move (*from one house to another*)
 mudarse *v.* 12
movie **película** *f.* 4
 movie star **estrella** *f.*
  de cine
 movie theater **cine** *m.* 4
MP3 player **reproductor** *m.* **de**
 MP3 11
Mr. **señor (Sr.); don** *m.* 1
Mrs. **señora (Sra.); doña** *f.* 1
much **mucho/a** *adj.* 2, 3
 very much **muchísimo/a** *adj.* 2
mud **lodo** *m.*
murder **crimen** *m.*
muscle **músculo** *m.* 15
museum **museo** *m.* 4
mushroom **champiñón** *m.* 8
music **música** *f.* 2
musical **musical** *adj., m., f.*
musician **músico/a** *m., f.*
must **deber** *v.* **(+** *inf.***)** 3
 It must be… **Debe ser…** 6
my **mi(s)** *poss. adj.* 3; **mío(s)/a(s)**
 poss. pron. 11

N

name **nombre** *m.* 1
 be named **llamarse** *v.* 7
 in the name of **a nombre de** 5
 last name **apellido** *m.*
 My name is… **Me llamo…** 1
 name someone/something
  ponerle el nombre 9
napkin **servilleta** *f.* 12
national **nacional** *adj. m., f.*
nationality **nacionalidad** *f.* 1

natural **natural** *adj. m., f.* 13
natural disaster **desastre** *m.*
 natural
natural resource **recurso** *m.*
 natural 13
nature **naturaleza** *f.* 13
nauseated **mareado/a** *adj.* 10
near **cerca de** *prep.* 2
neaten **arreglar** *v.* 12
necessary **necesario/a** *adj.* 12
 It is necessary that… **Hay**
  que… 12, 14
neck **cuello** *m.* 10
need **faltar** *v.* 7; **necesitar** *v.* **(+**
 *inf.***)** 2
neighbor **vecino/a** *m., f.* 12
neighborhood **barrio** *m.* 12
neither **tampoco** *adv.* 7
neither… nor **ni… ni** *conj.* 7
nephew **sobrino** *m.* 3
nervous **nervioso/a** *adj.* 5
network **red** *f.* 11
never **nunca** *adj.* 7; **jamás** 7
new **nuevo/a** *adj.* 6
newlywed **recién casado/a**
 m., f. 9
news **noticias** *f., pl.*;
 actualidades *f., pl.*; **noticia**
 f. 11
newscast **noticiero** *m.*
newspaper **periódico** 4;
 diario *m.*
next **próximo/a** *adj.* 3
 next to **al lado de** *prep.* 2
nice **simpático/a** *adj.* 3; **amable**
 adj. m., f. 5
niece **sobrina** *f.* 3
night **noche** *f.* 1
 night stand **mesita** *f.* **de**
  noche 12
nine **nueve** 1
nine hundred **novecientos/as** 2
nineteen **diecinueve** 1
ninety **noventa** 2
ninth **noveno/a** 5
no **no** 1; **ningún, ninguno/a(s)**
 adj. 7
 no one **nadie** *pron.* 7
 No problem. **No hay**
  problema.
nobody **nadie** 7
none **ningún, ninguno/a(s)**
 adj. 7
noon **mediodía** *m.* 1
nor **ni** *conj.* 7
north **norte** *m.* 14
 to the north **al norte** 14
nose **nariz** *f.* 10
not **no** 1
 not any **ningún, ninguno/a(s)**
  adj. 7
 not anyone **nadie** *pron.* 7
 not anything **nada** *pron.* 7
 not bad at all **nada mal** 5
 not either **tampoco** *adv.* 7

not ever **nunca** *adv.* 7; **jamás** *adv.* 7

not very well **no muy bien** 1

not working **descompuesto/a** *adj.* 11

outside **afuera** *adv.* 5

notebook **cuaderno** *m.* 1

nothing **nada** 1; 7

noun **sustantivo** *m.*

November **noviembre** *m.* 5

now **ahora** *adv.* 2

nowadays **hoy día** *adv.*

nuclear **nuclear** *adj. m., f.* 13

nuclear energy **energía nuclear** 13

number **número** *m.* 1

nurse **enfermero/a** *m., f.* 10

nutrition **nutrición** *f.* 15

nutritionist **nutricionista** *m., f.* 15

O

o'clock: It's… o'clock **Son las…** 1

It's one o'clock. **Es la una.** 1

obey **obedecer** *v.*

obligation **deber** *m.*

obtain **conseguir (e:i)** *v.* 4; **obtener** *v.*

obvious **obvio/a** *adj.* 13

it's obvious **es obvio** 13

occupation **ocupación** *f.*

occur **ocurrir** *v.*

October **octubre** *m.* 5

of **de** *prep.* 1

Of course. **Claro que sí.; Por supuesto.**

offer **ofrecer (c:zc)** *v.* 6

office **oficina** *f.* 12

doctor's office **consultorio** *m.* 10

often **a menudo** *adv.* 10

Oh! **¡Ay!**

oil **aceite** *m.* 8

OK **regular** *adj.* 1

It's okay. **Está bien.**

old **viejo/a** *adj.* 3

old age **vejez** *f.* 9

older **mayor** *adj. m., f.* 3

older brother, sister **hermano/a mayor** *m., f.* 3

oldest **el/la mayor** 8

on **en** *prep.* 2; **sobre** *prep.* 2

on behalf of **por** *prep.* 11

on the dot **en punto** 1

on time **a tiempo** 10

on top of **encima de** 2

once **una vez** 6

one **un, uno/a** *m., f., sing. pron.* 1

one hundred **cien(to)** 2

one million **un millón** *m.* 2

one more time **una vez más** 9

one thousand **mil** 2

one time **una vez** 6

onion **cebolla** *f.* 8

only **sólo** *adv.* 3; **único/a** *adj.* 3

only child **hijo/a único/a** *m., f.* 3

open **abierto/a** *adj.* 5, 14; **abrir** *v.* 3

open-air **al aire libre** 6

opera **ópera** *f.*

operation **operación** *f.* 10

opposite **enfrente de** *prep.* 14

or **o** *conj.* 7

orange **anaranjado/a** *adj.* 6; **naranja** *f.* 8

orchestra **orquesta** *f.*

order **mandar** 12; (*food*) **pedir (e:i)** *v.* 8

in order to **para** *prep.* 11

orderly **ordenado/a** *adj.* 5

ordinal (*numbers*) **ordinal** *adj.*

organize oneself **organizarse** *v.* 12

other **otro/a** *adj.* 6

ought to **deber** *v.* (**+ *inf.***) *adj.* 3

our **nuestro(s)/a(s)** *poss. adj.* 3; *poss. pron.* 11

out of order **descompuesto/a** *adj.* 11

outside **afuera** *adv.* 5

outskirts **afueras** *f., pl.* 12

oven **horno** *m.* 12

over **sobre** *prep.* 2

(over)population (**sobre)población** *f.* 13

over there **allá** *adv.* 2

own **propio/a** *adj.*

owner **dueño/a** *m., f.* 8

P

p.m. **tarde** *f.* 1

pack (one's suitcases) **hacer** *v.* **las maletas** 5

package **paquete** *m.* 14

page **página** *f.* 11

pain **dolor** *m.* 10

have a pain **tener** *v.* **dolor** 10

paint **pintar** *v.*

painter **pintor(a)** *m., f.*

painting **pintura** *f.* 12

pair **par** *m.* 6

pair of shoes **par** *m.* **de zapatos** 6

pale **pálido/a** *adj.* 14

pants **pantalones** *m., pl.* 6

pantyhose **medias** *f., pl.* 6

paper **papel** *m.* 2; (*report*) **informe** *m.*

Pardon me. (*May I?*) **Con permiso.** 1; (*Excuse me.*) Pardon me. **Perdón.** 1

parents **padres** *m., pl.* 3; **papás** *m., pl.* 3

park **estacionar** *v.* 11; **parque** *m.* 4

parking lot **estacionamiento** *m.* 14

partner (*one of a married couple*) **pareja** *f.* 9

party **fiesta** *f.* 9

passed **pasado/a** *p.p.*

passenger **pasajero/a** *m., f.* 1

passport **pasaporte** *m.* 5

past **pasado/a** *adj.* 6

pastime **pasatiempo** *m.* 4

pastry shop **pastelería** *f.* 14

patient **paciente** *m., f.* 10

patio **patio** *m.* 12

pay **pagar** *v.* 6

pay in cash **pagar** *v.* **al contado; pagar en efectivo** 14

pay in installments **pagar** *v.* **a plazos** 14

pay the bill **pagar la cuenta** 9

pea **arveja** *m.* 8

peace **paz** *f.*

peach **melocotón** *m.* 8

peak **cima** *f.* 15

pear **pera** *f.* 8

pen **pluma** *f.* 2

pencil **lápiz** *m.* 1

penicillin **penicilina** *f.* 10

people **gente** *f.* 3

pepper (*black*) **pimienta** *f.* 8

per **por** *prep.* 11

perfect **perfecto/a** *adj.* 5

period of time **temporada** *f.* 5

person **persona** *f.* 3

pharmacy **farmacia** *f.* 10

phenomenal **fenomenal** *adj.* 5

photograph **foto(grafía)** *f.* 1

physical (exam) **examen** *m.* **médico** 10

physician **doctor(a), médico/a** *m., f.* 3

physics **física** *f. sing.* 2

pick up **recoger** *v.* 13

picture **cuadro** *m.* 12; **pintura** *f.* 12

pie **pastel** *m.* 9

pill (tablet) **pastilla** *f.* 10

pillow **almohada** *f.* 12

pineapple **piña** *f.* 8

pink **rosado/a** *adj.* 6

place **lugar** *m.* 2, 4; **sitio** *m.* 3; **poner** *v.* 4

plaid **de cuadros** 6

plans **planes** *m., pl.* 4

have plans **tener planes** 4

plant **planta** *f.* 13

plastic **plástico** *m.* 13

(made) of plastic **de plástico** 13

plate **plato** *m.* 12

play **drama** *m.*; **comedia** *f.*; **jugar (u:ue)** *v.* 4; (*a musical instrument*) **tocar** *v.*; (*a role*) **hacer el papel de**; (*cards*) **jugar a (las cartas)** 5; (*sports*) **practicar deportes** 4

player **jugador(a)** *m., f.* 4

playwright **dramaturgo/a** *m., f.*

plead **rogar (o:ue)** *v.* 12

pleasant **agradable** *adj.* 5

please **por favor** 1
Pleased to meet you. **Mucho gusto.** 1; **Encantado/a.** *adj.* 1
pleasing: be pleasing to **gustar** *v.* 7
pleasure **gusto** *m.* 1; **placer** *m.* 15
  It's a pleasure to... **Gusto de** (+ *inf.*)
  It's been a pleasure. **Ha sido un placer.** 15
  The pleasure is mine. **El gusto es mío.** 1
poem **poema** *m.*
poet **poeta** *m., f.*
poetry **poesía** *f.*
police (force) **policía** *f.* 11
political **político/a** *adj.*
politician **político/a** *m., f.*
politics **política** *f.*
polka-dotted **de lunares** 6
poll **encuesta** *f.*
pollute **contaminar** *v.* 13
polluted **contaminado/a** *m., f.* 13
  be polluted **estar contaminado/a** 13
pollution **contaminación** *f.* 13
pool **piscina** *f.* 4
poor **pobre** *adj., m., f.* 6
  poor thing **pobrecito/a** *adj.* 3
popsicle **paleta helada** *f.* 4
population **población** *f.* 13
pork **cerdo** *m.* 8
  pork chop **chuleta** *f.* **de cerdo** 8
portable **portátil** *adj.* 11
  portable computer **computadora** *f.* **portátil** 11
position **puesto** *m.*
possessive **posesivo/a** *adj.* 3
possible **posible** *adj.* 13
  it's (not) possible **(no) es posible** 13
post office **correo** *m.* 14
postcard **postal** *f.* 4
poster **cartel** *m.* 12
potato **papa** *f.* 8; **patata** *f.* 8
pottery **cerámica** *f.*
practice **entrenarse** *v.* 15; **practicar** *v.* 2; (a degree/profession) **ejercer** *v.*
prefer **preferir (e:ie)** *v.* 4
pregnant **embarazada** *adj. f.* 10
prepare **preparar** *v.* 2
preposition **preposición** *f.*
prescribe (*medicine*) **recetar** *v.* 10
prescription **receta** *f.* 10
present **regalo** *m.*; **presentar** *v.*
press **prensa** *f.*
pressure **presión** *f.*
  be under a lot of pressure **sufrir muchas presiones** 15
pretty **bonito/a** *adj.* 3; **bastante** *adv.* 13
price **precio** *m.* 6
  (fixed, set) price **precio** *m.* **fijo** 6
print **estampado/a** *adj.*; **imprimir** *v.* 11

printer **impresora** *f.* 11
private (*room*) **individual** *adj.*
prize **premio** *m.*
probable **probable** *adj.* 13
  it's (not) probable **(no) es probable** 13
problem **problema** *m.* 1
profession **profesión** *f.* 3
professor **profesor(a)** *m., f.*
program **programa** *m.* 1
programmer **programador(a)** *m., f.* 3
prohibit **prohibir** *v.* 10
project **proyecto** *m.* 11
promotion (*career*) **ascenso** *m.*
pronoun **pronombre** *m.*
protect **proteger** *v.* 13
protein **proteína** *f.* 15
provided (that) **con tal (de) que** *conj.* 13
psychologist **psicólogo/a** *m., f.*
psychology **psicología** *f.* 2
publish **publicar** *v.*
Puerto Rican **puertorriqueño/a** *adj.* 3
Puerto Rico **Puerto Rico** *m.* 1
pull a tooth **sacar una muela**
purchases **compras** *f., pl.* 5
pure **puro/a** *adj.* 13
purple **morado/a** *adj.* 6
purse **bolsa** *f.* 6
put **poner** *v.* 4; **puesto/a** *p.p.* 14
  put (a letter) in the mailbox **echar (una carta) al buzón** 14
  put on (*a performance*) **presentar** *v.*
  put on (*clothing*) **ponerse** *v.* 7
  put on makeup **maquillarse** *v.* 7

Q

quality **calidad** *f.* 6
quarter (*academic*) **trimestre** *m.* 2
  quarter after (*time*) **y cuarto** 1; **y quince** 1
  quarter to (*time*) **menos cuarto** 1; **menos quince** 1
question **pregunta** *f.* 2
quickly **rápido** *adv.* 10
quiet **tranquilo/a** *adj.* 15
quit **dejar** *v.*
quiz **prueba** *f.* 2

R

racism **racismo** *m.*
radio (*medium*) **radio** *f.* 2
  radio (set) **radio** *m.* 11
rain **llover (o:ue)** *v.* 5; **lluvia** *f.* 13
  It's raining. **Llueve.** 5; **Está lloviendo.** 5

raincoat **impermeable** *m.* 6
rainforest **bosque** *m.* **tropical** 13
raise (*salary*) **aumento** *m.* **de sueldo**
rather **bastante** *adv.* 10
reality show **programa** *m.* **de realidad**
read **leer** *v.* 3; **leído/a** *p.p.* 14
  read e-mail **leer correo electrónico** 4
  read a magazine **leer una revista** 4
  read a newspaper **leer un periódico** 4
ready **listo/a** *adj.* 5
  (Are you) ready? **¿(Están) listos?** 15
reap the benefits (of) *v.* **disfrutar** *v.* **(de)** 15
receive **recibir** *v.* 3
recommend **recomendar (e:ie)** *v.* 8; 12
record **grabar** *v.* 11
recover **recuperar** *v.* 11
recreation **diversión** *f.* 4
recycle **reciclar** *v.* 13
recycling **reciclaje** *m.* 13
red **rojo/a** *adj.* 6
red-haired **pelirrojo/a** *adj.* 3
reduce **reducir** *v.* 13; **disminuir** *v.*
  reduce stress/tension **aliviar el estrés/la tensión** 15
refrigerator **refrigerador** *m.* 12
region **región** *f.* 13
regret **sentir (e:ie)** *v.* 13
related to sitting **sedentario/a** *adj.* 15
relatives **parientes** *m., pl.* 3
relax **relajarse** *v.* 9
  Relax, sweetie. **Tranquilo/a, cariño.** 11
remain **quedarse** *v.* 7
remember **acordarse (o:ue)** *v.* **(de)** 7; **recordar (o:ue)** *v.* 4
remote control **control remoto** *m.* 11
renewable **renovable** *adj.* 13
rent **alquilar** *v.* 12; (payment) **alquiler** *m.* 12
repeat **repetir (e:i)** *v.* 4
report **informe** *m.*; **reportaje** *m.*
reporter **reportero/a** *m., f.*
representative **representante** *m., f.*
request **pedir (e:i)** *v.* 4
reservation **reservación** *f.* 5
resign (from) **renunciar (a)** *v.*
resolve **resolver (o:ue)** *v.* 13
resolved **resuelto/a** *p.p.* 14
resource **recurso** *m.* 13
responsibility **deber** *m.*; **responsabilidad** *f.*
responsible **responsable** *adj.* 8
rest **descansar** *v.* 2
restaurant **restaurante** *m.* 4
résumé **currículum** *m.*

retire (from work) **jubilarse** *v.* 9
return **regresar** *v.* 2; **volver (o:ue)** *v.* 4
returned **vuelto/a** *p.p.* 14
rice **arroz** *m.* 8
rich **rico/a** *adj.* 6
ride a bicycle **pasear** *v.* **en bicicleta** 4
ride a horse **montar** *v.* **a caballo** 5
ridiculous **ridículo/a** *adj.* 13
   it's ridiculous **es ridículo** 13
right **derecha** *f.* 2
   be right **tener razón** 3
   right? (*question tag*) **¿no?** 1; **¿verdad?** 1
   right away **enseguida** *adv.*
   right here **aquí mismo** 11
   right now **ahora mismo** 5
   right there **allí mismo** 14
   to the right of **a la derecha de** 2
rights **derechos** *m.*
ring **anillo** *m.*
ring (*a doorbell*) **sonar (o:ue)** *v.* 11
river **río** *m.* 13
road **camino** *m.*
roast **asado/a** *adj.* 8
roast chicken **pollo** *m.* **asado** 8
rollerblade **patinar en línea** *v.*
romantic **romántico/a** *adj.*
room **habitación** *f.* 5; **cuarto** *m.* 2; 7
   living room **sala** *f.* 12
roommate **compañero/a** *m., f.* **de cuarto** 2
roundtrip **de ida y vuelta** 5
   roundtrip ticket **pasaje** *m.* **de ida y vuelta** 5
routine **rutina** *f.* 7
rug **alfombra** *f.* 12
run **correr** *v.* 3
   run errands **hacer diligencias** 14
   run into (*have an accident*) **chocar (con)** *v.*; (*meet accidentally*) **encontrar(se) (o:ue)** *v.* 11; (*run into something*) **darse (con)** 10
   run into (each other) **encontrar(se) (o:ue)** *v.* 11
rush **apurarse, darse prisa** *v.* 15
Russian **ruso/a** *adj.* 3

S

sad **triste** *adj.* 5; 13
   it's sad **es triste** 13
safe **seguro/a** *adj.* 5
said **dicho/a** *p.p.* 14
sailboard **tabla de windsurf** *f.* 5
salad **ensalada** *f.* 8
salary **salario** *m.*; **sueldo** *m.*
sale **rebaja** *f.* 6

salesperson **vendedor(a)** *m., f.* 6
salmon **salmón** *m.* 8
salt **sal** *f.* 8
same **mismo/a** *adj.* 3
sandal **sandalia** *f.* 6
sandwich **sándwich** *m.* 8
Saturday **sábado** *m.* 2
sausage **salchicha** *f.* 8
save (*on a computer*) **guardar** *v.* 11; save (money) **ahorrar** *v.* 14
savings **ahorros** *m.* 14
   savings account **cuenta** *f.* **de ahorros** 14
say **decir** *v.* 4; **declarar** *v.*
say (that) **decir (que)** *v.* 4, 9
   say the answer **decir la respuesta** 4
scan **escanear** *v.* 11
scarcely **apenas** *adv.* 10
scared: be (very) scared (of) **tener (mucho) miedo (de)** 3
schedule **horario** *m.* 2
school **escuela** *f.* 1
science *f.* **ciencia** 2
   science fiction **ciencia ficción** *f.*
scientist **científico/a** *m., f.*
scream **grito** *m.* 5; **gritar** *v.* 7
screen **pantalla** *f.* 11
scuba dive **bucear** *v.* 4
sculpt **esculpir** *v.*
sculptor **escultor(a)** *m., f.*
sculpture **escultura** *f.*
sea **mar** *m.* 5
   (sea) turtle **tortuga (marina)** *f.* 13
season **estación** *f.* 5
seat **silla** *f.* 2
second **segundo/a** 5
secretary **secretario/a** *m., f.*
sedentary **sedentario/a** *adj.* 15
see **ver** *v.* 4
   see (you, him, her) again **volver a ver(te, lo, la)**
   see movies **ver películas** 4
   See you. **Nos vemos.** 1
   See you later. **Hasta la vista.** 1; **Hasta luego.** 1
   See you soon. **Hasta pronto.** 1
   See you tomorrow. **Hasta mañana.** 1
seem **parecer** *v.* 6
seen **visto/a** *p.p.* 14
sell **vender** *v.* 6
semester **semestre** *m.* 2
send **enviar; mandar** *v.* 14
separate (from) **separarse** *v.* **(de)** 9
separated **separado/a** *adj.* 9
September **septiembre** *m.* 5
sequence **secuencia** *f.*
serious **grave** *adj.* 10
serve **servir (e:i)** *v.* 8
service **servicio** *m.* 15
set (*fixed*) **fijo** *adj.* 6
   set the table **poner la mesa** 12
seven **siete** 1
seven hundred **setecientos/as** 2
seventeen **diecisiete** 1
seventh **séptimo/a** 5

seventy **setenta** 2
several **varios/as** *adj. pl.* 8
sexism **sexismo** *m.*
shame **lástima** *f.* 13
   it's a shame **es una lástima** 13
shampoo **champú** *m.* 7
shape **forma** *f.* 15
   be in good shape **estar en buena forma** 15
   stay in shape **mantenerse en forma** 15
share **compartir** *v.* 3
sharp (*time*) **en punto** 1
shave **afeitarse** *v.* 7
shaving cream **crema** *f.* **de afeitar** 5, 7
she **ella** 1
shellfish **mariscos** *m., pl.* 8
ship **barco** *m.*
shirt **camisa** *f.* 6
shoe **zapato** *m.* 6
   shoe size **número** *m.* 6
   shoe store **zapatería** *f.* 14
   tennis shoes **zapatos** *m., pl.* **de tenis** 6
shop **tienda** *f.* 6
shopping, to go **ir de compras** 5
   shopping mall **centro comercial** *m.* 6
short (*in height*) **bajo/a** *adj.* 3; (*in length*) **corto/a** *adj.* 6
short story **cuento** *m.*
shorts **pantalones cortos** *m., pl.* 6
should (*do something*) **deber** *v.* **(+ *inf.*)** 3
shout **gritar** *v.* 7
show **espectáculo** *m.*; **mostrar (o:ue)** *v.* 4
   game show **concurso** *m.*
shower **ducha** *f.* 7; **ducharse** *v.* 7
shrimp **camarón** *m.* 8
siblings **hermanos/as** *pl.* 3
sick **enfermo/a** *adj.* 10
   be sick **estar enfermo/a** 10
   get sick **enfermarse** *v.* 10
sign **firmar** *v.* 14; **letrero** *m.* 14
silk **seda** *f.* 6
   (made of) **de seda** 6
silly **tonto/a** *adj.* 3
since **desde** *prep.*
sing **cantar** *v.* 2
singer **cantante** *m., f.*
single **soltero/a** *adj.* 9
   single room **habitación** *f.* **individual** 5
sink **lavabo** *m.* 7
sir **señor (Sr.), don** *m.* 1; **caballero** *m.* 8
sister **hermana** *f.* 3
sister-in-law **cuñada** *f.* 3
sit down **sentarse (e:ie)** *v.* 7
six **seis** 1
six hundred **seiscientos/as** 2
sixteen **dieciséis** 1
sixth **sexto/a** 5
sixty **sesenta** 2
size **talla** *f.* 6
   shoe size *m.* **número** 6

(in-line) skate **patinar (en línea)** 4

skateboard **andar en patineta** *v.* 4

ski **esquiar** *v.* 4

skiing **esquí** *m.* 4
> water-skiing **esquí** *m.* **acuático** 4

skirt **falda** *f.* 6

skull made out of sugar **calavera de azúcar** *f.* 9

sky **cielo** *m.* 13

sleep **dormir (o:ue)** *v.* 4; **sueño** *m.* 3
> go to sleep **dormirse (o:ue)** *v.* 7

sleepy: be (very) sleepy **tener (mucho) sueño** 3

slender **delgado/a** *adj.* 3

slim down **adelgazar** *v.* 15

slippers **pantuflas** *f.* 7

slow **lento/a** *adj.* 11

slowly **despacio** *adv.* 10

small **pequeño/a** *adj.* 3

smart **listo/a** *adj.* 5

smile **sonreír (e:i)** *v.* 9

smiled **sonreído** *p.p.* 14

smoggy: It's (very) smoggy. **Hay (mucha) contaminación.** 4

smoke **fumar** *v.* 8; 15
> (not) to smoke **(no) fumar** 15

smoking section **sección** *f.* **de fumar** 8
> (non) smoking section *f.* **sección de (no) fumar** 8

snack **merendar** *v.* 8; 15; afternoon snack **merienda** *f.* 15
> have a snack **merendar** *v.*

sneakers **los zapatos de tenis** 6

sneeze **estornudar** *v.* 10

snow **nevar (e:ie)** *v.* 5; **nieve** *f.*

snowing: It's snowing. **Nieva.** 5; **Está nevando.** 5

so (in such a way) **así** *adv.* 10; **tan** *adv.* 5; **tan** *adv.* 5, 7
> so much **tanto** *adv.*
> so-so **regular** 1
> so that **para que** *conj.* 13

soap **jabón** *m.* 7

soap opera **telenovela** *f.*

soccer **fútbol** *m.* 4

sociology **sociología** *f.* 2

sock(s) **calcetín (calcetines)** *m.* 6

sofa **sofá** *m.* 12

soft drink **refresco** *m.* 8

software **programa** *m.* **de computación** 11

soil **tierra** *f.* 13

solar **solar** *adj., m., f.* 13
> solar energy **energía solar** 13

soldier **soldado** *m., f.*

solution **solución** *f.* 13

solve **resolver (o:ue)** *v.* 13

some **algún, alguno/a(s)** *adj.* 7; **unos/as** *pron./ m., f., pl; indef. art.* 1

somebody **alguien** *pron.* 7

someone **alguien** *pron.* 7

something **algo** *pron.* 7

sometimes **a veces** *adv.* 10

son **hijo** *m.* 3

song **canción** *f.*

son-in-law **yerno** *m.* 3

soon **pronto** *adv.* 10
> See you soon. **Hasta pronto.** 1

sorry: be sorry **sentir (e:ie)** *v.* 13
> I'm sorry. **Lo siento.** 1

soul **alma** *f.* 9

soup **caldo** *m.* **sopa** *f.*

south **sur** *m.* 14
> to the south **al sur** 14

Spain **España** *f.* 1

Spanish (language) **español** *m.* 2; **español(a)** *adj.* 3

spare (free) time **ratos libres** 4

speak **hablar** *v.* 2
> Speaking. (on the telephone) **Con él/ella habla.** 11

special: today's specials **las especialidades del día** 8

spectacular **espectacular** *adj. m., f.* 15

speech **discurso** *m.*

speed **velocidad** *f.* 11
> speed limit **velocidad** *f.* **máxima** 11

spelling **ortografía** *f.*, **ortográfico/a** *adj.*

spend (money) **gastar** *v.* 6

spoon (table or large) **cuchara** *f.* 12

sport **deporte** *m.* 4
> sports-related **deportivo/a** *adj.* 4

spouse **esposo/a** *m., f.* 3

sprain (one's ankle) **torcerse (o:ue)** *v.* **(el tobillo)** 10

sprained **torcido/a** *adj.* 10
> be sprained **estar torcido/a** 10

spring **primavera** *f.* 5

(city or town) square **plaza** *f.* 4

stadium **estadio** *m.* 2

stage **etapa** 9

stairs **escalera** *f.* 12

stairway **escalera** *f.* 12

stamp **estampilla** *f.* 14; **sello** *m.* 14

stand in line **hacer** *v.* **cola** 14

star **estrella** *f.* 13

start (a vehicle) **arrancar** *v.* 11

station **estación** *f.* 5

statue **estatua** *f.*

status: marital status **estado** *m.* **civil** 9

stay **quedarse** *v.* 7
> stay in shape **mantenerse en forma** 15

steak **bistec** *m.* 8

steering wheel **volante** *m.* 11

step **escalón** *m.* 15

stepbrother **hermanastro** *m.* 3

stepdaughter **hijastra** *f.* 3

stepfather **padrastro** *m.* 3

stepmother **madrastra** *f.* 3

stepsister **hermanastra** *f.* 3

stepson **hijastro** *m.* 3

stereo **estéreo** *m.* 11

still **todavía** *adv.* 5

stockbroker **corredor(a)** *m., f.* **de bolsa**

stockings **medias** *f., pl.* 6

stomach **estómago** *m.* 10

stone **piedra** *f.* 13

stop **parar** *v.* 11
> stop (doing something) **dejar de (+ inf.)** 13

store **tienda** *f.* 6

storm **tormenta** *f.*

story **cuento** *m.*; **historia** *f.*

stove **cocina, estufa** *f.* 9, 12

straight **derecho** *adj.* 14
> straight (ahead) **derecho** 14

straighten up **arreglar** *v.* 12

strange **extraño/a** *adj.* 13
> it's strange **es extraño** 13

strawberry **frutilla** *f.* 8, **fresa**

street **calle** *f.* 11

stress **estrés** *m.* 15

stretching **estiramiento** *m.* 15
> do stretching exercises **hacer ejercicios**; *m. pl.* **de estiramiento** 15

strike (labor) **huelga** *f.*

stripe **raya** *f.* 6
> striped **de rayas** 6

stroll **pasear** *v.* 4

strong **fuerte** *adj. m. f.* 15

struggle (for/against) **luchar** *v.* **(por/contra)**

student **estudiante** *m., f.* 1; 2; **estudiantil** *adj.* 2

study **estudiar** *v.* 2

stuffed-up (sinuses) **congestionado/a** *adj.* 10

stupendous **estupendo/a** *adj.* 5

style **estilo** *m.*

suburbs **afueras** *f., pl.* 12

subway **metro** *m.* 5
> subway station **estación** *f.* **del metro** 5

success **éxito** *m.*

successful: be successful **tener éxito**

such as **tales como**

suddenly **de repente** *adv.* 6

suffer **sufrir** *v.* 10
> suffer an illness **sufrir una enfermedad** 10

sugar **azúcar** *m.* 8

suggest **sugerir (e:ie)** *v.* 12

suit **traje** *m.* 6

suitcase **maleta** *f.* 1

summer **verano** *m.* 5

sun **sol** *m.* 5; 13

sunbathe **tomar** *v.* **el sol** 4

Sunday **domingo** *m.* 2

(sun)glasses **gafas** *f., pl.* **(oscuras/de sol)** 6; **lentes** *m. pl.* **(de sol)**

sunny: It's (very) sunny. **Hace (mucho) sol.** 5

supermarket **supermercado** *m.* 14

suppose **suponer** *v.* 4

sure **seguro/a** *adj.* 5
  be sure **estar seguro/a** 5
surf (*the Internet*) **navegar** *v.* **(en Internet)** 11
surfboard **tabla de surf** *f.* 5
surprise **sorprender** *v.* 9; **sorpresa** *f.* 9
survey **encuesta** *f.*
sweat **sudar** *v.* 15
sweater **suéter** *m.* 6
sweep the floor **barrer el suelo** 12
sweets **dulces** *m., pl.* 9
swim **nadar** *v.* 4
swimming **natación** *f.* 4
  swimming pool **piscina** *f.* 4
symptom **síntoma** *m.* 10

T

table **mesa** *f.* 2
tablespoon **cuchara** *f.* 12
tablet (*pill*) **pastilla** *f.* 10
take **tomar** *v.* 2; **llevar** *v.* 6;
  take care of **cuidar** *v.* 13
  take someone's temperature **tomar** *v.* **la temperatura** 10
  take (*wear*) a shoe size **calzar** *v.* 6
  take a bath **bañarse** *v.* 7
  take a shower **ducharse** *v.* 7
  take off **quitarse** *v.* 7
  take out the trash *v.* **sacar la basura** 12
  take photos **tomar** *v.* **fotos** 5; **sacar** *v.* **fotos** 5
talented **talentoso/a** *adj.*
talk **hablar** *v.* 2
  talk show **programa** *m.* **de entrevistas**
tall **alto/a** *adj.* 3
tank **tanque** *m.* 11
taste **probar (o:ue)** *v.* 8; **saber** *v.* 8
  taste like **saber a** 8
tasty **rico/a** *adj.* 8; **sabroso/a** *adj.* 8
tax **impuesto** *m.*
taxi **taxi** *m.* 5
tea **té** *m.* 8
teach **enseñar** *v.* 2
teacher **profesor(a)** *m., f.* 1, 2; **maestro/a** *m., f.*
team **equipo** *m.* 4
technician **técnico/a** *m., f.*
telecommuting **teletrabajo** *m.*
telephone **teléfono** 11
  (cell) phone **(teléfono)** *m.* **celular** 11
television **televisión** *f.* 2; 11
  television set **televisor** *m.* 11
tell **contar** *v.* 4; **decir** *v.* 4
tell (that) **decir** *v.* **(que)** 4, 9
  tell lies **decir mentiras** 4
  tell the truth **decir la verdad** 4
temperature **temperatura** *f.* 10
ten **diez** 1
tennis **tenis** *m.* 4
  tennis shoes **zapatos** *m., pl.* **de tenis** 6
tension **tensión** *f.* 15
tent **tienda** *f.* **de campaña**

tenth **décimo/a** 5
terrible **terrible** *adj. m., f.* 13
  it's terrible **es terrible** 13
terrific **chévere** *adj.*
test **prueba** *f.* 2; **examen** *m.* 2
text message **mensaje** *m.* **de texto** 11
Thank you. **Gracias.** *f., pl.* 1
  Thank you (very much). **(Muchas) gracias.** 1
  Thank you very, very much. **Muchísimas gracias.** 9
  Thanks (a lot). **(Muchas) gracias.** 1
  Thanks for having me. **Gracias por invitarme.** 9
that **que, quien(es), lo que** *pron.* 12
  that (one) **ése, ésa, eso** *pron.* 6; **ese, esa,** *adj.* 6
  that (*over there*) **aquél, aquélla, aquello** *pron.* 6; **aquel, aquella** *adj.* 6
  that which **lo que** *conj.* 12
  that's me **soy yo**
  that's why **por eso** 11
the **el** *m.,* **la** *f. sing.,* **los** *m.,* **las** *f., pl.* 1
theater **teatro** *m.*
their **su(s)** *poss. adj.* 3; **suyo(s)/a(s)** *poss. pron.* 11
them **los/las** *pl., d.o. pron.* 5
  to/for them **les** *pl., i.o. pron.* 6
then (*afterward*) **después** *adv.* 7; (*as a result*) **entonces** *adv.* 5, 7; (*next*) **luego** *adv.* 7; **pues** *adv.* 15
there **allí** *adv.* 2
  There is/are… **Hay…** 1;
  There is/are not… **No hay…** 1
therefore **por eso** 11
these **éstos, éstas** *pron.* 6; **estos, estas** *adj.* 6
they **ellos** *m.,* **ellas** *f. pron.*
  They all told me to ask you to excuse them/forgive them. **Todos me dijeron que te pidiera disculpas de su parte.**
thin **delgado/a** *adj.* 3
thing **cosa** *f.* 1
think **pensar (e:ie)** *v.* 4; (*believe*) **creer** *v.*
  think about **pensar en** *v.* 4
third **tercero/a** 5
thirst **sed** *f.* 3
thirsty: be (very) thirsty **tener (mucha) sed** 3
thirteen **trece** 1
thirty **treinta** 1, 2; thirty (*minutes past the hour*) **y treinta; y media** 1
this **este, esta** *adj.;* **éste, ésta, esto** *pron.* 6
  This is… (*introduction*) **Éste/a es…** 2
  This is he/she. (*on telephone*) **Con él/ella habla.** 11
those **ésos, ésas** *pron.* 6; **esos, esas** *adj.* 6
those (*over there*) **aquéllos, aquéllas** *pron.* 6; **aquellos, aquellas** *adj.* 6

thousand **mil** *m.* 6
three **tres** 1
three hundred **trescientos/as** 2
throat **garganta** *f.* 10
through **por** *prep.* 11
throughout: throughout the world **en todo el mundo** 13
Thursday **jueves** *m., sing.* 2
thus (*in such a way*) **así** *adj.*
ticket **boleto** *m.* 2; **pasaje** *m.* 5
tie **corbata** *f.* 6
time **vez** *f.* 6; **tiempo** *m.* 4
  have a good/bad time **pasarlo bien/mal** 9
  I've had a fantastic time. **Lo he pasado de película.**
  What time is it? **¿Qué hora es?** 1
  (At) What time…? **¿A qué hora…?** 1
times **veces** *f., pl.* 6
  many times **muchas veces** 10
  two times **dos veces** 6
tip **propina** *f.* 9
tire **llanta** *f.* 11
tired **cansado/a** *adj.* 5
  be tired **estar cansado/a** 5
to **a** *prep.* 1
toast (*drink*) **brindar** *v.* 9
  toast **pan** *m.* **tostado**
toasted **tostado/a** *adj.* 8
  toasted bread **pan tostado** *m.* 8
toaster **tostadora** *f.* 12
today **hoy** *adv.* 2
  Today is… **Hoy es…** 2
toe **dedo** *m.* **del pie** 10
together **juntos/as** *adj.* 9
toilet **inodoro** *m.* 7
tomato **tomate** *m.* 8
tomorrow **mañana** *f.* 1
  See you tomorrow. **Hasta mañana.** 1
tonight **esta noche** *adv.* 4
too **también** *adv.* 2; 7
  too much **demasiado** *adv.* 6; **en exceso** 15
tooth **diente** *m.* 7
toothpaste **pasta** *f.* **de dientes** 7
top **cima** *f.* 15
  to the top **hasta arriba** 15
tornado **tornado** *m.*
tortilla **tortilla** *f.* 8
touch **tocar** *v.*
touch screen **pantalla táctil** *f.* 11
tour **excursión** *f.* 4; **recorrido** *m.* 13
tour an area **recorrer** *v.*
tourism **turismo** *m.* 5
tourist **turista** *m., f.* 1; **turístico/a** *adj.*
toward **hacia** *prep.* 14; **para** *prep.* 11
towel **toalla** *f.* 7
town **pueblo** *m.* 4
trade **oficio** *m.*
traffic **circulación** *f.* 11; **tráfico** *m.* 11
  traffic light **semáforo** *m.* 14
tragedy **tragedia** *f.*

trail **sendero** *m.* 13
   trailhead **sendero** *m.* 13
train **entrenarse** *v.* 15; **tren** *m.* 5
   train station **estación** *f.* **(de)**
     tren *m.* 5
trainer **entrenador(a)** *m., f.* 15
translate **traducir** *v.* 6
trash **basura** *f.* 12
travel **viajar** *v.* 2
   travel agent **agente** *m., f.*
     de viajes 5
traveler **viajero/a** *m., f.* 5
   (traveler's) check **cheque (de**
     viajero) 14
treadmill **cinta caminadora** *f.* 15
tree **árbol** *m.* 13
trillion **billón** *m.*
trimester **trimestre** *m.* 2
trip **viaje** *m.* 5
   take a trip **hacer un viaje** 5
tropical forest **bosque** *m.*
   tropical 13
true **verdad** *adj.* 13
   it's (not) true **(no) es verdad** 13
trunk **baúl** *m.* 11
truth **verdad** *f.*
try **intentar** *v.*; **probar (o:ue)** *v.* 8
   try (*to do something*) **tratar de**
     (+ *inf.***)** 15
   try on **probarse (o:ue)** *v.* 7
t-shirt **camiseta** *f.* 6
Tuesday **martes** *m., sing.* 2
tuna **atún** *m.* 8
turkey **pavo** *m.* 8
turn **doblar** *v.* 14
   turn off (*electricity/appliance*)
     apagar *v.* 11
   turn on (*electricity/appliance*)
     poner *v.* 11; **prender** *v.* 11
twelve **doce** 1
twenty **veinte** 1
twenty-eight **veintiocho** 1
twenty-five **veinticinco** 1
twenty-four **veinticuatro** 1
twenty-nine **veintinueve** 1
twenty-one **veintiún,**
   veintiuno/a 1
twenty-seven **veintisiete** 1
twenty-six **veintiséis** 1
twenty-three **veintitrés** 1
twenty-two **veintidós** 1
twice **dos veces** 6
twin **gemelo/a** *m., f.* 3
twisted **torcido/a** *adj.* 10
   be twisted **estar torcido/a** 10
two **dos** 1
   two hundred **doscientos/as** 2
   two times **dos veces** 6

U

ugly **feo/a** *adj.* 3
uncle **tío** *m.* 3
under **bajo** *adv.* 7;
   debajo de *prep.* 2
understand **comprender** *v.* 3;
   entender (e:ie) *v.* 4

underwear **ropa interior** 6
unemployment **desempleo** *m.*
unique **único/a** *adj.* 9
United States **Estados Unidos**
   (EE.UU.) *m. pl.* 1
university **universidad** *f.* 2
unless **a menos que** *adv.* 13
unmarried **soltero/a** *adj.*
unpleasant **antipático/a** *adj.* 3
until **hasta** *prep.* 6; **hasta que**
   conj. 13
up **arriba** *adv.* 15
urgent **urgente** *adj.* 12
   It's urgent that… **Es urgente**
     que… 12
us **nos** *pl., d.o. pron.* 5
   to/for us **nos** *pl., i.o. pron.* 6
use **usar** *v.* 6
used for **para** *prep.* 11
useful **útil** *adj. m., f.*

V

vacation **vacaciones** *f., pl.* 5
   be on vacation **estar de**
     vacaciones 5
   go on vacation **ir de**
     vacaciones 5
vacuum **pasar** *v.* **la aspiradora** 12
   vacuum cleaner **aspiradora** *f.* 12
valley **valle** *m.* 13
various **varios/as** *adj. m., f. pl.* 8
vegetables **verduras** *pl., f.* 8
verb **verbo** *m.*
very **muy** *adv.* 1
   very much **muchísimo** *adv.* 2
   (Very) well, thank you. **(Muy)**
     bien, gracias. 1
video **video** *m.* 1, 11
   video camera **cámara** *f.* **de**
     video 11
videoconference
   videoconferencia *f.*
   video game **videojuego** *m.* 4
vinegar **vinagre** *m.* 8
violence **violencia** *f.*
visit **visitar** *v.* 4
   visit monuments **visitar**
     monumentos 4
vitamin **vitamina** *f.* 15
voice mail **correo de voz** *m.* 11
volcano **volcán** *m.* 13
volleyball **vóleibol** *m.* 4
vote **votar** *v.*

W

wait (for) **esperar** *v.* **(+** *inf.***)** 2
waiter/waitress **camarero/a**
   m., f. 8
wake up **despertarse (e:ie)** *v.* 7
walk **caminar** *v.* 2
   take a walk **pasear** *v.* 4;
   walk around **pasear por** 4

walkman ***walkman*** *m.*
wall **pared** *f.* 12; **muro** *m.* 15
wallet **cartera** *f.* 4, 6
want **querer (e:ie)** *v.* 4
war **guerra** *f.*
warm (oneself) up **calentarse**
   (e:ie) *v.* 15
wash **lavar** *v.* 12
   wash one's face/hands **lavarse**
     la cara/las manos 7
   wash (the floor, the dishes)
     lavar (el suelo, los
     platos) 12
   wash oneself **lavarse** *v.* 7
washing machine **lavadora** *f.* 12
wastebasket **papelera** *f.* 2
watch **mirar** *v.* 2; **reloj** *m.* 2
   watch television **mirar (la)**
     televisión 2
water **agua** *f.* 8
   water pollution **contaminación**
     del agua 13
   water-skiing **esquí** *m.*
     acuático 4
way **manera** *f.*
we **nosotros(as)** *m., f.* 1
weak **débil** *adj. m., f.* 15
wear **llevar** *v.* 6; **usar** *v.* 6
weather **tiempo** *m.*
   The weather is bad. **Hace mal**
     tiempo. 5
   The weather is good. **Hace**
     buen tiempo. 5
weaving **tejido** *m.*
Web **red** *f.* 11
website **sitio** *m.* **web** 11
wedding **boda** *f.* 9
Wednesday **miércoles** *m., sing.* 2
week **semana** *f.* 2
weekend **fin** *m.* **de semana** 4
weight **peso** *m.* 15
   lift weights **levantar** *v.* **pesas**
     f., pl. 15
welcome **bienvenido(s)/a(s)**
   adj. 12
well: (Very) well, thanks. **(Muy)**
   bien, gracias. 1
well-being **bienestar** *m.* 15
well organized **ordenado/a** *adj.*
west **oeste** *m.* 14
   to the west **al oeste** 14
western (*genre*) **de vaqueros**
whale **ballena** *f.* 13
what **lo que** *pron.* 12
what? **¿qué?** 1
   At what time…? **¿A qué**
     hora…? 1
   What a pleasure to…! **¡Qué**
     gusto (+ *inf.***)…!**
   What day is it? **¿Qué día es**
     hoy? 2
   What do you guys think? **¿Qué**
     les parece? 9
   What happened? **¿Qué**
     pasó? 11
   What is today's date? **¿Cuál**
     es la fecha de hoy? 5

What nice clothes! **¡Qué ropa más bonita!** 6

What size do you take? **¿Qué talla lleva (usa)?** 6

What time is it? **¿Qué hora es?** 1

What's going on? **¿Qué pasa?** 1

What's happening? **¿Qué pasa?** 1

What's... like? **¿Cómo es...?** 3

What's new? **¿Qué hay de nuevo?** 1

What's the weather like? **¿Qué tiempo hace?** 5

What's up? **¿Qué onda?** 14

What's wrong? **¿Qué pasó?** 11

What's your name? **¿Cómo se llama usted?** *form.* 1

What's your name? **¿Cómo te llamas (tú)?** *fam.* 1

when **cuando** *conj.* 7; 13

When? **¿Cuándo?** 2

where **donde**

where (to)? (*destination*) **¿adónde?** 2; (*location*) **¿dónde?** 1

Where are you from? **¿De dónde eres (tú)?** (*fam.*) 1; **¿De dónde es (usted)?** (*form.*) 1

Where is...? **¿Dónde está...?** 2

(to) where? **¿adónde?** 2

which **que** *pron.*, **lo que** *pron.* 12

which? **¿cuál?** 2; **¿qué?** 2

In which...? **¿En qué...?** 2

which one(s)? **¿cuál(es)?** 2

while **mientras** *adv.* 10

white **blanco/a** *adj.* 6

white wine **vino blanco** 8

who **que** *pron.* 12; **quien(es)** *pron.* 12

who? **¿quién(es)?** 1

Who is...? **¿Quién es...?** 1

Who is speaking/calling? (*on telephone*) **¿De parte de quién?** 11

Who is speaking? (*on telephone*) **¿Quién habla?** 11

whole **todo/a** *adj.*

whom **quien(es)** *pron.* 12

whose? **¿de quién(es)?** 1

why? **¿por qué?** 2

widower/widow **viudo/a** *adj.* 9

wife **esposa** *f.* 3

win **ganar** *v.* 4

wind **viento** *m.* 5

window **ventana** *f.* 2

windshield **parabrisas** *m.*, *sing.* 11

windy: It's (very) windy. **Hace (mucho) viento.** 5

wine **vino** *m.* 8

red wine **vino tinto** 8

white wine **vino blanco** 8

wineglass **copa** *f.* 12

winter **invierno** *m.* 5

wireless (connection) **conexión inalámbrica** *f.* 11

wish **desear** *v.* 2; **esperar** *v.* 13

I wish (that) **ojalá (que)** 13

with **con** *prep.* 2

with me **conmigo** 4; 9

with you **contigo** *fam.* 5, 9

within (ten years) **dentro de (diez años)** *prep.*

without **sin** *prep.* 2; 13; 15; **sin que** *conj.* 13

woman **mujer** *f.* 1

wool **lana** *f.* 6

(made of) wool **de lana** 6

word **palabra** *f.* 1

work **trabajar** *v.* 2; **funcionar** *v.* 11; **trabajo** *m.*

work (*of art, literature, music, etc.*) **obra** *f.*

work out **hacer gimnasia** 15

world **mundo** *m.* 8, 13

worldwide **mundial** *adj. m., f.*

worried (about) **preocupado/a (por)** *adj.* 5

worry (about) **preocuparse** *v.* **(por)** 7

Don't worry. **No se preocupe.** *form.* 7; **Tranquilo.**; **No te preocupes.** *fam.* 7

worse **peor** *adj. m., f.* 8

worst **el/la peor** 8

Would you like to...? **¿Te gustaría...?** *fam.* 4

Would you do me the honor of marrying me? **¿Me harías el honor de casarte conmigo?**

wow **híjole** *interj.* 6

wrench **llave** *f.* 11

write **escribir** *v.* 3

write a letter/post card/e-mail message **escribir una carta/postal/mensaje electrónico** 4

writer **escritor(a)** *m., f*

written **escrito/a** *p.p.* 14

wrong **equivocado/a** *adj.* 5

be wrong **no tener razón** 3

X

X-ray **radiografía** *f.* 10

Y

yard **jardín** *m.* 12; **patio** *m.* 12

year **año** *m.* 5

be... years old **tener... años** 3

yellow **amarillo/a** *adj.* 6

yes **sí** *interj.* 1

yesterday **ayer** *adv.* 6

yet **todavía** *adv.* 5

yogurt **yogur** *m.* 8

You **tú** *fam.* **usted (Ud.)** *form. sing.* **vosotros/as** *m., f. fam.* **ustedes (Uds.)** *form.* 1; (to, for) you *fam. sing.* **te** *pl.* **os** 6; *form. sing.* **le** *pl.* **les** 6

you **te** *fam., sing.,* **lo/la** *form., sing.,* **os** *fam., pl.,* **los/las** *form., pl, d.o. pron.* 5

You don't say! **¡No me digas!** *fam.*; **¡No me diga!** *form.* 11

You are... **Tú eres...** 1

You're welcome. **De nada.** 1; **No hay de qué.** 1

young **joven** *adj., sing.* (**jóvenes** *pl.*) 3

young person **joven** *m., f., sing.* (**jóvenes** *pl.*) 1

young woman **señorita (Srta.)** *f.*

younger **menor** *adj. m., f.* 3

younger: younger brother, sister *m., f.* **hermano/a menor** 3

youngest **el/la menor** *m., f.* 8

your **su(s)** *poss. adj. form.* 3

your **tu(s)** *poss. adj. fam. sing.* 3

your **vuestro/a(s)** *poss. adj. form. pl.* 3

your(s) *form.* **suyo(s)/a(s)** *poss. pron. form.* 11

your(s) **tuyo(s)/a(s)** *poss. fam. sing.* 11

your(s) **vuestro(s)/a(s)** *poss. fam.* 11

youth *f.* **juventud** 9

Z

zero **cero** *m.* 1

Text Credits

31 © Joaquín Salvador Lavado (QUINO). *Toda Mafalda* – Ediciones de La Flor, 1993.

368–369 © Juan Matías Loiseau "Tute", *El celular*, reprinted by permission of the author.

474–475 © Denevi, Marco, *Cartas peligrosas y otros cuentos. Obras completas, Tomo 5*, Buenos Aires, Corregidor, 1999, págs. 192–193.

504–505 Gabriel García Márquez, "Un día de éstos", *Los funerales de la mamá grande* © Gabriel García Márquez, 1962.

Photo and Art Credits

All images © Vista Higher Learning unless otherwise noted.

Cover: Elogio del Horizonte by Eduardo Chillida. © 2011 Artists Rights Society (ARS), New York/VEGAP, Madrid. Photo credit: © Atlantide Phototravel/Corbis.

Front Matter: iii (l) © Andresr/Shutterstock.com; **xxviii** (tl, tml, ml, tr, tmr, mr, ml, bl) Carolina Zapata; **xxix** (tl, tr, b) Carolina Zapata.

All Fotonovela photos taken by Carolina Zapata.

Repaso: 1 (full pg) Carolina Zapata; **2** (t) © FogStock LLC/Index Open; (m) © Dean Uhlinger/Corbis; (b) © Yuri Arcurs/Big Stock Photo; **6** Martín Bernetti; **7** Janet Dracksdorf; **8** © Joel Nito/AFP/Getty Images; **9** © Sylvain Cazenave/Corbis.

Lesson One: 1 (full pg) Paula Díez; **2** © John Henley/Corbis; **3** Martín Bernetti; **4** Martín Bernetti; **10** (l) Rachel Distler; (r) Ali Burafi; **11** (l) © Mark Mainz/Getty Images; (m) Paola Ríos-Schaaf; (r) © Hans Georg Roth/Corbis; **12** (l) Janet Dracksdorf; (r) © Tom Grill/Corbis; **16** (l) © José Girarte/iStockphoto; (r) © Blend Images/Alamy; **19** (m) Anne Loubet; (r) © Digital Vision/Getty Images; **28** (bl) © Digital Vision/Getty Images; **31** (ml) Ana Cabezas Martín; (mml) Martín Bernetti; (mmr) © Serban Enache/Dreamstime.com; (mr) Vanessa Bertozzi; (bl) © Corey Hochachka/Design Pics/Corbis; (br) Ramiro Isaza © Fotocolombia.com; **32** (t) © Robert Holmes/Corbis; (m) © Jon Arnold Images Ltd./Alamy; (b) © Andresr/Shutterstock.com; **33** (tl) © PhotoLink/Getty Images; (tr) © Tony Arruza/Corbis; (ml) © Shaul Schwarz/Sygma/Corbis; (br) Marta Mesa.

Lesson Two: 35 (full pg) Paula Díez; **38** Martín Bernetti; **44** (r) © Pablo Corral V/Corbis; **45** (t) © Murle/Dreamstime.com; (b) © Paul Almasy/Corbis; **53** © Stephen Coburn/Shutterstock.com; **55** (l) Paola Ríos-Schaaf; (r) © Image Source/Corbis; **63** (tl) © Rick Gómez/Corbis; (tr) © Hola Images/Workbook.com; **64** José Blanco; **65** (r) Pascal Pernix; **66** (tl) Sarah Kenney; (tr) José Blanco; (m) © Elke Stolzenberg/Corbis; (b) © Reuters/Corbis; **67** (tl) Photo courtesy of Charles Ommanney; (tmr) José Blanco; (ml) Diego Velázquez. *Las meninas*. 1656. Derechos reservados © Museo Nacional del Prado, Madrid. © Erich Lessing/Art Resource, NY; (bl) © Iconotec/Fotosearch; (mr) © Owen Franken/Corbis.

Lesson Three: 69 (full pg) © Ronnie Kaufman/Corbis; **71** Martín Bernetti; **72** (tl) Anne Loubet; (tr) © Blend Images/Alamy; (tml) Ana Cabezas Martín; (bml, br) Martín Bernetti; (bl) © Ariel Skelley/Corbis; **78** (tl) © AP Photo/David Cantor; (tr) © Rafael Pérez/Reuters/Corbis; (b) © Martial Trezzini/epa/Corbis; **79** (t) © Dani Cardona/Reuters/Corbis; (b) © Ballesteros/epa/Corbis; **82** (l) Martín Bernetti; (r) José Blanco; **84** © Andrés Rodríguez/Alamy; **89** (l) © Warren Morgan/Corbis; (r) Martín Bernetti; **90** Martín Bernetti; **98** (t, m, b) Martín Bernetti; **99** (t) Nora y Susana © Fotocolombia.com; (m) © Chuck Savage/Corbis; (b) Martín Bernetti; **100** © Tom & Dee Ann McCarthy/Corbis; **101** Martín Bernetti; **104** (tr, tl, b) Martín Bernetti; (ml) Iván Mejía; (mr) Lauren Krolick; **105** (tl, ml, bl) Martín Bernetti; (tr) © Oswaldo Guayasamín. *Madre y niño en azul*. 1986. Cortesía Fundación Guayasamín. Quito, Ecuador; (br) © Gerardo Mora.

Lesson Four: 107 (full pg) © Digital Vision/Getty Images; **109** © George Shelley/Corbis; **111** © Nora y Susana/fotocolombia.com; **116** (l) © Javier Soriano/AFP/Getty Images; (r) © AP Photo/Fernando Bustamante; **117** (t) © sportgraphic/Shutterstock.com; (b) © Aurora Photos/Alamy; **127** The Kobal Collection/Art Resource, NY; **131** Anne Loubet; **133** © Images.com/Corbis; **134** Martín Bernetti; **135** © AP Photo/Fernando Llano; **136** (tl) © Randy Miramontez/Shutterstock.com; (tr) Frida Kahlo. *Autorretrato con mono*. 1938. Oil on masonite, overall 16 x 12" (40.64 x 30.48 cms.) © 2012 Banco de México Diego Rivera Frida Kahlo Museums Trust, Mexico, D.F./Artists Rights Society (ARS), New York © Albright-Knox Art Gallery/CORBIS; (ml) Rubén Varela; (mr) Isabelle Alouane; (b) © Henry Romero/Reuters/Corbis; **137** (tl) © Radius Images/Alamy; (tr) © Bettmann/Corbis; (b) © David R. Frazier Photolibrary, Inc./Alamy.

Lesson Five: 139 (full pg) © Gavin Hellier/Getty Images; **150** © Gary Cook/Alamy; **151** (t) © AFP/Getty Images; (b) © Mark A. Johnson/Corbis; **155** © Ronnie Kaufman/Corbis; **168** Carlos Gaudier; **169** (tr, m ,b) Carlos Gaudier; **170** (tl) © Nanniqui/Dreamstime.com; (tr) José Blanco; (ml) Carlos Gaudier; (mr) © Capricornis Photographic Inc./Shutterstock.com; (b) © Dave G. Houser/Corbis; **171** (tl, bl) Carlos Gaudier; (tr) © Lawrence Manning/Corbis; (br) © StockTrek/Getty Images.

Lesson Six: 173 (full pg) © Asiapix Royalty-Free/Inmagine; **182** (l) © Jose Caballero Digital Press Photos/Newscom; (b) Janet Dracksdorf; **183** (t) © Carlos Álvarez/Getty Images; (bl) © Guiseppe Cacace/Stringer/Getty Images; (br) © Mark Mainz/Staff/Getty Images; **185** © Jack Hollingsworth/Corbis; **188** (tl, tm, tr, bl, bm, br) Pascal Pernix; **193** (tl, tr, ml, mr) Martín Bernetti; **194** (t, b) Paula Díez; **195** Paula Díez; **200** Paula Díez; **201** Paula Díez; **202** © Noam/fotolia; **206** (t, mtl, mtr, mb) Pascal Pernix; (b) © PhotoLink/Getty Images; **207** (tl) © Don Emmert/AFP/Getty Images; (tr, bl) Pascal Pernix; (br) The Kobal Collection/Art Resource, NY.

Lesson Seven: 209 (full pg) © Flying Colours Ltd/Getty Images; **218** © Stewart Cohen/Blend Images/Corbis; **219** (t) Ali Burafi; (b) Janet Dracksdorf; **221** (l, r) Martín Bernetti; **223** (l) Martín Bernetti; (r) © Ariel Skelley/Corbis; **226** José Blanco; **227** Martín Bernetti; **236-237** © DIDEM HIZAR/fotolia; **238** (t, mtr) Martín Bernetti; (mbl) © Richard Franck Smith/Sygma/Corbis; (mbr) © Charles & Josette Lenars/Corbis; (b) © Yann Arthus-Bertrand/Corbis; **239** (tr) © Mick Roessler/Corbis; (bl) © Jeremy Horner/Corbis; (br) © Marshall Bruce/iStockphoto.

Lesson Eight: 241 (full pg) © Mark Leibowitz/Masterfile; 247 (r) Anne Loubet; 252 (t) Rachel Distler; (b) © Greg Elms/Lonely Planet Images; 253 (t, m) © Carlos Cazalis/Corbis; (b) © Barbara Bonisolli/Stockfood; 256 Paula Díez; 258 (l) © Pixtal/Age Fotostock; (r) José Blanco; 262 (r) José Blanco; 263 (l) José Blanco; 272 (t) © Henryk Sadura/Shutterstock.com; (ml, b) Dave G. Houser/Corbis; (mr) © Henryk Sadura/Shutterstock.com; 273 (tl) © Jenkedco/Shutterstock.com; (tr) © Michael & Patricia Fogden/Corbis; (bl) © Vladimir Korostyshevskiy/Shutterstock.com; (br) © Paul W. Liebhardt/Corbis.

Lesson Nine: 275 (full pg) © Susana/Fotocolombia.com; 284 (l) © Sylwia Blaszczyszyn/Dreamstime.com; (r) © PictureNet/Corbis; 285 (t) © AP Photo/Simón Cruz; (b) © Rune Hellestad/Corbis; 298 (t) © Katrina Brown/123RF; (b) Esteban Corbo; 299 Armando Brito; 300 © Blend Images/Alamy; 304 (tl, tr, mtr) Lauren Krolick; (mtl) Kathryn Alena Korf; (mbl) © Bettmann/Corbis; (mbr) © MACARENA MINGUELL/AFP/Getty Images; (b) Bruce R. Korf; 305 (tl) Lars Rosen Gunnilstam; (tr, br) Lauren Krolick; (bl) © Nikolay Starchenko/Shutterstock.com.

Lesson Ten: 307 (full pg) © Steve Cole/iStockphoto; 316 (t) Ali Burafi; (b) © AP Photo/Ricardo Figueroa; 317 (t) The Art Archive/Templo Mayor Library Mexico/Gianni Dagli Orti/Art Resource, NY; (m) © Photolicensors International AG/Alamy; (b) © AFP/Getty Images; 321 © ISO K° - photography/fotolia; 325 Oscar Artavia Solano; 326 (l) © Lisa Fletcher/iStockphoto; 331 Martín Bernetti; 335 © Galen Rowell/Mountain Light; 336 (tl, tr, mm, mr) Oscar Artavia Solano; (ml) © Bill Gentile/Corbis; (b) © Bob Winsett/Corbis; 337 (tl) © Frank Burek/Corbis; (mr) © Martin Rogers/Corbis; (ml) © Jacques M. Chenet/Corbis; (b) Oscar Artavia Solano; 338 (tl) © Holger Mette/Shutterstock.com; (tr) © rj lerich/Shutterstock.com; (tm) © tobe_dw/Shutterstock.com; (bm) © Bill Gentile/Corbis; (b) © Scott B. Rosen/Alamy; 339 (t) © Grigory Kubatyan/Shutterstock.com; (m) © Claudia Daut/Reuters/Corbis; (b) © holdeneye/Shutterstock.com.

Lesson Eleven: 341 (full pg) Paula Díez; 350 (l) © Ariel Skelley/Getty Images; (r) Paula Díez; 351 (t) © StockLite/Shutterstock.com; (b) © M. Timothy O'Keefe/Alamy; 355 © LdF/iStockphoto; 359 Katie Wade; 360 Paula Díez; 364 (t) © Greg Nicholas/iStockphoto; (ml, bm) Martín Bernetti; (mm) © Dmitry Kutlayev/iStockphoto; (tr[1]) © Nicole Blade/iStockphoto; (tr[2] , tm) © LdF/iStockphoto; (br) © Art Directors & TRIP/Alamy; 370 (t, b) Ali Burafi; (ml) María Eugenia Corbo; (mm) © Galen Rowell/Corbis; (mr) Lauren Krolick; 371 (tl) María Eugenia Corbo; (tr, b) Ali Burafi; (m) © Michael Hieber/Shutterstock.com; 372 (tl) © Bettmann/Corbis; (tr) © Reuters/Corbis; (m, b) María Eugenia Corbo; 373 (tl) Janet Dracksdorf; (tr) © Simon Bruty; (m) © Andres Stapff/Reuters/Corbis; (b) © Wolfgang Kaehler/Corbis.

Lesson Twelve: 375 (full pg) © Rolf Bruderer/Corbis; 379 (t) © Terry J Alcorn/iStockphoto; (b) © Harry Neave/fotolia; 384 (l) © Dusko Despotovic/Corbis; (r) Martín Bernetti; 385 (l) Maribel García; (r) © Michele Falzone/Alamy; 387 (l) © Monkeybusinessimages/Dreamstime; (r) Anne Loubet; 388 © Blend Images/Alamy; 404 © Danny Lehman/Corbis; 406 Martín Bernetti; 410 (tl) © Kevin Schafer/Corbis; (tr) © Danny Lehman/Corbis; (m) © Hernan H. Hernandez A./Shutterstock.com; 411 (tl, tr) © Danny Lehman/Corbis; (m) © fotocolombia.com/Jorge Sánchez; (b) © Claudio Lovo/Shutterstock.com; 412 (tl) © José F. Poblete/Corbis; (tr) © L. Kragt Bakker/Shutterstock.com; (ml) © Leif Skoogfors/Corbis; (mr) © Andre Nantel/Shutterstock.com; (b) © Royalty Free/Corbis; 413 (t) Photos courtesy of www.Tahiti-Tourisme.com; (m) © Royalty-Free/Corbis; (b) © Romeo A. Escobar, La Sala de La Miniatura, San Salvador. www.ilobasco.net.

Lesson Thirteen: 415 (full pg) © Gabriela Medina/Getty Images; 417 (tl) © gaccworship/Big Stock Photo; (tr) © GOODSHOOT/Alamy; (bl) © National Geographic Singles 65/Inmagine; (br) © Les Cunliffe/123RF; 424 (t) Lauren Krolik; (b) © Digital Vision/Fotosearch; 425 (t) © Cédric Hunt; (bl) © Courtesy of Doug Myerscough; (br) © David South/Alamy; 433 (t, b) © Courtesy of Mary Axtmann; 444 (tr) © Cédric Hunt; (b) © Adam Woolfitt/Corbis; 445 (tl) Mónica María González; (tr) © Reuters/Corbis; (br) © Jeremy Horner/Corbis; 446 (tl) © Stuart Westmorland/Corbis; (tr, mr) © ImageState/Alamy; (ml) © Sandra A. Dunlap/Shutterstock.com; 447 (t) © Holger Mette/Shutterstock.com; (m) © Elmer Martinez/AFP/Getty Images; (b) © José Antonio Velásquez (Honduran, b.1906, d.1983) View of San Antonio de Oriente,1957 oil on canvas, 26 x 37" Art Museum of the Americas Organization of American States, Washington, D.C.

Lesson Fourteen: 449 (full pg) © David R. Frazier/DanitaDelimont.com; 458 (l) www.metro.df.gob.mx; (r) Ali Burafi; 459 (t) D.R. © LUIS BARRAGAN MORFIN/PROLITTERIS/SOMAAP/México/2011; (b) D.R. © ARMANDO SALAS PORTUGAL/PROLITTERIS/SOMAAP/México/2011; 465 © Warren Morgan/CORBIS; 466 Paula Díez; 475 © Radius Images/Alamy; 476 (t) © Janne Hämäläinen/Shutterstock.com; (mt) © Alexander Chaikin/Shutterstock.com; (mb) © Buddy Mays/Corbis; (b) © Vladimir Melnik/Shutterstock.com; 477 (tl) © Reuters/Corbis; (tr) © Royalty-Free/Corbis; (bl) © Pablo Corral V./Corbis; (br) © Mireille Vautier/Alamy; 478 (tr) © Reinhard Eisele/Corbis; (m) © Richard Bickel/Corbis; (b) Columbus, Christopher (Italian Cristoforo Colombo). Navigator, discoverer of America. Genoa 1451-Valladolid 20.5.1506. Portrait. Painting by Ridolfo Ghirlandaio (1483-1561). © akg-images/The Image Works; 479 (t) © Jeremy Horner/Corbis; (m) © Reuters/Corbis; (b) © Lawrence Manning/Corbis.

Lesson Fifteen: 481 (full pg) © Thinkstock Images/Getty Images; 485 © Javier Larrea/Age Fotostock; 490 (l) © Krysztof Dydynski/Getty Images; (r) Oscar Artavia Solano; 491 (t, b) Oscar Artavia Solano; 501 © Diego Cervo/iStockphoto; 504-505 © Tom Grill/Corbis; 506 Martín Bernetti; 507 © Javier Larrea/Age Fotostock; 509 (l) Katie Wade; 510 (tr) © SIME SRL/eStock Photo; (m) © INTERFOTO/Alamy; 511 (t) © Daniel Wiedemann/Shutterstock.com; (m) © Anders Ryman/Alamy; (b) Martín Bernetti; 512 (t) © Peter Guttman/Corbis; (ml) © Paul Almasy/Corbis; (b) © Carlos Carrión/Sygma/Corbis; 513 (t) © Chris R. Sharp/DDB Stock; (m) © Joel Creed; Ecoscene/Corbis; (b) © Francis E. Caldwell/DDB Stock.

About the Authors

José A. Blanco founded Vista Higher Learning in 1998. A native of Barranquilla, Colombia, Mr. Blanco holds a B.A. in Literature from the University of California, Santa Cruz, and an M.A. in Hispanic Studies from Brown University. He has worked as a writer, editor, and translator for Houghton Mifflin and D.C. Heath and Company and has taught Spanish at the secondary and university levels. Mr. Blanco is also the co-author of several other Vista Higher Learning programs: **Vistas, Aventuras,** and **¡Viva!** at the introductory level, **Ventanas, Facetas, Enfoques, Imagina,** and **Sueña** at the intermediate level, and **Revista** at the advanced conversation level.

Philip Redwine Donley received his M.A. in Hispanic Literature from the University of Texas at Austin in 1986 and his Ph.D. in Foreign Language Education from the University of Texas at Austin in 1997. Dr. Donley taught Spanish at Austin Community College, Southwestern University, and the University of Texas at Austin. He published articles and conducted workshops about language anxiety management, and the development of critical thinking skills, and was involved in research about teaching languages to the visually impaired. Dr. Donley was also the co-author of **Vistas** and **Aventuras,** two other introductory college Spanish textbook programs published by Vista Higher Learning.

About the Illustrators

Yayo, an internationally acclaimed illustrator, was born in Colombia. He has illustrated children's books, newspapers, and magazines, and has been exhibited around the world. He currently lives in Montreal, Canada.

Pere Virgili lives and works in Barcelona, Spain. His illustrations have appeared in textbooks, newspapers, and magazines throughout Spain and Europe.

Born in Caracas, Venezuela, **Hermann Mejía** studied illustration at the *Instituto de Diseño de Caracas.* Hermann currently lives and works in the United States.

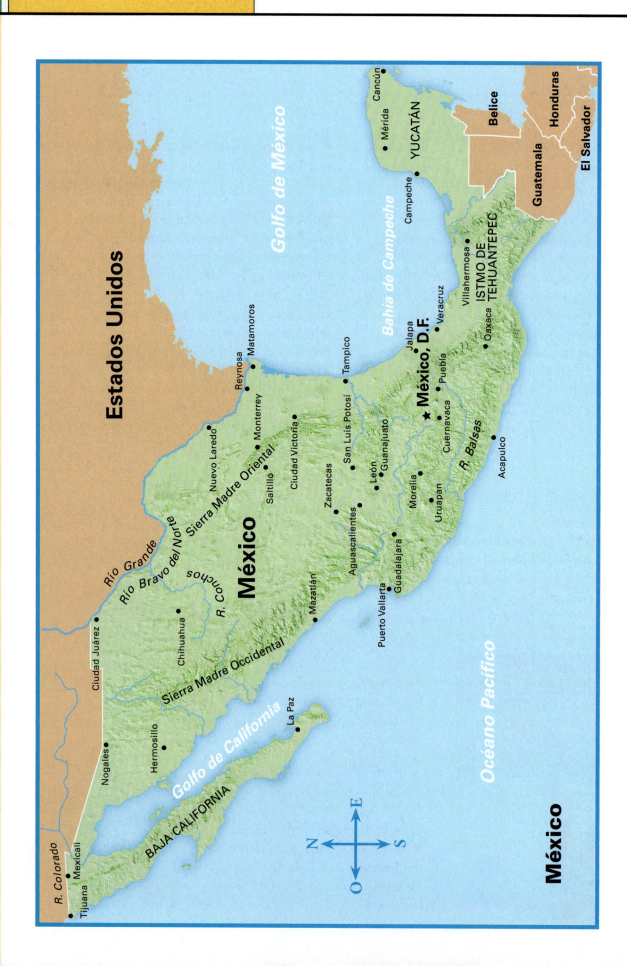

México

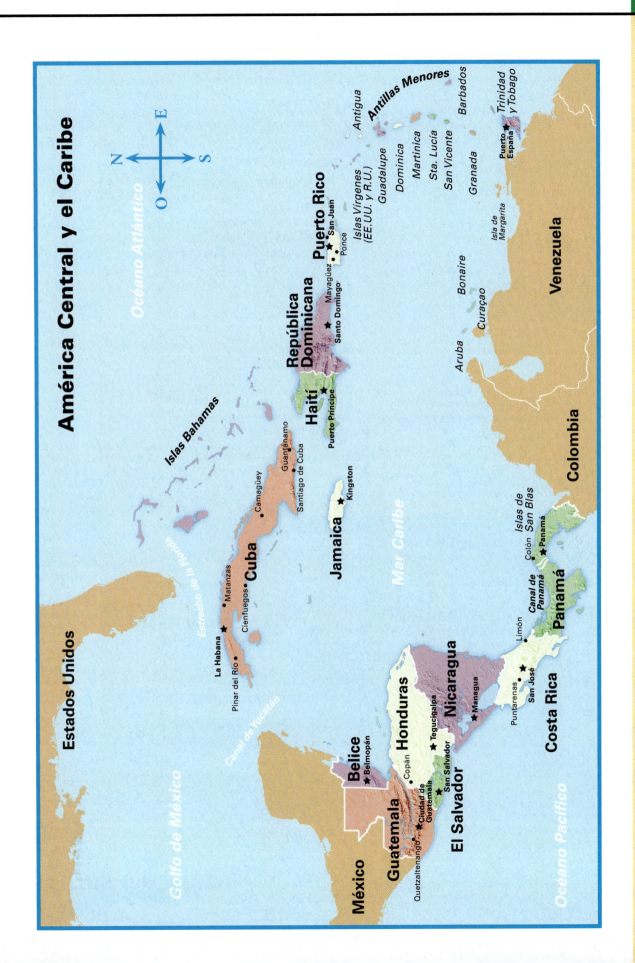

América Central y el Caribe

América del Sur